一带一路
人文交流大数据报告

Big Data Report on Cultural Exchanges Along Belt and Road

（2019）

本书编写组 组编

大连理工大学出版社

图书在版编目(CIP)数据

一带一路人文交流大数据报告. 2019 /《一带一路
人文交流大数据报告》编写组组编. — 大连：大连理工
大学出版社，2021.1
ISBN 978-7-5685-2735-4

Ⅰ.①一… Ⅱ.①一… Ⅲ.①"一带一路"－国际合
作－研究报告－2019 Ⅳ.①F125

中国版本图书馆 CIP 数据核字(2020)第 203953 号

YIDAI YILU RENWEN JIAOLIU DASHUJU BAOGAO(2019)
一带一路人文交流大数据报告(2019)

出版发行：大连理工大学出版社
　　　　　（大连市软件园路 80 号　邮政编码：116023）
印　　刷：上海利丰雅高印刷有限公司
幅面尺寸：185mm×260mm
印　　张：14.25
字　　数：323 千字
出版时间：2021 年 1 月第 1 版
印刷时间：2021 年 1 月第 1 次印刷
策　　划：金英伟
责任编辑：于　泓
责任校对：白　璐
封面设计：奇景创意

ISBN 978-7-5685-2735-4
定　　价：228.00 元

电　话：0411-84708842
传　真：0411-84701466
邮　购：0411-84708943
E-mail：dutp@dutp.cn
URL：http://dutp.dlut.edu.cn

本书如有印装质量问题，请与我社发行部联系更换。

编委会

序　言

　　《一带一路人文交流大数据报告(2019)》是国内鲜见的从大数据角度诠释"一带一路"人文交流的著作,也是自2018年连续出版的第二本,体现了持续性和专注性,是"互联互通"的成果。大连理工大学出版社已经出版了多本以"一带一路"为主题的权威书籍,是高校出版社有效对接"一带一路"的先行者;大连瀚闻资讯有限公司专长于贸易大数据分析,出版过《一带一路贸易合作大数据报告》;本书的编委多为"一带一路"百人论坛专家,这一论坛是国内权威的"一带一路"研究平台,连续多次入选美国宾夕法尼亚大学《全球智库报告》之"全球最佳新智库"。因此,本书是强强联合的成果。

　　"一带一路"倡议提出以来,成绩斐然,硕果累累,已经成为当今世界广泛参与的国际合作平台和普受欢迎的国际公共产品,六廊、六路、多国、多港合作格局基本形成。"六廊"指中蒙俄、新亚欧大陆桥、中国－中亚－西亚、中国－中南半岛、中巴、孟中印缅国际经济合作走廊;"六路"指铁路、公路、水路、空路、管路、信息高速路互联互通路网;"多国"指选取若干重要国家作为合作重点;"多港"指构建若干海上支点港口。这些内容大多属于"硬联通"范畴,但是"一带一路"要实现可持续、高质量发展必须注重以人文交流为核心的"软联通"建设。为此,要深化人文交流,加强科学、教育、文化、卫生等领域合作,筑牢"一带一路"倡议的民心基础。

　　为什么"一带一路"会被各界持续关注,一个重要原因就是它能够带来实实在在的获得感。一段时间以来,众多国际智库纷纷发表研究报告,积极评价"一带一路"建设的成果及前景,高度称赞"一带一路"倡议对地区发展及全球治理的意义与影响。

　　例如,英国智库伦敦政治经济学院国际事务与外交战略研究中心发表的《新丝绸之路带来的贸易效应》认为,"一带一路"倡议的明确目标是加强欧亚地区的经济一体化和政策协调。该报告把针对贸易通行时间对出口的影响所做的计量经济学估算与地理信息系统分析结合起来,得出三个主要结论:

　　"一带一路"交通运输基础设施将促进区域内贸易发展,总体结果表明,"一带一路"基础设施的改善可使"一带一路"经济体的贸易总量增加4.1%。

　　缩短贸易通行时间可以增加时效性强的行业的贸易额,融入区域和全球价值链较深的国家往往会因"一带一路"项目缩短贸易时间而受益较多。

　　减少边境延误、向各国提供更好的市场准入以及签署更深入的贸易协定,将放大由于新建和改善的运输基础设施而缩短贸易时间带来的贸易影响。

计量经济学分析的结果证实,贸易时间与贸易额之间存在负相关关系:交易时间减少一天会使"一带一路"倡议经济体之间的平均出口额增加 5.2%;在全球价值链存在的情况下,缩短运输时间是关键。

2018 年 10 月 13 日,在国际货币基金组织和世界银行秋季年会期间,举行了世界银行"'一带一路'经济学"高级别研讨会。来自外国政府、国际组织、企业、学术机构的 400 余名代表参加了会议。研讨会上,世界银行贸易、区域融合与投资部主任卡罗琳发布了世界银行"一带一路"研究报告的初步成果。研究表明,"一带一路"倡议将通过加强基础设施建设和互联互通,促进贸易和外国直接投资,从而拉动沿线国家经济增长,并惠及世界。

当然,"一带一路"也存在一些需要补足的短板。2018 年 1 月,"一带一路"百人论坛与走出去智库联合发布的《"一带一路"早期项目动态评估报告》强调,"一带一路"项目既需要硬连通又需要软连通,需要战略对接、规划对接、项目对接,更需要智慧对接、舆论对接、行动对接。

该报告以"五通"为主线,从硬联通和软联通两个维度,提出国内首个"一带一路"早期项目动态评估指标体系,包括 6 个一级指标、19 个二级指标、81 个三级指标。纳入该报告的"一带一路"项目在 6 个一级指标评价里,"外部环境"指标平均得分最高,达4.63 分,处于"良好型"等级;"项目人文性"指标平均得分最低,为 2.82 分,处于"薄弱型"等级。可见,"一带一路"项目的人文性需要加强。

"一带一路"绝不仅仅是买卖关系,本身有两个脉络很关键,一个是商脉,另外一个是文脉,激活文脉才能使商脉更加持久。

2019 年《政府工作报告》多次提及"一带一路",自由贸易港、粤港澳大湾区、国际进口博览会等重大事业的落地与推动,使"一带一路"有了更具体、更强有力的支撑体系,实现了陆海联动、内外联动、政企联动。

该报告指出,共建"一带一路"引领效应持续释放,同沿线国家的合作机制不断健全,经贸合作和人文交流加快推进。由于合作国家数量的增多,所以今天我们提出"丝路共建国家",取代过去的"64+1"模式以及其后的"丝路沿线国家+丝路相关国家"模式。除经贸园区外,跨境电商综合试验区也纷纷成立,这有助于"数字丝绸之路"建设。

2019 年 4 月 26 日,国家主席习近平在北京出席第二届"一带一路"国际合作高峰论坛开幕式,并发表题为《齐心开创共建"一带一路"美好未来》的主旨演讲。习近平主席强调,面向未来,我们要聚焦重点、深耕细作,共同绘制精谨细腻的"工笔画",推动共建"一带一路"沿着高质量发展方向不断前进。

为此,要秉持共商共建共享原则,倡导多边主义,大家的事大家商量着办,推动各方各施所长、各尽所能,通过双边合作、三方合作、多边合作等各种形式,把大家的优势和潜能充分发挥出来,聚沙成塔,积水成渊。

要坚持开放、绿色、廉洁理念,不搞封闭排他的小圈子,把绿色作为底色,推动绿色基础设施建设、绿色投资、绿色金融,保护好我们赖以生存的共同家园,坚持一切合作都在阳光下运作,共同以零容忍态度打击腐败。

要努力实现高标准、惠民生、可持续目标,引入各方普遍支持的规则标准,推动企业在项目建设、运营、采购、招投标等环节按照普遍接受的国际规则标准进行,同时要尊重各国法律法规。要坚持以人民为中心的发展思想,聚焦消除贫困、增加就业、改善民生,让共建"一带一路"成果更好地惠及全体人民,为当地经济社会发展做出实实在在的贡献,同时确保商业和财政上的可持续性,做到善始善终、善作善成。

可见,要绘制精谨细腻的"工笔画",要推动共建"一带一路"沿着高质量发展方向不断前进,人文交流是目标也是路径。一个值得关注的细节是,在第二届"一带一路"国际合作高峰论坛刚刚闭幕之后,2019 年 5 月 15 日,亚洲文明对话大会紧接着在北京隆重举行,来自亚洲 47 个国家和世界其他国家及国际组织的 1 352 位会议代表共同出席大会。会议聚焦"文明交流互鉴与命运共同体"主题,共商文明发展之道,也从一个侧面表明世界进步以及"一带一路"的深耕细作既需要经济科技力量,也需要文化文明力量。

本书将鲜活的数据与厚重的人文结合起来,是对"一带一路"研究方法的创新,不仅有时效性、趣味性也有强烈的可读性、冲击力,推荐大家阅读。

赵 磊

2019 年 11 月

说　明

一、概念解释

(一)"一带一路"国家

本报告所涉及的"一带一路"国家,包括中国以及国家信息中心发布的《"一带一路"大数据报告(2017)》中所列出的 64 个"一带一路"沿线国家,共 65 个国家。

(二)"一带一路"沿线国家

本报告所涉及的"一带一路"沿线国家为"一带一路"国家中除中国以外的 64 个国家,以下简称沿线国家。详见表 1。

表 1　　　　　　　　　　　　"一带一路"沿线国家

区域(国家数量)	国家名称
东北亚地区(2)	蒙古、俄罗斯
中亚地区(5)	哈萨克斯坦、乌兹别克斯坦、土库曼斯坦、塔吉克斯坦、吉尔吉斯斯坦
东南亚地区(11)	新加坡、印度尼西亚、马来西亚、泰国、越南、菲律宾、柬埔寨、缅甸、老挝、文莱、东帝汶
南亚地区(7)	印度、巴基斯坦、斯里兰卡、孟加拉国、尼泊尔、马尔代夫、不丹
西亚北非地区(20)	阿联酋、科威特、土耳其、卡塔尔、阿曼、黎巴嫩、沙特阿拉伯、巴林、以色列、也门、埃及、伊朗、约旦、叙利亚、伊拉克、阿富汗、巴勒斯坦、阿塞拜疆、格鲁吉亚、亚美尼亚
中东欧地区(19)	波兰、阿尔巴尼亚、爱沙尼亚、立陶宛、斯洛文尼亚、保加利亚、捷克、匈牙利、北马其顿、塞尔维亚、罗马尼亚、斯洛伐克、克罗地亚、拉脱维亚、波黑、黑山、乌克兰、白俄罗斯、摩尔多瓦

(三)贸易金额

本报告所涉及的贸易金额均为当年美元名义金额,增长率为名义增长率,未进行平减。

二、企业类型划分

(一)国有企业

国有企业即海关统计中的国有企业。

(二)外资企业

外资企业包括海关统计中的中外合作企业、中外合资企业和外商独资企业。

(三)民营企业

民营企业包括海关统计中的集体企业和私营企业。

(四)其他企业

其他企业包括海关统计中除上述企业类型以外的企业。

目　录

总　篇

人文交流领域篇

文化产品贸易篇

附　录

总　篇

2013年9月和10月,中国国家主席习近平在出访哈萨克斯坦和印度尼西亚时先后提出共建"丝绸之路经济带"和"21世纪海上丝绸之路"的重大倡议。此后,无论身在国内还是国外,习近平主席都对这一倡议倾注大量心血,十分牵挂。习近平主席一直非常重视"一带一路",在众多国际国内重大场合反复谈及和阐释"一带一路"倡议,身体力行推动"一带一路"建设走深走实、行稳致远。在各国的共同努力下,共建"一带一路"已经从理念转化为行动,从愿景转化为现实,从倡议转化为在全球广受欢迎的公共产品,通过经贸往来的商路,连接起沿线各国人民的心路。

一、"一带一路"从愿景走向现实

中华民族在同其他民族的友好交往中,逐步形成了以和平合作、开放包容、互学互鉴、互利共赢为特征的丝绸之路精神。在新的历史条件下,我们提出共建"一带一路"倡议,就是要继承和发扬丝绸之路精神,把中国发展同沿线国家发展结合起来,把"中国梦"同沿线各国人民的梦想结合起来,赋予古代丝绸之路以全新的时代内涵。

习近平主席强调,人文交流合作也是"一带一路"建设的重要内容。真正要建成"一带一路",必须在沿线国家民众中形成一个相互欣赏、相互理解、相互尊重的人文格局。民心相通是"一带一路"建设的重要内容,也是"一带一路"建设的人文基础。要坚持经济合作和人文交流共同推进,注重在人文领域精耕细作,尊重各国人民文化历史、风俗习惯,加强同沿线国家人民的友好往来,为"一带一路"建设打下广泛社会基础。要加强同沿线国家在安全领域的合作,努力打造利益共同体、责任共同体、命运共同体,共同营造良好环境。要重视和做好舆论引导工作,通过各种方式,讲好"一带一路"故事,传播好"一带一路"声音,为"一带一路"建设营造良好舆论环境。

(一)通过元首外交力推"一带一路"

作为"一带一路"的总设计师,习近平主席2018年4次踏出国门,出访行程长达11万千米,足迹遍布亚非欧拉美13个国家,参加了金砖国家领导人会晤、APEC领导人非正式会议以及G20峰会等多场国际会议,参加了近两百场外交活动,"一带一路"的话题频频被提及。

2018年,习近平主席频繁会见了"一带一路"共建国家的领导人。无论是出访前在当地媒体发表的署名文章,还是与各国领导人的会见会谈,"一带一路"都是元首外交的"高频词",持续为世界经济以及全球治理注入强劲动能。中国向世界证明,"一带一路"不是独奏而是合唱,不是空谈而是真行动。

2018年习近平主席踏出国门的行程,创下了多个第一次:出访的首站阿联酋,是习近平再次当选中国国家主席后访问的第一个阿拉伯国家。习近平主席访问塞内加尔期间,双方签署"一带一路"合作文件,塞内加尔成为西非首个签署这一文件的国家。习近平主席访问卢旺达,这是中国国家主席首次访问这个国家。前往俄罗斯参加东方经济论坛,这是中国国家主席首次参加这一论坛。访问巴布亚新几内亚,是习近平主席首次到访这一太平洋岛国。访问文莱,是习近平主席首次到访这个国家。访问巴拿马,是习近平主席首次访问这个国家,也是中国国家主席首次到访。访问葡萄牙,是习近平担任国家主席以来首次对这个国家进行国事访问。

2019年4月25日至27日,第二届"一带一路"国际合作高峰论坛在北京召开,以"共建'一带一路' 开创美好未来"为主题,成为推动"一带一路"建设从"大写意"迈向"工笔画"的重要里程碑。这是一组令人印象深刻的数字:40位国家和国际组织的领导人、150个国家、92个国际组织、6 000多位外宾,总额超过640亿美元的项目合作协议。其间,习近平主席全程主持领导人圆桌峰会,为多位外国领导人访华举行国事活动,并举行了数十场密集的双边会晤。

2019年5月15日,以"亚洲文明交流互鉴与命运共同体"为主题的亚洲文明对话大会在北京举行,亚洲47个国家以及域外国家的政府官员、专家学者和文化、教育、影视、智库、媒体、旅游等领域的代表共计2 000余人再次聚首。"亚洲各国山水相连、人文相亲,有着相似的历史境遇、相同的梦想追求",在开幕式主旨演讲中,习近平主席指出了亚洲文明交流的基础,还提出四点主张:第一,坚持相互尊重、平等相待;第二,坚持美人之美、美美与共;第三,坚持开放包容、互学互鉴;第四,坚持与时俱进、创新发展。

(二)四大主场外交活动,一条主线贯穿始终

2018年,中国连续举办4场规模宏大的主场外交活动,吸引了全世界的目光。人类命运共同体这一理念在四大主场外交中贯穿始终,与会各方发出"同呼吸、共命运"时代强音。

4月,在博鳌论坛2018年年会主旨演讲中,习近平主席呼吁,各国人民同心协力、携手前行,努力构建人类命运共同体,共创和平、安宁、繁荣、开放、美丽的亚洲和世界。

6月,在青岛举办的上合组织成员国元首理事会第十八次会议,是历届上合峰会中规模最大、级别最高、成果最多的,也是上合组织扩员后首次召开的峰会。习近平主席在讲话中指出,我们要坚持共商共建共享的全球治理观,不断改革完善全球治理体系,推动各国携手建设人类命运共同体。这一重要倡议在青岛宣言中得到了确认,成为上合组织最重要的政治共识和未来发展的奋斗目标。

9月,中非合作论坛峰会在北京举行。这是一次中非友好大家庭的聚会。论坛55个成员方欢聚一堂,共话友谊,共同探讨加强中非共建"一带一路"等领域合作。出席会议的非方领导人和代表团数量之多,创下了历次中非合作论坛会议最高纪录。

在持续一周的时间里,中非领导人共举行了峰会开幕式、领导人圆桌会议、企业家大会、双边会谈会见等一百多场活动,习近平主席共主持了近七十场双多边活动,包括近十场多边活动、八场国事活动,并分别会见了所有来华的非方领导人,创造了中国领导人主场外交会见外方领导人的纪录,堪称"中非友好黄金周"。

"一带一路"合作是此次峰会的一大热点,也是与会各国领导人频频提及的"热词"。在论坛期间,我国与28个国家和非洲联盟签署谅解备忘录,另有9个国家的谅解备忘录已在峰会前签署,掀起了又一波支持参与"一带一路"建设的热潮,扩展了"一带一路"的朋友圈。

11月,中国举办首届国际进口博览会,中国向世界提供的又一国际公共产品"上线"。

172个国家、地区和国际组织参加，3 600多家企业参展，创造多项国际博览会纪录。这不是一般性的展会，而是中国推进新一轮高水平对外开放的重大决策，是中国主动向世界开放市场的重大举措。在开幕式上，习近平主席重申，中国推动更高水平开放的脚步不会停滞，中国推动建设开放型世界经济的脚步不会停滞，中国推动构建人类命运共同体的脚步不会停滞。

(三)多个省区市积极推进"一带一路"建设

目光转回国内，全国多个省、自治区、直辖市(以下简称省区市)充分发挥比较优势，优化调整对接策略，围绕"一带一路"建设形成百花齐放、各具特色的局面。

山西、北京出台了2018—2020年推进"一带一路"建设三年行动计划。北京将着力优化提升对外交往平台、科技支撑平台、人文交流平台和服务支撑平台的功能；山西计划利用区位优势，加快对外开放，将全省打造成对外开放的新高地。

江苏、江西、陕西、广西、天津等省区市印发了2018年参与"一带一路"建设工作要点；河北发布《关于积极参与"一带一路"建设推进国际产能合作的实施方案》，根据自身优势和发展方向对全年工作做出规划，设立了推进工作的近期目标。

江西将加快全省铁路、航空等基础设施建设，全面构建通江达海、联通内外的对外开放通道；广西提出9个方面的重点工作任务，特别是海洋经济合作和边境贸易将重点推进；四川成都发布《关于加快构建国际门户枢纽全面服务"一带一路"建设的意见》，38条政策举措构建联通全球、通江达海的战略大通道。2018年12月，江苏重点推进的国家目前唯一明确的"一带一路"产能合作园区——中阿(联酋)产能合作示范园管理服务中心主体封顶，首家入园企业开工。

辽宁发布《辽宁"一带一路"综合试验区建设总体方案》，该方案是国内首个在省级层面全域建设"一带一路"的路径拓展和实践创新，提出推动辽宁与俄罗斯、日本、韩国、朝鲜、蒙古共建"东北亚经济走廊"，携手打造东北亚命运共同体。

浙江发布《浙江省打造"一带一路"枢纽行动计划》，支持杭州申办"数字丝绸之路"国际峰会，打造"数字丝绸之路"门户枢纽；上海发布《2018年度"科技创新行动计划""一带一路"国际合作项目指南》，这是该指南连续第二年发布，为推动与沿线国家开展持续性的联合研究及重大科研项目提供支持。

2017年底，推进"一带一路"建设工作领导小组办公室印发了《标准联通共建"一带一路"行动计划(2018—2020年)》；紧接着，2018年河南、浙江、陕西等省区市陆续发布了各自的2018—2020年标准联通共建"一带一路"行动计划，推动中国标准海外应用，引领沿线国家标准化共同发展。

2018年，新疆中欧班列乌鲁木齐集结中心开出第1 000列中欧班列，乌鲁木齐国际陆港区中欧班列集结中心扩建工程也在8月正式开工，年底将完成改扩建5条线，预计2020年通过新疆出境的中欧班列将达到3 500列。

围绕"海丝"核心区建设，福建12月开通的"丝路海运"是国内首个以航运为主题的"一带一路"国际综合物流服务品牌。目前，16条外贸集装箱班轮航线被纳入为首批"丝路海运"航线，未来还将与"中欧班列"无缝衔接，构建陆海内外联动、东西双向互济新通道。

二、大数据助力"一带一路"国家人文交流

共建"一带一路"倡议,唤起了沿线国家的历史记忆。古代丝绸之路是一条贸易之路,更是一条人文交流之路。这条通往西方的国际通道,打通了中国文化首次外传的道路,将沿途的各个国家联系起来,把古老的中国文化、印度文化、波斯文化、阿拉伯文化、古希腊文化和古罗马文化联结起来,促进了东西方文明的交流与发展。

截至 2019 年 7 月底,中国政府已与 136 个国家和 30 个国际组织签署 195 份政府间合作协议,商签范围由亚欧地区延伸至非洲、拉美、南太、西欧等相关国家。为了便于统计,本报告重点分析的沿线国家即最初提出的 64 个国家,这些国家的总人口超过 47 亿,占全世界总人口的六成以上。

首先,"一带一路"需要语言铺路,文化通心。"一带一路"的核心内涵是互联互通。其中,"软联通"就是要重视语言、文化、精神和价值层面的沟通和交流。从本质来看,人心相通是最高层次、最有意义的相通,但也是最难实现的相通。

其次,"一带一路"需要"受众本位"意识,不断夯实社会和民意基础。在海外调研时,笔者发现国际社会高度关注"一带一路"。有外国朋友说,他们对中国文化十分感兴趣,但感觉中国的文化供给严重不足;甚至有中东欧国家负责经济的领导人,依然不清楚"一带一路"还包括文化、教育、旅游等内容,他们认知就是"'一带一路'=基建+物流+贸易+能源+投资",等等。可见,"一带一路"仍需加强外宣与文化交流力度。

最后,"一带一路"要从功能定位走向人文定位。这一倡议蕴含的经济规律是,能源资源总是越挖越少,但文化资源则是越挖越多。未来,要持续加强"一带一路"软联通项目的建设。

(一)人文交流是"一带一路"的软联通

1.文化的含义

文化(culture)是非常广泛和最具人文意味的概念,简单来说文化就是地区人类的生活要素形态的统称,即衣、冠、文、物、食、住、行等。给文化下一个精确的定义,的确是一件非常困难的事情。对文化这个概念的解读一直众说不一,但从相对的角度来看,对于政治、经济而言,文化可以理解为人类全部精神活动及其活动产品。

文化和文明(civilization)都属于使用频率极高,又极为模糊的概念,两者有鲜明的区别:广义文化指人类的一切遗存,其形态有物质与精神之分,前者指客观存在的实体,后者则是信仰、艺术、道德、风俗等。文化包括文明,文明是文化的高级形态或高等形态。追根溯源,文化是一个属于石器时代范畴的概念,文明是一个属于青铜时代范畴的概念,其存在于人类进入青铜时代以后的国家阶段。

2.人文交流是"通心工程"

"人文"一词的中文,最早出现在《易经》中贲卦的象传:"刚柔交错,天文也。文明以

止，人文也。观乎天文，以察时变。观乎人文，以化成天下。"宋程颐《伊川易传》卷二释作："天文，天之理也；人文，人之道也。天文，谓日月星辰之错列，寒暑阴阳之代变，观其运行，以察四时之速改也。人文，人理之伦序，观人文以教化天下，天下成其礼俗，乃圣人用贲之道也。"人文原来是指人的各种传统属性。广义地讲人文就是人类自己创造出来的文化，自然就是原始的、天然的。我国《辞海》称人文"指人类社会的各种文化现象"。

人文交流有广义和狭义之分。广义的人文交流就是文化交流。人文一般作为人类文化的简称，或者说人文是指人类文化。文化是精神（心灵）的外化，是社会的三大领域（经济、政治和文化）之一。狭义的人文交流是指人员文化性交流，是文化交流的一种形式，是人与人、面对面和心对心（极致是心贴心）的交流。

人文交流是"通心工程"，是读心、暖心、攻心的过程，也是打造经济红利与文化精品的过程。中国与国际社会的互动，要从物理反应上升到化学反应。化学反应就是不仅要实现硬联通，更要实现软联通。两千多年前，出现了一条举世瞩目的丝绸之路，但这条路可不是人们修出来的，而是一步步走出来的。为什么那个年代的外国人要披荆斩棘，冒着生命危险来到中国？原因可能很简单，即那个时候的中国是有极大魅力的，有这些沿线国家最需要的东西：一个是有形的产品，如丝绸、瓷器、茶叶等；另一个是无形的产品，即先进的文化、思想、理念、制度、价值等，甚至包括中国人眼神中的精气神。

人文交流一般包含人员交流、思想交流和文化交流，其目的是增进各国人民之间的相互认识与了解，从而塑造区域文化认同、价值认同，最后达成区域政治合法性的支持。作为"一带一路"建设的重要支柱之一，人文交流即推进"一带一路"建设的题中应有之义，将为深化双边合作、多边合作奠定坚实的民意基础和社会根基。其一，人文交流是推进中国与"一带一路"共建国家民心相通的重要途径；其二，人文交流是促进中国与有关国家政治互信的重要基础；其三，人文交流是深化中国与有关国家经贸合作的重要保障。

（二）大数据助力"一带一路"人文交流

1. 大数据的含义

大数据（big data），指无法在一定时间范围内用常规软件工具进行捕捉、管理和处理的数据集合，是需要利用各种机器学习算法及相应的服务器集群算力等新处理模式才能使其转变成具有更强的决策力、洞察力和流程优化能力的海量、高增长率和多样化的信息资产。作为国家基础性战略资源，大数据的发展与应用受到了党中央、国务院的高度重视，国家大数据战略写入了我国"十三五"规划。

共建"一带一路"是新时代全球化的大布局，建设数字丝绸之路，打通"一带一路"的血脉经络，需要积极推动全球网络基础设施建设，增强各国网络发展能力，给"一带一路"的发展插上网络的翅膀，让更多发展中国家和人民共享互联网带来的机遇。大数据的出现，让人类进入了万物互联的时代。取得对数据进行重新处理的能力也远远超过过去，对世界的认识将会提升到一个新的高度，大数据让科学预判成为可能。数据现如今成为最重要的生产资料，数据的分享与流通产生了新的价值，促成了智能革命的到来，人类获得了极大的自由，大部分人从事科学、艺术、文学等创造性劳动，少数人会进行智能再创造，进而实现高质量与普惠的"互联互通"。

2. 大数据助力人文交流

在互联网、移动端、大数据时代,世界各国的人文交流和商贸交易有了更加便捷、全面、直达的网络新渠道。习近平主席 2017 年在首届"一带一路"国际合作高峰论坛开幕式演讲中特别提道:"推动大数据、云计算、智慧城市建设,连接成 21 世纪的数字丝绸之路。""数字丝绸之路"是依托大网络开展跨国投资贸易的合作大平台,是依托大数据促进人心相通的大桥梁,也是传播中国声音、讲好中国故事的人文交流大渠道。依托大数据技术汇集人文交流要素,可以把中国和"一带一路"相关国家的各种动态信息、创新发展经验、历史人文知识等,进行大规模汇集、传播、共享。

本报告涉及教育、科技、体育、文学·艺术、医疗·卫生、旅游·美食、语言、智库、媒体九大人文领域,涵盖二十多个数据库,总数据条数达一亿多条。报告中大量综合运用了文本挖掘、数据清洗、聚类分析、数据可视化等多种大数据分析方法,力求全景展现"一带一路"国家人文交流的情况。

此外,报告调用的基础文化贸易产品种类达 268 种,并以附录的形式展现各类基础数据以便查询;调用的基础贸易数据近一亿条,对"一带一路"文化贸易总体格局、合作现状及发展态势做出了全面系统的分析。

三、"一带一路"人文交流的现状

自共建"一带一路"倡议发出以来,中国秉持丝绸之路精神,积极与沿线国家开展了形式多样、领域广泛的人文交流与合作,有力推进了教育、科技、体育、文学·艺术、医疗·卫生、旅游·美食、语言、智库、媒体等各领域合作,不断拓展人文交流的宽度和深度,增进了相互理解和认同。通过加强人文交流,中国可以全方位向世界展现中华文明的博大精深,让世界人民了解中华优秀文化的深邃伟大,让各国人民积极认可中华文明对构建更加公正合理的国际秩序以及和谐世界的巨大贡献。通过加强人文交流,中国将越来越走近世界舞台的中央,中国的软实力将日益提升,共建"一带一路"倡议也将能够结伴成行、行稳致远。

(一)"一带一路"人文交流成果显著

1."一带一路"顶层设计日臻完善

近年来,《习近平谈治国理政》一书被翻译成多个语种和版本,在包括"一带一路"参与国家在内的全球 160 多个国家和地区发行超过一千万册,书中提出的一系列构建人类命运共同体的新思想、新战略和新部署,为"一带一路"人文交流提供了有力思想指引,也为中国特色文化外交理论与实践的创新发展指明了战略方向。中共中央办公厅、国务院办公厅 2017 年印发了《关于加强和改进中外人文交流工作的若干意见》,这是党和国家首次针对中外人文交流工作制定专门文件,从指导思想、基本原则、工作重点、重大举措及工作机制等方面系统规划新时代中外人文交流,为更好发挥包括"一带一路"在内的中外人文交流机制在党和国家对外工作中的作用提供了重要遵循依据。

中共中央办公厅、国务院办公厅还印发了《国家"十三五"时期文化发展改革规划纲要》,中央全面深化改革领导小组审议通过《关于加强"一带一路"软力量建设的指导意见》《关于推进孔子学院改革发展的指导意见》等文件,国务院专门召开中外人文交流工作座谈会,原文化部对外发布《文化部"一带一路"文化发展行动计划(2016—2020)》,教育部发布《推进共建"一带一路"教育行动》等,为"一带一路"人文交流提供了政策、资金、机制、人才等多方面规划和支撑。随着顶层设计的不断完善,"一带一路"人文交流路线图日渐清晰,内涵、外延充分拓展,系统性、整体性、协同性持续增强。当前,共建"一带一路"人文交流明显提速,中国文化国际影响力进一步提升,"一带一路"人文交流越来越成为国家软实力的重要支柱。

2.人文交流体制机制日益巩固

近年来,我国与"一带一路"参与国家坚持元首外交引领、高访带动、高端机制示范、双边多边结合,积极搭建形式多样、覆盖广泛的人文交流合作机制。人文交流共识不断增多,渠道更加通畅,形式内容更为丰富,多边参与、多元开放、多主体共商共建共享型"一带一路"人文交流合作平台正在形成。重大主场外交活动或国际会议举办的配套人文交流活动逐步机制化、常态化,一系列高水准的大型对外文化活动成为展示中华文化精粹的成功范例,成为国家元首外交的有机组成部分。与相关国家先后建立起中俄、中美、中英、中法、中德、中南非、中印尼、中欧等八个副总理级的高级别人文交流机制,发挥其在区域人文交流中的辐射和带动作用。截至 2016 年底,中国已与 64 个沿线国家签订了政府间文化交流合作协定,在 122 个沿线国家设立了 285 所孔子学院。截至 2018 年 4 月底,我国已与 61 个沿线国家建立起 1 023 对友好城市,与 24 个沿线国家签订了高等教育学历学位互认协议,与包括沿线国家在内的 50 多个国家签订了相互翻译对方文学经典作品的协定,与 43 个沿线国家实现空中直航。中国政府实施丝绸之路专项奖学金计划,每年向沿线国家提供 1 万个政府奖学金名额,地方政府也设立了丝绸之路专项奖学金,鼓励国际人文交流。

3. 人文领域活动日趋丰富

中国与沿线国家在教育、科技、文化、卫生、旅游、体育等广泛领域,通过政党、媒体、智库、社会组织等多元主体,开展了丰富多彩的人文交流合作。与相关国家互办文化年、旅游年、艺术节、影视桥、研讨会、图书展、体育赛事、智库对话等多项活动,利用人才培养、作品创投、版权合作、联合出版、资本合作、项目评估等创新合作方式持续推动“一带一路”人文交流更为专业、细化、务实,更多惠及民生。随着“一带一路”人文交流合作扎实推进、亮点纷呈,在交流中拉近民心距离,得到越来越多国家的支持和积极参与,为“一带一路”建设夯实民意基础,筑牢社会根基,也为沿线各国民众友好往来和商贸往来带来了便利和机遇。

2017 年,中国与“一带一路”国家双向旅游交流达 6 000 万人次左右,与 2012 年相比,“一带一路”出境人数和入境人数分别增长 2.6 倍和 2.3 倍左右。旅游已经成为“一带一路”跨文化交流的重要载体,不仅促进了文化旅游融合发展,而且助推中国文化走向世界,在文旅融合中塑造中国国际形象,提升国际影响力。再以留学生为例,中国教育部数据显示,2018 年共有 49.22 万名外国留学生在中国高校学习,其中来自沿线国家的留学生多达 26.06 万人,占比为 52.95%。

4. 人文交流品牌活动日渐形成

中国重点支持汉语、中医药、武术、美食、节日民俗及其他非物质文化遗产等代表性项目走出去,已经形成一批具有中国特色、国际影响的标志性人文交流品牌,中国文化品牌的国际传播力和吸引力显著提升。在教育领域,“丝绸之路大学联盟”“全球外国语大学联盟”、中国-东盟教育交流周、中亚国家大学校长论坛、中欧教育政策智库论坛等重要交流平台相继建立。“丝绸之路(敦煌)国际文化博览会”则是目前中国唯一以“一带一路”国际文化交流为主题的综合性博览会,品牌效应逐步显现。中国与希腊共同发起“文明古国论坛”,并参与“世界文化发展论坛”“首届世界人文大会”等跨文化人文交流品牌活动。图书出版方面,“丝路书香出版工程”“中国图书对外推广计划”“中国文化著作翻译出版工程”“中国当代文学百部精品译介工程”“中国文学海外传播工程”“中国图书中心”等项目相继启动。

特别值得指出的是,文艺作为国家形象的闪亮名片,正以“一带一路”人文交流最接地气的传播形式,发挥沟通古今、融合中外的作用,向世界展示中国“和合共生”的发展理念和“海纳百川”的国家人文气质。《中国成语大会》《中国诗词大会》《舌尖上的中国》等电视节目促进中华文化全球传播;全本京剧《白蛇传》、实验京剧《浮士德》、青春版昆曲《牡丹亭》等中西合璧文化产品成功走出去;原创综艺节目、中国网络文学走向海外,成为各国民众特别是青年人关注的新焦点;"丝绸之路国际艺术节""丝绸之路国际剧院联盟""丝绸之路国际艺术节联盟"等交流合作夯实了共建"一带一路"的社会根基。此外,丝绸之路电影节、金砖电影节、上合电影节等相继发起,电影作为当下最为流行的国际传播媒介,正成为"一带一路"人文交流的黏合剂。

(二)"一带一路"人文交流问题犹存

1. 文化差异对人文交流的影响日益突出

"一带一路"国家文化多样,包括中华文明、印度文明、埃及文明、两河文明、波斯文明、阿拉伯文明、古希腊文明和古罗马文明等几大文明系统,是众多民族混居之地,也是佛教、伊斯兰教、东正教、天主教、犹太教等众多宗教交汇之地,存在着语言、民族、宗教、历史、经济等盘根错节的复杂关系。"一带一路"国家所拥有的风俗禁忌也各不相同,每一个国家的风俗禁忌都延续了百年甚至千年。如果对各个国家的文化以及风俗禁忌没有详细的了解,势必会对"一带一路"文化交流合作产生负面影响。在文明冲突泛化的情况下,文化隔阂已经对中国开展对外人文交流形成掣肘。

2. 经济发展不平衡对人文交流的阻碍日益突出

与中国近年来的快速发展相比,不少沿线国家经济发展缓慢,经济结构相对单一。中亚五国除哈萨克斯坦人均收入略高于中国之外,其他四国收入水平仍然较低。南亚的孟加拉国、印度、缅甸都属于发展中国家,经济发展阶段和工业化程度不平衡,产业结构差异较大,经济发展水平差异较大。区域经济发展薄弱,基础设施落后,难以为文化交流提供有力的物质支撑。中亚五国旅游基础设施较为薄弱,缺乏旅游服务及住宿等配套服务设施,接待能力远不能满足旅游高峰期需求,陆路交通路网密度低,制约了旅游发展与合作。同时,缺乏系统、便捷的信息交流网络,尚未建立迅捷的信息共享机制,各国在政府层面不能及时进行信息沟通、交流与协调,中国文化企业对沿线国家的投资环境、法律环境缺乏了解,阻碍了企业跨国投资合作。其结果是,一些沿线国家受到"中国威胁论"的影响,担心中国借助经济优势对其施加政治影响,对与中国开展人文交流颇有忌讳;还有一些国家虽然积极性很高,但囿于人力、物力、财力,对人文交流的现实需求并不迫切。

3. 国际传播能力的不足对人文交流效果的制约日益突出

沿线国家引进中文出版物数量有限,相互之间的传媒影响力较小。在电视广播覆盖方面,中亚五国、俄罗斯当地居民只有通过卫星电视才能看到中国节目,其他各国的报纸、杂志、电视、广播在中国民间也比较少见。西方媒体对南亚多国影响力很大,而中国传媒很少,缺少中国声音。目前的文化交流方式也多以传统形式为主,基于互联网的新媒体、网络化文化交流与合作较为缺乏。

(三)"一带一路"人文交流的建议

1. 以命运共同体理念为引领,倡导不同文化在平等基础上交流互鉴

命运共同体理念的重要意义在于以共建美好世界为目标,不断增强各国人民的心灵

相通，加强中国与世界的相互认知和认同。中国应在沿线国家积极宣传人类命运共同体的理念，倡导不能对文化价值观进行排序或差别对待的观点；要大力弘扬中国优秀传统文化，同时承认各国文化的独特性与包容性，诚心实意地汲取沿线国家文化中的优秀内涵；要重视与沿线国家进行宗教交流与合作，充分尊重沿线国家不同的宗教信仰，重视和加强宗教理论研究；要在亚信、上合组织等地区机制框架内，积极尝试开展宗教与文明对话，使之与政治、经济合作等议题并驾齐驱，向国际社会充分展现中国在文化与宗教方面的包容性。

2. 加强政府层面的政策沟通，丰富促进人文交流的对话机制

要积极利用好现有资源平台，加强中国与沿线国家战略机制的对接联通，从国家层面为经贸合作和人文交流奠定坚实的政策基础；要与沿线国家共同举办"教育交流年""旅游交流年""文化交流年"等活动，建立长期稳定的人文交流合作机制，建设好软环境平台。相关政府部门要与沿线国家政府对口单位就便利人员往来进行积极的政策磋商，探讨我国与沿线国家人员交往便利化的新举措，如逐步扩大对持中国护照的免签国家范围，简化中国籍劳务人员务工签证的申办手续等。

3. 以继续探索官民并举模式为重要手段，鼓励民间力量在人文交流中发挥更大作用

要发挥好"民相亲""心相通"的桥梁作用，充分推动社会各界参与"一带一路"人文交流事业；要以经贸合作为依托，发挥企业在"走出去"过程中的重要作用；要熟知国际商务规则以及沿线国家国情，努力提高产品质量、科技含量；要下苦功树立品牌意识、环保意识以及回馈当地社会的社会责任意识；要加强学术往来，加大对沿线国家留学生的培养，增强智库间的互动交流；要发挥各类文化团体、社会组织的积极作用，推动区域间、城市间人文交流，通过文化互动来消除偏见和误解；要积极发挥沿线国家华侨华人的交流使者作用。

4. 强化信息支撑，通过大数据助力"一带一路"人文交流

为了使"一带一路"人文交流合作更加务实高效，要利用多渠道、多途径持续做好信息的收集、甄别、加工和共享工作，建立人文交流数据库和案例库，基于事实、数据和专家智慧，加强深度分析，做好综合研判，以信息流带动技术流、资金流、人才流、物资流。以"一带一路"科技合作为例，要认真梳理沿线国家产业结构、科技状况、优势领域、重点机构、发展需求、合作态势等，把握合作中的风险点，动态监测评价合作成效，为"一带一路"科技领域合作提供务实管用的咨询服务。从某种程度上说，数据内容建设比网络平台建设更加重要。"一带一路"覆盖全球众多国家、众多城市，涉及不同语言、文化背景的各国民众，要把"一带一路"各国的产业、科技、文化、历史等动态数据和专题数据大量入网，让各国、各地共享大数据，是一项细致、渐进的工作，需要建立信息来源渠道网络，需要建立多语种编译队伍，需要建立多领域和跨国合作的"一带一路"数据分析和研究队伍。

人文交流领域篇

一、教育

教育是文明传承的阶梯，是国家间开放合作、互利共赢的桥梁。在共建"一带一路"倡议由"大写意"转向"工笔画"的重要节点，教育将为"一带一路"倡议的未来精细建设提供智力支撑和人才保障。在沿线国家中，教育水平持续提升，教育指数、受教育年限均逐年走高。随着中国与沿线国家留学奖学金的增多，各国间的人才交流将更为频繁，高校与高校间的国际合作交流机制也将逐步完善。教育的关键在于互通有无，高效的教育合作将深化与沿线国家间的人才交流合作，培养大量既掌握语言文化、宗教法律、商贸金融、交通物流、能源等专业知识技能，又熟悉沿线国家社会文化和风俗习惯的国际化专业技能人才、技术人员和熟练工人；在教育走出去方面，山东省、陕西省、福建省等地也在职业教育、科技教育、农产品教育等领域颇有建树，积累了不少成功经验。

（一）"一带一路"国家教育概览

1."一带一路"各地区教育指数和受教育年限

（1）东北亚（含中国）和中东欧地区教育发展水平相对较高

教育指数，是联合国开发计划署发表的人类发展指数的三大成分指标之一，由人口平均受教育年限与预期受教育年限共同衡量，可在一定程度上反映世界各国教育发展水平。2017年，"一带一路"国家教育指数平均值为0.75，高于全球平均值（0.71）。从"一带一路"各区域来看，南亚、东南亚、中亚和西亚北非地区为"一带一路"国家中教育发展水平较低的地区，2017年教育指数分别为0.64、0.71、0.71和0.74，均低于"一带一路"国家平均值。东北亚（含中国）和中东欧地区教育发展水平相对较高，教育指数分别为0.77和0.82。（图2-1）

（2）中东欧、中亚地区受教育年限平均值处于较高水平

2017年，"一带一路"国家受教育年限平均值为9.35年，高于全球平均值（8.69年）。中东欧（11.64年）、中亚（10.88年）、东北亚（含中国）（9.97年）地区受教育年限平均值处于较高水平；西亚北非、东南亚地区的受教育年限平均值低于"一带一路"国家受教育年限平均值，分别为8.82年、7.57年；较为贫困落后的南亚地区受教育年限平均值最低，为6.09年，几乎是中东欧地区的一半。值得注意的是，尽管改革开放以来中国人受教育水平提升的速度超过了世界绝大多数国家，但由于历史基数较低，2017年中国的受教育年限平均值仅为7.80年，尚未达到"一带一路"国家平均水平。（图2-2）

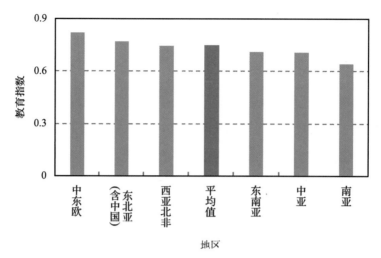

图 2-1　2017 年"一带一路"各地区教育指数情况

（数据来源:联合国开发计划署）

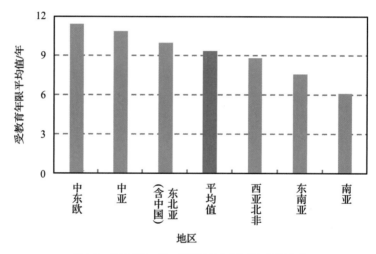

图 2-2　2017 年"一带一路"各地区受教育年限平均值

（数据来源:联合国开发计划署）

2."一带一路"国家教育指数和成人识字率

(1)南亚、东南亚、西亚北非地区成人识字率低于"一带一路"国家平均水平

成人识字率是指年龄在 15 岁以上(包含 15 岁)的人口中,能够理解、阅读和书写有关日常生活短文的人口占总人口的比例。2016 年"一带一路"国家成人识字率平均值为89.0%,高于 81.6%的全球平均值。从区域来看,南亚、东南亚和西亚北非地区是"一带一路"国家成人识字率较低的地区,低于 2016 年"一带一路"国家的平均值,分别为72.2%、85.3%和 86.9%。中亚(99.5%)、中东欧(98.9%)、东北亚(含中国)(97.7%)地区文化基础较好,成人识字率较高。(图 2-3)

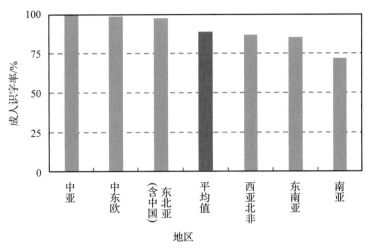

图 2-3　2016 年"一带一路"各地区成人识字率①

（数据来源：联合国开发计划署）

（2）多数"一带一路"国家教育指数与成人识字率超过全球平均值

"一带一路"国家中，有 45 个国家教育指数和成人识字率均高于全球平均值；有 12 个经济水平发展较低的国家教育指数和成人识字率均低于全球平均值，包括缅甸、埃及、柬埔寨、孟加拉国、印度、尼泊尔、老挝、东帝汶、巴基斯坦、不丹、伊拉克、阿富汗，主要分布在南亚、西亚北非及东南亚地区。一般来看，成人识字率会随着教育指数的多少而变化，呈现正相关趋势。当然也不排除有个别例外，比如塔吉克斯坦，这个国家的教育指数只有 0.70，但其成人识字率达 99.5%。另外，中国的教育指数为 0.75，成人识字率为 95.1%，均高于全球平均值。（图 2-4）

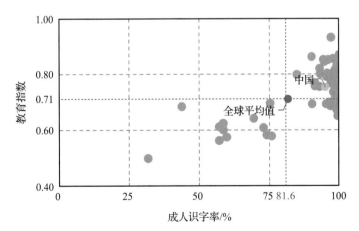

图 2-4　"一带一路"国家教育指数与成人识字率

（数据来源：联合国开发计划署）

---

①　截至本报告完稿，联合国开发计划署尚未公布 2017 年"一带一路"各地区成人识字率。

3. "一带一路"国家大学数量及排名情况

(1)"一带一路"国家大学数量约占全球大学总数的三分之一

大学是开展高等教育的主要场所,大学的数量和质量是一个地区高等教育发展程度的重要标志之一。截至 2018 年,QS World University Rankings 收录的全球 100 余个国家近 5 000 所大学的统计数据显示,"一带一路"国家大学数量占全球大学数量的 33.2%。其中印度大学数量占"一带一路"国家大学总数的 12.8%;其次为俄罗斯,占比为 11.9%。"一带一路"国家大学主要集中在印度、中国、俄罗斯等人口大国。(图 2-5)

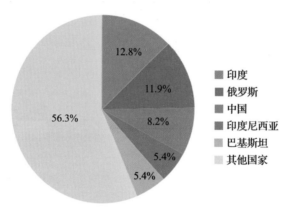

图 2-5　截至 2018 年"一带一路"国家大学数量分布情况

(数据来源:QS World University Rankings)

(2)"一带一路"国家中,中国进入世界前一千位大学的数量最多

2018 年 QS World University Rankings 的数据显示,从"一带一路"国家进入排名前一千位的大学数量来看,中国数量最多,为 39 所,占"一带一路"国家总数的 16.7%;俄罗斯排第二位,共 24 所,占比为 10.3%;印度排第三位,共 20 所,占比为 8.5%。土耳其、印度尼西亚、马来西亚、波兰、哈萨克斯坦、泰国、沙特阿拉伯依次位列其后。"一带一路"国家经济发展不均衡,政府投入差距大,教育资源不平均等是导致大学质量差异较大的主要原因。(图 2-6)

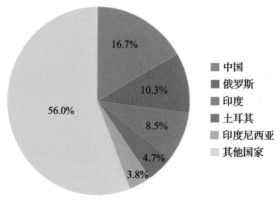

图 2-6　2018 年"一带一路"国家进入排名前一千位的大学数量占比

(数据来源:QS World University Rankings)

(二)沿线地区的教育投入情况

1. 沿线地区的教育经费投入

教育需要充裕的资金支持,以满足各项活动的开展。教育经费的投入在一定程度上反映了一个地区对教育的重视程度以及发展教育的意愿。沿线地区中,中亚地区的政府对教育的投入最高,南亚地区紧随其后。虽然中亚地区、南亚地区在教育指数指标中位于"一带一路"各区域后位,但两地区的各国政府正努力改变这一现状,在教育方面投入的资金持续增加。2017 年,中亚地区的政府对教育的支出占政府总支出的 17.5%,南亚地区的政府对教育的支出占政府总支出的 15.0%。东南亚地区、西亚北非地区、东北亚(含中国)地区政府对教育的支出占政府总支出的比例分别为 14.9%、12.3%、12.2%。在各项教育指标中位于前列的中东欧地区,其政府对教育的支出占政府总支出的比例较低,只有11.9%。(图 2-7)

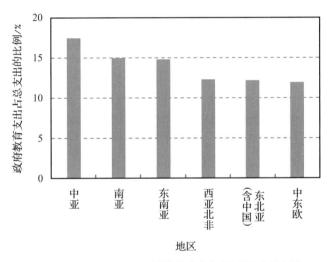

图 2-7 2017 年沿线地区对教育的支出占政府总支出的比例

(数据来源:联合国教科文组织)

2. 沿线地区的教师投入情况

教师是重要的教育资源,是教育活动的组织者和引路者,在教育过程中起主导作用。在沿线各区域中,2017 年,南亚地区的初等教育师生比为 1:31.4,中等教育和高等教育的比例也低于其他地区,分别为 1:23.2、1:31.1。该地区对于初等、中等和高等教育教师的需求在沿线各个地区中是最迫切的。而中亚地区的初等教育师生比为 1:22.3,该地区的中等教育和高等教育的情况对比于其他地区处于较好的水平,师生比分别为1:9.1 和 1:12.6。东北亚(含中国)地区呈现出与中亚地区相似的格局,初等教育师资紧缺,师生比为 1:20.6,中等教育和高等教育的情况较好,师生比分别为 1:8.8 和1:10.3。西亚北非地区、东南亚地区在初等、中等、高等教育中,师生比比较接近,表明两地区在各阶段教育的教师投入情况比较平均,但均有所短缺。中东欧地区的教师综合投

入比例最高,初等、中等、高等教育的师生比分别达到 1∶15.0、1∶9.5 和 1∶14.6。(图2-8)

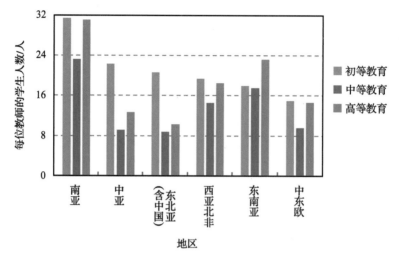

图 2-8　2017 年沿线地区初中高等教育师生比

(数据来源:联合国教科文组织)

(三)中国与沿线国家的教育交流与合作

1. 中国对沿线国家开放的来华留学生奖学金情况

(1)2018 年中国政府奖学金助力全球 6.3 万留学生来中国留学

奖学金为资助世界各国学生、学者到中国高等学校进行学习和研究,增进中国人民与世界各国人民的相互理解和友谊提供了重要支持,是促进中国与沿线国家教育交流与合作的重要推手。"国家留学网"数据显示,中国一共设立了 244 种来华留学生奖学金,均对沿线国家开放。其中,中国政府奖学金虽然占比仅为 4.9%,却最为重要,覆盖面最广。2018 年,共有来自 182 个国家的 6.3 万名获得中国政府奖学金的留学生在中国学习,占留学生总数的12.8%。地方政府奖学金由地方政府牵头出资,占比为 13.5%;学校奖学金由学校设立,数量最多,占比为 76.7%;孔子学院奖学金与企业奖学金最少,占比分别为 4.5%、0.4%。中国设立的来华留学生奖学金呈现出多层级、广范围、众领域的特点,对沿线国家海外人才的吸引力不断提升,引领来华留学向高层次、高质量发展。(图 2-9)

(2)"一带一路"专设奖学金助力沿线国家留学生占比过半

在中国对外开放的众多来华留学生奖学金中,为"一带一路"专设的奖学金共 20 种,占奖学金总数的 8.2%。其中,专设学校奖学金占比最高,达 90.0%,专设中国政府奖学金、专设地方政府奖学金占比均为 5.0%。"一带一路"专设学校奖学金主要由中国人民大学、中国科学技术大学、中国科学院大学、中国地质大学(武汉)、北京科技大学、北京工商大学、北京电影学院、上海政法大学、上海中医药大学、兰州理工大学、西南大学、重庆师范大学、浙江科技学院、太原理工大学、云南财经大学、西北大学、赣南师范大学这 17 所高校参与设立。

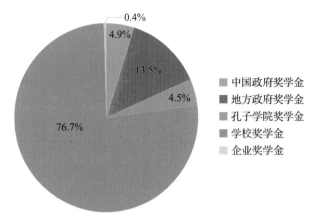

图 2-9　2018 年中国设立的来华留学生奖学金类别构成

（数据来源：国家留学网）

中国教育部数据显示，2018 年，在奖学金的激励下，共有来自 196 个国家和地区的 49.22 万名留学生来华留学，其中，沿线国家来华留学生人数共计 26.06 万人，占总人数的 52.95%。这些留学生来华留学，主要学习的领域集中在工科、理科、管理、艺术、农学，中国自然学科专业教育对其具有较强吸引力。

2. 中国与沿线国家合作办学情况

(1) 中国中东部地区与沿线国家合作办学数量较多

从区域分布来看，中国与沿线国家合作办学相对集中，主要分布在中东部地区。截至 2018 年，黑龙江省对外合作办学项目最多，与沿线国家合作办学数量也最多，合作项目数量为 84 个，占省合作项目数的近一半；位居第二的河南省与沿线国家合作数量为 17 个，占比为 18.7%；位居第三的为吉林省，合作项目 11 个，占省合作项目数的 23.4%；其他省区市与沿线国家合作办学数量均不超过 10 个。（表 2-1）天津、重庆、海南、福建、四川、安徽、河北、陕西、山西、辽宁、贵州和甘肃尚未与沿线国家有合作办学项目。中国高校与沿线国家合作办学上，区域差距较大，黑龙江省、吉林省临近中国与俄罗斯边境，所以有大量中俄合作办学项目，中国其他沿海沿边省市需进一步发挥自身地理优势，扩展合作办学项目。

表 2-1　　　　截至 2018 年各省区市与沿线国家合作办学数量及占比

省区市	与沿线国家合作办学项目数	与沿线国家合作项目总数	占比/%
黑龙江	84	171	49.1
河南	17	91	18.7
吉林	11	47	23.4
江苏	6	92	6.5
山东	2	70	2.9
湖南	2	24	8.3

(续表)

省区市	与沿线国家合作办学项目数	与沿线国家合作项目总数	占比/%
北京	1	39	2.6
上海	1	70	1.4
浙江	1	43	2.3
广东	1	11	9.1
江西	1	18	5.6
湖北	1	55	1.8
广西	1	17	5.9
云南	1	10	10.0
内蒙古	1	10	10.0
新疆	1	1	100.0
天津	0	23	0.0
重庆	0	17	0.0
海南	0	3	0.0
福建	0	17	0.0
四川	0	10	0.0
安徽	0	13	0.0
河北	0	24	0.0
陕西	0	10	0.0
山西	0	2	0.0
辽宁	0	35	0.0
贵州	0	4	0.0
甘肃	0	1	0.0
总计	132	928	14.2

(数据来源:中华人民共和国教育部中外合作办学监管工作信息平台)

(2)沿线国家参与中外合作办学的国家较少

参与中外合作办学的沿线国家共有 6 个,其中俄罗斯与中国合作办学项目数量达 119 个,约占合作办学项目总数量的 90.1%;其他参与国家及数量分别为波兰 5 个,印度 3 个,白俄罗斯 2 个,乌克兰 2 个,泰国 1 个。合作的大学中,有 11 所高校进入 2018 年 QS World University Rankings 排名前一千位,其中俄罗斯 6 所,波兰 3 所,白俄罗斯 1 所,泰国 1 所:圣彼得堡国立大学、莫斯科国立国际关系学院、彼得大帝圣彼得堡理工大学、乌拉尔国立大学、远东国立大学、新西伯利亚国立技术大学、华沙大学、华沙理工大学、罗兹大学、白俄罗斯国立大学、清迈大学。参与合作办学的国家主要为临近的亚洲国家,未来可

以将合作办学项目进一步向较远的沿线国家推进。(图 2-10)

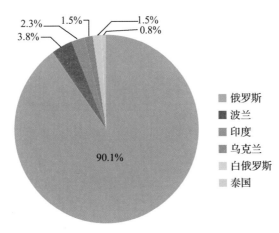

图 2-10　截至 2018 年底沿线国家参与中外合作办学数量占比

(数据来源:中华人民共和国教育部中外合作办学监管工作信息平台)

3. 中国与沿线国家高等教育学历学位互认情况

(1)中国与中东欧地区签订高等教育学历学位互认协议最多

从整体来看,中国共与全球 46 个国家签订了高等教育学历学位互认协议,其中沿线国家为 24 个。在与中国签订高等教育学历学位互认协议的沿线国家中,中东欧地区的国家数量最多,共 10 国;其次是东南亚地区,共 5 国;中亚地区为 4 国;东北亚地区、西亚北非地区与南亚地区签订协议的国家均较少,分别为 2 国、2 国与 1 国。(表 2-2)

表 2-2　　　　截至 2018 年沿线高等教育国家学历学位互认名单

地区	国家
中亚(4 国)	哈萨克斯坦
	土库曼斯坦
	吉尔吉斯斯坦
	乌兹别克斯坦
中东欧(10 国)	波兰
	立陶宛
	爱沙尼亚
	拉脱维亚
	匈牙利
	罗马尼亚
	保加利亚
	捷克
	乌克兰
	白俄罗斯

（续表）

地区	国家
西亚北非(2国)	亚美尼亚
	埃及
南亚(1国)	斯里兰卡
东南亚(5国)	泰国
	越南
	菲律宾
	马来西亚
	印度尼西亚
东北亚(2国)	俄罗斯
	蒙古

（数据来源：中华人民共和国教育部国际合作与交流司）

(2)中国与沿线国家签订高等教育学历学位互认协议频率加快

在 1983 年,《亚太地区承认高等教育学历、文凭和学位地区公约》在曼谷通过,中国为缔约国之一。沿线国家土库曼斯坦、亚美尼亚、斯里兰卡、印度尼西亚、俄罗斯 5 国同样作为缔约国与中国实现高等教育学历学位互认。随后直至 2011 年,中国与沿线国家签订高等教育学历学位互认协议 14 份。2013 年,中国提出共建"一带一路"倡议后,与沿线国家签订高等教育学历学位互认协议的频率明显加快,截至 2018 年底新增互认协议 5 份。沿线国家与中国签订高等教育学历学位互认协议的国家占与中国签订学历学位互认协议国家总数的 52.2%。

(四)经典案例

2018 年,中国与沿线国家教育交流合作触及各个领域,形成合作、互助、互惠的喜人趋势;教育成为中国与沿线国家紧密联系的红线,成为实现彼此互利共赢的关键纽带。

1. 大放异彩的职业教育——"鲁班工坊"

沿线国家多是发展中国家,在发展条件和发展道路上与中国有许多相似之处,因此都很重视职业技术教育和培训。而"鲁班工坊"正是在中国教育部指导下,由天津市原创并率先主导推动实施的职业教育国际项目,是中国在教育领域对外输出的又一张名片。

随着"一带一路"建设的推进,一批重大工程和国际产能合作项目相继在沿线国家落地和发展,迫切需要中国职业教育走出去,支撑和服务"一带一路"建设对技术技能型人才的需求。作为"国家现代职业教育改革创新示范区"的标志性成果,天津市首创并率先主导推动实施了"鲁班工坊"建设,致力于为沿线国家培养当地经济社会发展急需的技术技能型人才。2016 年 3 月至 2019 年 5 月,天津职业院校先后在泰国、英国、印度、印度尼西亚、巴基斯坦、柬埔寨、葡萄牙、吉布提建成 8 个"鲁班工坊"。截至 2019 年 5 月 10 日已建成的"鲁班工坊"涉及自动化、新能源、机械等 9 类共 23 个专业,累计为相关国家和地区培养学生 4 000 余人次,培训教师 600 余人次,得到了合作国家的高度重视和广泛好评。其中,泰国"鲁班工坊"已完成三期建设,形成了"一坊两中心"的建设格局,在当地和整个东南亚地区产生了强大的带动效应。

"先进培训设备+质量体系标准+课程理念+课程体系",天津中德应用技术大学和柬埔寨国立理工学院联合开展了"澜沧江-湄公河职业教育培训中心项目",服务澜湄五国、辐射东盟十国,培养符合当地经济发展的应用型人才。

贵州水利水电职业技术学院则干脆到国外办学,成为贵州省第一个"走出去"办学的高职院校。2019年5月,"柬埔寨·马德望省理工学院 中国·贵州水利水电职业技术学院亚龙丝路学院"正式挂牌成立。

2. 尼泊尔与中国的教育交流与合作日益密切

近年来,尼泊尔与中国的教育交流日益密切,2016年曾位列来中国留学全球奖学金人数前十国,大量的尼泊尔人来中国留学后返国或者留在中国从事科研、教育等工作。除了彼此间留学方面的教育交流外,中国还对尼泊尔提供了大量的教育援助。始建于1854年的杜巴中学,是当地一座具有悠久传统的历史名校。2015年的强烈地震造成该中学建筑严重损毁,地震之后杜巴中学的师生们只能在临时教学地点上课。2018年8月3日,中国援尼泊尔加德满都杜巴中学项目开工仪式在加德满都隆重举行,承建该项目的上海建工集团股份有限公司经过近十个月的日夜奋战,完成了杜巴中学教学楼主体结构施工。

重建后的杜巴中学有22间普通教室,可容纳792名学生。此外还有2间科学实验室、2间计算机教室、1间数学实验室、1间美术教室、1间视听教室、3间课余活动室和4间选修教室。另外还有学生社团活动室、图书阅览室、配餐室和礼堂等。

中尼教育交流合作是中国与沿线国家教育合作的一个缩影。中国近年来不断加强与沿线国家的教育合作,进行多方位的教育援助。整体来看,虽然到目前为止援助的方式仍然以基础建设为主,但综合性的教育援助正逐渐成形。(表2-3)随之而来的,中国与沿线国家的教育合作也正在不断深化,切实走向民心相通。

表2-3 截至2018年中国对部分沿线国家教育援助表

项目年度	援助类型	所在国别	项目名称
2018	基础建设	尼泊尔	中国援尼泊尔加德满都杜巴中学项目
2018	基础建设	黎巴嫩	中国援黎巴嫩国家高等音乐学院项目
2017	基础建设	吉尔吉斯斯坦	中国援吉尔吉斯斯坦比什凯克第95中学项目
2017	基础建设	阿富汗	中国援阿富汗喀布尔大学综合教学楼和礼堂项目
2016	援外培训	塔吉克斯坦	中国援塔吉克斯坦培训项目
2016	基础建设	巴基斯坦	中国援巴基斯坦法曲尔小学项目
2014	基础建设	卢旺达	中国援卢旺达穆桑泽综合技术学院项目
2014	基础建设	也门	中国援也门也中科技学院新校区建设项目
2013	援外培训	东帝汶	中国援东帝汶外交学习中心项目

(数据来源:根据商务部对外援助司、教育部国际交流与合作司网站资料整理)

(五)数据分析

1. 沿线地区教育发展水平差异较大

在沿线地区中,教育发展水平呈现出明显的差异性。整体来看,中东欧地区的教育发展水平较高,在教育指数、受教育年限、成人识字率等指标上要明显高于世界平均水平。南亚地区的教育发展水平还存在较多不足,国家的基础教育水平还处在较为早期的阶段,部分国家经济发展水平较低,大多为中低收入或低收入国家,这部分国家经济与教育一体两面,相互影响,落后的经济影响了教育经费投入,而教育的滞后又反过来为发展带来阻力。但也应看到,中亚地区、南亚地区在教育方面投入的资金持续增加。2017年,中亚地区政府对教育的支出占政府总支出的17.5%,南亚地区政府对教育支出占政府总支出的15.0%,分别是沿线地区教育投入占比的第一位、第二位,在教师投入上也名列前茅,未来的教育发展水平也会随之逐步提升。

2. 中国与沿线国家的教育交流与合作逐步深化

中国与沿线国家的教育交流与合作在近年来呈现出多点开花的喜人进展,同时也存在着很大的发展空间。首先,在奖学金层面,国家奖学金与"一带一路"专项奖学金激励了大量的"一带一路"沿线国家学子来华深造。

其次,在合作办学层面,中国与俄罗斯间的合作办学数量较多,并且参与省份也集中在黑龙江、吉林等中俄边境省份。未来还需鼓励更多教育大省的高校走出去,寻求更多的合作,提升学校的影响力,扩大中国与沿线国家的教育合作规模。

在高等教育学历学位互认层面,中国与沿线国家的互动变得更加频繁。高等教育学历学位互认是很多教育合作的基础,截至2017年5月,中国已经与24个沿线国家签订高等教育学历学位互认协议,这将为中国与沿线国家带来很多潜在的教育交流机会。

另外,部分沿线国家教育发展水平较低,中国的教育援助将帮助这些国家完成基础建设,加速自身的教育发展,更好地参与到"一带一路"互联互通的进程中,实现互利共赢。

3. 沿线国家教育发展潜力十足

高等教育学府是一个国家教育水平的重要体现,QS World University Rankings 2019年的数据显示,沿线国家大学数量占全球大学数量的33.2%,其中进入全球前一千的知名大学达到了234所,中国、俄罗斯、印度、土耳其、印度尼西亚等国家均有多所大学位列前一千,这为培养高质量人才奠定了基础。从教育经费投入来看,除去东南亚地区外,沿线各地区政府对教育的支出占GDP的比例均超过4%,从教师投入方面的师生比来看,沿线大部分地区都要优于世界平均水平,世界平均值为1∶24,即1个老师对应24个学生,而中东欧地区这一值为1∶14.3,中亚地区、西亚北非地区这一值为1∶17.8、1∶19.6。从教育经费投入和教师投入来看,沿线国家对教育较为重视,且投入了充足的资源发展教育,沿线国家的教育发展具有较高的潜力,预期会有较快的发展。

二、科技

科技创新是引领经济高质量发展的首要动力,科技创新合作是共建"一带一路"倡议的一项重要内容,也是推动"一带一路"迈向高质量发展的一个重要力量。近年来,由"一带一路"引领的科技创新合作在促进各国创新要素流动聚集、科技创新深度融合方面发挥了重要作用。中国大力推进与沿线国家的科技合作,在人文交流方面,组织"一带一路"相关国家的青年科学家来华开展短期科研;鼓励支持"一带一路"相关国家产学研机构共建联合实验室;与菲律宾、印尼等国家启动或探讨建立科技园区合作关系;与东盟、南亚、中亚、中东欧构建区域技术转移平台,促进了我国与这些国家和地区双向技术转移转化,带动了我国企业、技术和标准走出去,对国际产能合作起到了积极推动作用;组织南亚青年科学家创新中国行、东盟国家青年科学家创新中国行活动。当前,世界经济面临下行压力,共建"一带一路"倡议顺应了全球创新治理体系变革的内在需求,科技创新合作是各沿线国家谋求经济增长动力、实现长期持续发展的必然选择。

(一)"一带一路"国家知识产权情况

1."一带一路"国家知识产权收支情况

(1)"一带一路"国家知识产权总支出连续两年增长

知识产权是一个国家的科技名片,是一个国家参与国际竞争的重要保障。在知识经济时代,知识产权作为一个企业乃至国家提高核心竞争力的战略资源,凸显出前所未有的重要地位。从"一带一路"国家知识产权总体支出来看,2015—2017年,总支出呈上升的趋势,2017年总支出为772.8亿美元。其中中国知识产权支出为287.5亿美元,较2016年增长19.9%;沿线国家知识产权支出为485.3亿美元,与2016年基本持平。从各沿线国家来看,2017年,新加坡的知识产权支出最高,为149.1亿美元;其次是印度、俄罗斯,知识产权支出分别为65.2亿美元、59.8亿美元。(图2-11、图2-12)

(2)"一带一路"国家中新加坡知识产权收入最高

近几年,"一带一路"国家知识产权总收入呈持续上升的趋势,2017年总收入达到192.3亿美元。其中中国知识产权总收入为48.0亿美元,较2016年增长超3倍;沿线国家知识产权收入为144.3亿美元,较2016年增长9.9%。从各沿线国家来看,2017年,新加坡知识产权收入最高,为80.3亿美元;其次是匈牙利、以色列,分别为16.9亿美元、12.6亿美元。(图2-13、图2-14)

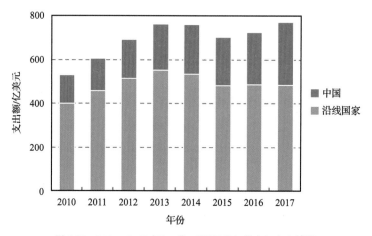

图 2-11 2010—2017 年"一带一路"国家知识产权支出情况

（数据来源：世界银行世界发展指标数据库）

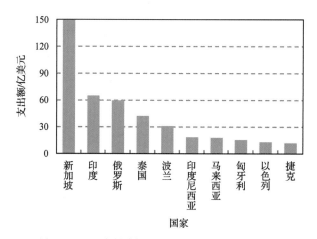

图 2-12 2017 年沿线知识产权支出排名前十位的国家

（数据来源：世界银行世界发展指标数据库）

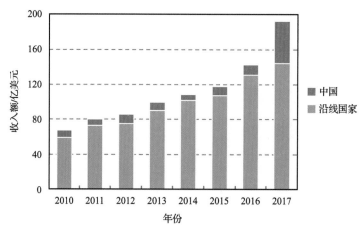

图 2-13 2010—2017 年"一带一路"国家知识产权收入情况

（数据来源：世界银行世界发展指标数据库）

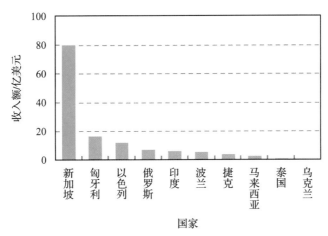

图 2-14　2017 年沿线知识产权收入排名前十位的国家

（数据来源：世界银行世界发展指标数据库）

（注：因乌克兰知识产权收入数据较小，故无法在图中显示）

2."一带一路"国家专利申请情况

(1)中国专利申请数量稳居全球首位

专利属于知识产权的一部分，是一种无形资产，具有排他性、区域性和时间性，专利申请是一个国家科技实力的重要体现，具有巨大的商业价值，是提升企业竞争力的重要手段。2010—2017 年，"一带一路"国家专利申请数量呈逐年增长的趋势，2017 年达到 156.5 万件，增速较 2016 年有所放缓。其中中国专利申请数量为 138.2 万件，居全球首位，较 2016 年增长 3.2％；沿线国家专利申请数量为 18.3 万件，较 2016 年略微下降 0.6％。(图 2-15)

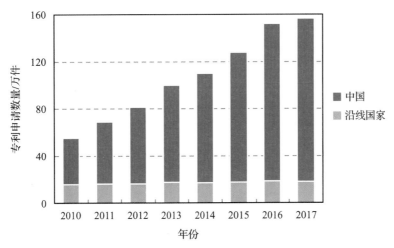

图 2-15　2010—2017 年"一带一路"国家专利申请数量

（数据来源：世界银行世界发展指标数据库）

(2)沿线国家专利申请主要集中在印度和俄罗斯两国

从各沿线国家来看，2017 年，印度专利申请数量最多，为 4.7 万件，较 2016 年增长

3.5%；其次是俄罗斯，专利申请数量为 3.7 万件，较 2016 年下降 12.2%；伊朗、新加坡分别居第三位和第四位，专利申请数量与 2016 年基本保持不变，分别为 1.6 万件、1.1 万件；其他国家专利申请数量均低于 1 万件。（图 2-16）

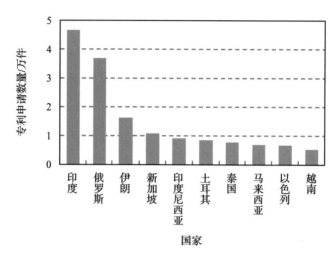

图 2-16　2017 年沿线国家中专利申请数量排名前十位的国家

（数据来源：世界银行世界发展指标数据库）

3. "一带一路"国家商标申请情况

（1）2017 年中国商标申请数量增长超五成

商标是用来区别一个经营者的商品或服务和其他经营者的商品或服务的标志，商标申请意味着商品与服务的推新。2010 年以来，"一带一路"国家商标申请数量呈逐年增长的趋势，2017 年达到 778.9 万件。其中中国商标申请数量为 574.0 万件，较 2016 年增长 55.2%；沿线国家商标申请数量为 204.9 万件，较 2016 年增长 8.9%。（图 2-17）

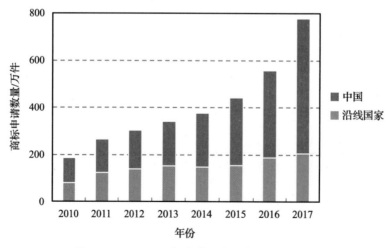

图 2-17　2010—2017 年"一带一路"国家商标申请数量

（数据来源：世界银行世界发展指标数据库）

（2）2017年沿线国家中伊朗商标申请数量最多

2017年，在各沿线国家中，伊朗的商标申请数量最多，为35.8万件，较2016年增长87.9％；其次是俄罗斯、印度、土耳其，商标申请数量分别为29.2万件、28.4万件、24.7万件，较2016年分别增长16.1％、－9.5％、9.0％；其他沿线国家商标申请数量均低于10万件。（图2-18）

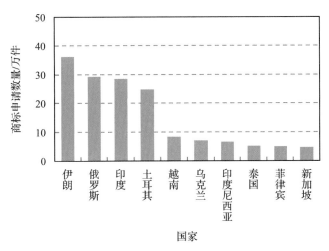

图2-18 2017年沿线国家中商标申请数量排名前十位的国家

（数据来源：世界银行世界发展指标数据库）

（二）"一带一路"国家科技创新情况

1."一带一路"国家创新投入情况

《2019全球创新指数报告》显示，在"一带一路"国家中，新加坡的创新投入指数值最高，为72.15，且居全球首位；其次是以色列，创新投入指数值为63.28，居全球第十七位；阿联酋、中国、爱沙尼亚、捷克创新投入指数值分别为57.65、56.88、56.10、55.43，在全球中的排名分别为第二十四位、第二十六位、第二十七位、第二十九位。在"一带一路"国家中，有31个国家的创新投入指数值高于全球平均水平。（图2-19）

《2019全球创新指数报告》[①]中把创新投入指数分为五个促成支柱，包括制度、人力资本和研究、基础设施、市场成熟度和商业成熟度，促成支柱代表一个经济体中有利于创新的各个环境因素。从创新投入指数的五个促成支柱来看，新加坡的制度环境依然领跑全球，新加坡政府投入140亿美元用于研发、创新和企业活动，并确定资金优先投入先进制造和工程、卫生和生物医学科学、服务和数字经济、城市解决方案和可持续性四个战略领域。

---

① 全球创新指数（Global Innovation Index，GII）是世界知识产权组织、康奈尔大学、欧洲工商管理学院于2007年共同创立的年度排名，衡量全球120多个经济体在创新能力方面的表现，是全球政策制定者、企业管理执行者等人士的主要基准工具。

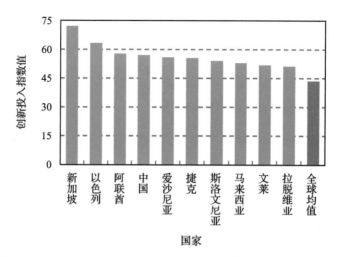

图 2-19 《2019 全球创新指数报告》公布的"一带一路"国家中创新投入指数值排名前十位的国家

(数据来源:《2019 全球创新指数报告》)

2. "一带一路"国家创新产出情况

《2019 全球创新指数报告》显示,在"一带一路"国家中,中国的创新产出指数值最高,为 52.75,居全球第五位,较《2018 全球创新指数报告》公布的排名上升五位;其次是以色列,创新产出指数值为 51.59,全球排名第八位;新加坡、爱沙尼亚、捷克、匈牙利、斯洛文尼亚创新产出指数值全球排名均进入前三十,分别为第十五位、第十九位、第二十一位、第二十六位、第三十位。值在"一带一路"国家中,有 29 个国家的创新产出指数值高于全球平均水平。(图 2-20)

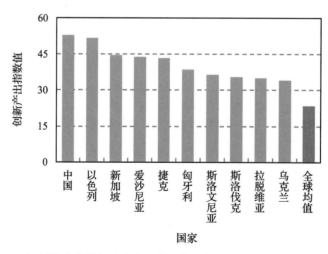

图 2-20 《2019 全球创新指数报告》公布的"一带一路"国家中创新产出指数值排名前十位的国家

(数据来源:《2019 全球创新指数报告》)

《2019 全球创新指数报告》中,把创新产出指数分为两个支柱:知识和技术产出以及创意产出。《2019 全球创新指数报告》显示,中国的创新产出指数值在"一带一路"国家中居首位。从创新产出指数的两个支柱来看,中国的知识和技术产出要优于创意产出,两个支柱的指数值分别为 57.2、48.3。在全球各国中,中国在知识和技术产出上属于领先者,全球排名连续两年保持第五位,创意产出在全球排名第十二位,较《2018 全球创新指数报告》公布的排名上升九位。

3."一带一路"国家科技品牌情况

英国品牌评估机构 Brand Finance[①] 发布的"2019 全球 100 个最有价值的科技品牌榜"的数据显示,"一带一路"国家中有 25 个科技品牌上榜,但这 25 个品牌仅分布在中国和印度两个国家,且主要集中在中国。中国有 21 个品牌上榜,其中华为、微信、腾讯 QQ、淘宝进入全球十强行列,分别排名第七位、第八位、第九位和第十位。印度有 4 个品牌上榜,分别是塔塔咨询服务(第二十六位)、印孚瑟斯(第五十六位)、HCL(第七十二位)、维布络(第八十一位)。(表 2-4)

表 2-4　　"一带一路"国家进入"2019 全球 100 个最有价值的科技品牌榜"的品牌

品牌名称	排名	国家	品牌名称	排名	国家
华为	七	中国	格力	四十九	中国
微信	八	中国	海尔	五十五	中国
腾讯 QQ	九	中国	印孚瑟斯	五十六	印度
淘宝	十	中国	小米	五十九	中国
天猫	十二	中国	联想	六十	中国
百度	二十一	中国	携程	六十九	中国
阿里巴巴	二十五	中国	HCL	七十二	印度
塔塔咨询服务	二十六	印度	爱奇艺	七十三	中国
美的	二十七	中国	维布络	八十一	印度
网易	二十九	中国	微博	八十三	中国
京东	三十二	中国	中兴	九十一	中国
海康威视	四十二	中国	京东方	九十三	中国
优酷	四十八	中国	—	—	—

(数据来源:Brand Finance 发布的"2019 全球 100 个最有价值的科技品牌榜")

塔塔咨询服务是印度著名的企业集团塔塔集团的控股子公司,是印度软件业的旗舰。该公司的投资重点为软件工程实践和标准、软件质量保证、软件项目管理、软件处理和软件工程技术研发等。塔塔咨询服务的主要业务包括为各类大中小型企业(如金融银行业、保险业、电信业、交通业、零售业、制造业和医药业等)提供相应的软件和咨询服务。

印孚瑟斯公司的主要业务是向全球客户提供咨询与软件等 IT 服务,其经营理念是采

---

① 　Brand Finance 是国际五大品牌价值评估权威机构之一。

用低风险的、在时间和成本等方面可预测性高的全球交货模式，以加速公司的发展。它的全球合作伙伴有微软、英特尔、SAP、3M、Arrow、Cisco等，其同时也是微软亚洲实验室正式签署协议合作研发产品的第一家亚洲IT企业。

HCL公司是印度一家全球性IT服务公司，总部设在诺伊达。该公司提供多种服务，包括软件咨询、企业转型、远程基础设施管理、工程和研发服务以及业务流程外包。

维布络是一家全球性技术服务公司，是信息技术服务的综合供应商，提供信息技术基础设施产品、产品支持、系统整合、信息技术管理、全外包服务、应用开发、组合实施解决方案和咨询服务。

（三）"一带一路"国家信息技术情况

1. "一带一路"国家家庭电脑普及情况

近年来，电脑逐渐成为居民日常家庭生活中必不可少的设备之一。2018年，"一带一路"国家平均家庭电脑普及率为53.8%，有40个国家的家庭电脑普及率高于"一带一路"国家平均水平。在"一带一路"国家中，阿联酋的家庭电脑普及率最高，为95.4%；其次是巴林、阿曼，家庭电脑普及率分别为94.8%、93.4%；新加坡、卡塔尔、爱沙尼亚、沙特阿拉伯、科威特、波兰、斯洛伐克的家庭电脑普及率均超过80%，分别为88.7%、87.6%、86.9%、86.2%、84.0%、82.7%、81.8%；也门、阿富汗、缅甸、孟加拉国的家庭电脑普及率较低，均不足10%。（图2-21）

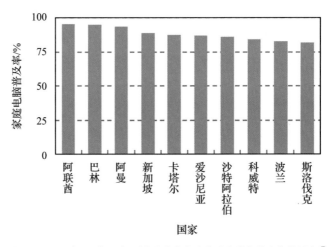

图2-21 2018年"一带一路"国家中家庭电脑普及率排名前十位的国家①

（数据来源：国际电信联盟）

2. "一带一路"国家移动网络人口覆盖情况

网络的出现是现代社会进步、科技发展的标志，给我们的生活带来了很大的便利。网

---

① 阿曼、爱沙尼亚、斯洛伐克2018年数据未更新，这三国使用2017年数据。

络的出现改变了我们的世界,影响着我们的思维方式和价值观念,大大地推进了科技革命和社会发展。2018 年,"一带一路"国家中,亚美尼亚、巴林、保加利亚、爱沙尼亚、科威特、马尔代夫、摩尔多瓦、波兰、卡塔尔、新加坡、阿联酋已经实现移动网络人口的全面覆盖;立陶宛、格鲁吉亚、罗马尼亚等 41 个国家移动网络人口覆盖率在 90%以上,其中中国的移动网络人口覆盖率为 99.4%;中亚地区国家中除塔吉克斯坦外,移动网络人口覆盖率均低于 90%;阿富汗、尼泊尔的移动网络人口覆盖率低于 70%。(图 2-22)

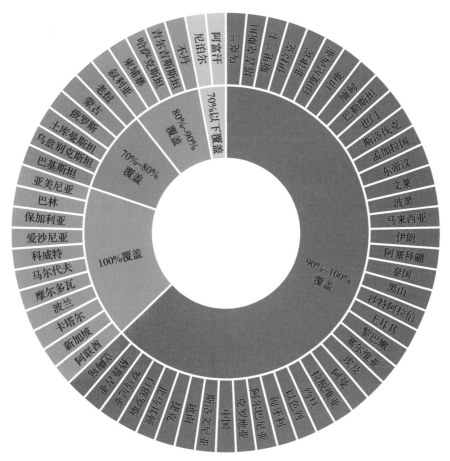

图 2-22 2018 年"一带一路"国家移动网络人口覆盖情况

(数据来源:国际电信联盟)

3."一带一路"国家家庭互联网普及率

互联网打破了国家和地域的限制,创造了一个崭新的网络空间,给世界各地的人们带来足不出户就可以了解世界的机会,从而把世界各地更加紧密地联系在一起,极大地加快了全球化步伐。这种交往的便利带动了世界各地资金、人员、货物、科技等资源的流通,从而促进了各国各地区政治、经济、文化、社会生活等的全面发展。互联网有利于"一带一路"国家的政府、企业以及民众之间的沟通与交流,更有利于文化的交流与传播。2018 年,在"一带一路"国家中,科威特的家庭互联网普及率最高,几乎所有的家庭都接入互联网;

其次是阿联酋,98.4%的家庭接入互联网;新加坡、巴林、沙特阿拉伯、卡塔尔、爱沙尼亚的家庭互联网普及率也均在90%以上;有14个国家的家庭互联网普及率介于80%至90%之间;部分国家的家庭互联网普及率较低,例如孟加拉国、也门、阿富汗的家庭互联网普及率不足10%。(图2-23)。

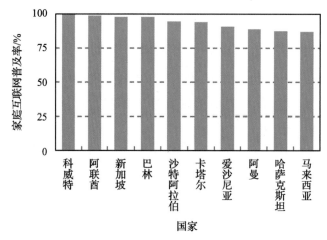

图 2-23 2018 年"一带一路"国家中家庭互联网普及率排名前十位的国家①

(数据来源:国际电信联盟)

(四)经典案例

1. 华为与沿线国家积极开展合作

华为创立于 1987 年,是全球领先的 ICT(Information and Communications Technology,信息与通信)基础设施和智能终端提供商。《华为 2018 年年度报告》显示,华为有 18.8 万名员工,业务遍及 170 多个国家和地区,服务 30 多亿人口。华为是全球最大的专利持有企业之一,截至 2018 年 12 月 31 日,在全球累计获得授权专利 87 805 件,其中中国授权专利累计 43 371 件,中国以外国家授权专利累计 44 434 件,90% 以上专利为发明专利。华为坚持每年将 10% 以上的销售收入投入研究与开发。2018 年,华为从事研究与开发的人员有 8 万多名,占公司总人数的 45%;研发费用支出为 1 015.1 亿元人民币,占全年收入的 14.1%。近十年累计投入的研发费用超过 4 800.0 亿元人民币。

华为与沿线国家积极展开合作,合作领域涉及教育、交通、公共安全、生态伙伴、ISP、电力等多个方面。

(1)华为助力马来西亚安邦线地铁驶入数字城轨时代

Prasarana(原名 Syarikat Prasarana Negara Berhad),是马来西亚财政部于 1957 年建立的全资国有公司,服务于马来西亚的公共交通事业,其下全资子公司 Rapid Bus 和 Rapid Rail 负责运营马来西亚的公交巴士和轻轨。

---

① 阿曼 2018 年数据未更新,这一国使用 2017 年的数据。

马来西亚安邦延伸线是为了提升巴生谷地区(大吉隆坡地区)轨交运能而在既有安邦线基础上建设的延伸线路,新增 18 千米,11 个车站,1 个控制中心,1 个车辆段和 10 个牵引变电站;既有线全长 27 千米,含 25 个车站,1 个控制中心,1 个车辆段,17 个牵引变电站。

马来西亚安邦延伸线是华为首个轨道交通通信总包项目,提供骨干传输、数通、无线集群、办公电话、招援电话、录音、广播、导乘信息、视频监控、时钟、数据采集与监视控制、光缆等十多个子系统,工程范围包括设计、安装、调测、验收等全建设过程。在此项目中,乔治肯特作为 EPC 负责轨道、供电、信号等部分,其中通信部分由华为负责集成。

针对通信集成项目复杂的接口需求,高风险的第三方设备及服务提供商的管控,交叉施工及调测的复杂场景,严格的设计、管理、施工、RAMS(Reliability, Availability, Maintainability and Safety,可靠性、可用性、可维修性和安全性)管理、测试等全过程文档管理等,华为基于强大的平台服务能力和稳定可靠的产品及解决方案,为此项目提供了端到端的通信集成解决方案及全过程交付服务。华为同时为客户提供满足 EN 50126 标准的端到端服务:EMC(Electromagnetic Compatibility,电磁兼容性)领域包含 EMC 工勘、标准和流程制定,各子系统认证和现场 EMC 测试;RAM(Random Access Memory,随机存取存储器)领域包含建立可靠性计划、系统可靠性预计模型和 RAM 演示;安全分析服务涵盖从设计到运营的安全分析和认证;此外还建立了完整的 QA(Quality Assurance,质量保证)体系,保证所有设计和交付活动的高质量。华为完善的接口管理,强大的集成验证平台和组织流程,对各子系统之间的接口功能和性能进行了充分的验证,包含预集成验证(针对短名单供应商)、集成验证、现场验证等,从而确保了互联互通的稳定可靠,且缩短了客户集成调测时间,在通信系统方面保障顺利通车。

马来西亚安邦延伸线的开通,可以大大缓解吉隆坡西南区域的交通压力,整体运能预计为原安邦线的 2 倍,目标达到每天 40 万人次。新建和改造的 ICT 设施,通过先进的信息技术,能很大程度地提高线路运行的可靠性和运维管理的便捷性,降低维护成本,为乘客提供舒适的乘车体验。华为数字城轨解决方案也将持续地为 Prasarana 在马来西亚的轨道交通领域提供稳定可靠以及创新性的 ICT 服务,致力于马来西亚公共交通的现代化建设。

(2)华为携手印度尼西亚 Biznet 打造"千岛之国"新一代智简城域网

Biznet 公司成立于 2000 年,是印度尼西亚第一大私营 ISP(Internet Service Provider,互联网服务提供商)企业。Biznet 一直以快速、可靠的网络性能为用户提供卓越的服务,通过世界上多个一级骨干网提供商,为网络目的地提供最快和最短路径。Biznet 的企业客户覆盖各领域,包括亚太地区大型人才招聘网站、日本知名连锁便利店、美国知名连锁快餐、新兴的本地出行网站和在线票务网站、印度尼西亚廉价航空公司,以及著名度假酒店等。随着 Biznet 和客户的数字化转型加速,Biznet 使用了近十年的网络亟须升级换代,城域网改造迫在眉睫。经过考察,Biznet 最终选择了华为,一方面希望华为能帮助其解决现网的问题,另一方面也是为未来做投资与规划。

华为帮助 Biznet 打造的新一代智简城域网让印度尼西亚的众多企业和人民都从中受益,为印度尼西亚的数字经济发展做出了贡献。新兴的本地出行网站和在线票务网站不用担心断网，即使大流量高并发，Biznet也能帮助这些企业从容应对。各企业只需关注自身核心业务，提供更多的优质线路和性价比高的票务，提升用户浏览和购买体验。分布在巴厘岛、爪哇岛、苏门答腊岛等印度尼西亚旅游胜地的酒店，通过Biznet提供的网络，不仅能让游客享受流畅的网络体验（如观看高清电视），提升游客对酒店的满意度，还能让酒店自身的运营变得更加高效、数字化。上万家连锁便利店和快餐店，利用这一网络，能让入账信息实时、可靠，门店之间、门店与供货商之间的调货等沟通畅通无阻，也使得总店对门店的管理更高效。

在未来的智能社会，互联网服务提供商的业务形态和商业模式都面临巨大的机遇与挑战，网络的智能化已成为当下的迫切诉求。未来的IP网络将从传统以设备为中心的网络架构转向以用户为中心的智简网络，并能使ISP的商业价值最大化。IP网络的"智慧"包括网络可视化、业务敏捷化和运维智能化等，将全面引入人工智能、大数据分析等技术。这条通往智能世界的路还很长，华为将与Biznet同行，成为其最佳的转型伙伴。

2. 中科院为"一带一路"提供科技支撑

自共建"一带一路"倡议提出以来，中科院科技支撑"一带一路"建设累计投入经费超过18亿元人民币，与沿线国家的科技交流合作规模超过12万人次。在共建"一带一路"倡议框架下，中科院为打造"创新之路""绿色丝绸之路"，促进"民心相通"和建设"一带一路"创新共同体做了实实在在的工作。

（1）成立"一带一路"国际科学组织联盟，与世界共享中国科技成果

"一带一路"国际科学组织联盟（ANSO）成立于2018年11月，是在共建"一带一路"倡议框架下，首个由沿线国家科研机构、大学与国际组织共同发起成立的综合性国际科技组织，俄罗斯科学院、巴基斯坦科学院、联合国教科文组织等37家科研机构作为首批成员单位加入联盟，是科技支撑"一带一路"建设及全球社会经济可持续发展的国际合作平台。2019年4月，秘书处与联盟首批37家成员单位协商形成了《2019—2020年ANSO行动方案》，包括设立奖项和奖学金，搭建专题联盟和协会，联合开展培训项目等。ANSO是配置全球资源推动科技合作和创新的平台，也是与世界共享中国科技成果的平台。与其他国际组织相比，ANSO更注重沿线国家的发展需求，更注重通过科技手段解决发展中国家的气候、生态、环境、民生、福祉等实际问题。

（2）设立奖学金资助优秀学生，创建多个海外科教中心

初步统计，中科院已为沿线国家培养了近5 000名高层次科技人才，包括1 500多名科学和工程硕士、博士研究生。其中不乏斯里兰卡海洋环境保护署总工程师、乌兹别克斯坦知识产权部副部长等高层次人才。这项举措是政策沟通、民心相通的重要纽带。中科院通过奖学金计划资助沿线国家优秀学生到中科院攻读硕士、博士学位。2017年，首批94位奖学金获得者顺利取得博士学位，创我国单批次向外国留学生授予博士学位数量最多纪录。这些学生的专业以自然科学和技术为主，包括遗传发育、生物多样性、民族药物、气候变化、绿色工程与技术、新材料等领域，他们是沿线国家急需的科技人才。在共建"一带一路"倡议框架下，中科院按照"共商、共建、共享"的原则，率先在非洲、南美洲、中亚、南亚、东南亚等地区创建了9个海外科教中心。

(3)"丝路环境专项"联合公关绿色发展难题

中科院积极牵头组织国际大科学计划和大科学工程,前瞻布局了 100 多个科技合作项目,支撑"绿色丝绸之路"建设。2018 年初,设立"泛第三极环境变化与绿色丝绸之路建设"(简称"丝路环境专项")。"丝路环境专项"是面向整个丝绸之路沿线地区环境问题的科学技术专项。在应对沙漠变化、青藏高原生态环境保护屏障建设等方面,中国已经有一些成功经验,可通过"丝路环境专项"支撑沿线地区发展。"丝路环境专项"下设 7 个具体项目,3 个联合攻关。联合公关针对沿线地区最关注的一些实际问题,集聚科学研究成果。"丝路环境专项"的首批产品——《共建绿色丝绸之路:资源环境基础与社会经济背景》(中英文版)已于 2019 年 4 月正式出版。这一成果围绕联合国 2030 年可持续发展目标,系统阐述了沿线地区社会、经济、资源、环境的背景与特点,从自然条件与资源禀赋、生态系统与生物多样性、气候变化特征与趋势、社会经济发展态势与空间格局、基础设施联通、经贸合作、灾害风险、贫困与可持续生计等方面,揭示了沿线地区的总体特征和发展态势,为沿线地区探索绿色发展途径提供了重要科学依据。

(4)加强了科技成果在沿线国家的落地应用

和以往科学家自由探索、发表论文为主要目标的科研不太一样,相关国家用得上,对经济社会发展和生态环境保护有积极影响是中科院科技支撑"一带一路"建设的核心和出发点。中科院专门设立了"一带一路"科技成果转移转化基金,联合院内外百余家科技型企业和研发机构,发起成立了"一带一路"产业联盟,还建立了曼谷创新合作中心。这些举措为推进科技成果在沿线国家的应用示范和转移转化,服务区域、次区域经济社会发展,产生了良好效果。例如:中巴公路建设和防灾减灾;肯尼亚、中亚生物多样性保护知识库的建立;帮助斯里兰卡解决居民饮水问题,为渔民出海提供相应的气候预报;在乌兹别克斯坦共同开发当地所需的药物;解决柬埔寨、老挝、塔吉克斯坦当地的清洁饮水问题等。

(五)数据分析

1. 大部分中东欧、西亚北非地区的国家信息技术水平较高

推进"一带一路"国家信息化发展对促进各国信息资源共享、产业转型升级、管理服务优化等具有十分重要而深远的意义。在"一带一路"国家中,中东欧、西亚北非地区的国家信息技术发展水平相对较高,家庭电脑普及率、移动网络人口覆盖率、家庭互联网普及率排名第一的均为西亚北非地区的国家;中亚地区和南亚地区的大部分国家信息技术发展水平较差。从家庭电脑普及率来看,中东欧地区平均电脑普及率达到 70.0%,西亚北非地区达到 63.9%,远高于其他沿线地区,南亚地区平均家庭电脑普及率仅为 24.8%;从移动网络人口覆盖率来看,中东欧地区、西亚北非地区的平均移动网络人口覆盖率超过 95%,分别为 98.6%、95.3%;从家庭互联网普及率来看,中东欧地区、西亚北非地区平均家庭互联网普及率分别为 73.6%、70.4%,其他地区均不足 60%,南亚地区平均家庭互联网普及率仅为 28.7%。

2. 个别国家科技创新水平较高,但普遍缺少科技品牌

创新是推动发展的重要力量,《2019 全球创新指数报告》显示,在沿线国家中,新加

坡、以色列、爱沙尼亚、捷克的创新水平较高,创新指数值分别为58.37、57.44、50.0、49.4,均进入全球排名前三十位,分别位列第八位、第十位、第二十四位、第二十六位。从创新效率来看,沿线国家中,乌克兰的创新效率最高,其次是以色列,分别为0.84、0.82,均进入全球前十位;捷克、爱沙尼亚、越南、匈牙利的创新效率也均进入全球前二十位。虽然部分沿线国家创新水平较高,但是普遍缺乏科技品牌,在沿线国家中,仅印度有4个科技品牌进入"2019全球100个最有价值的科技品牌榜",沿线国家应该加强对科技品牌的培育。

3. 深化科技创新合作,推动"一带一路"建设高质量发展

科技人文交流是我国与沿线国家实现民心相通、互信互鉴的重要途径,是深化科技创新合作的重要基础和纽带。近年来我国与各沿线国家的科技人文交流更加频繁密切,科技人文交流的受益人群不断扩大,人文交流的后续延伸效果日益显现。为把"一带一路"建成"创新之路",需要我们进一步深化创新,开放合作,以中国智慧推动"一带一路"科技创新合作再上新台阶。第一,为世界贡献更多科技创新公共产品,如积极牵头组织和承担国际大科学计划和大科学工程,加强大型先进科学设施和装置的共建共享;第二,要为世界贡献更多创新理念,积极参与和引领国际社会关于知识产权、数据隐私、科研伦理、科研诚信等问题的探讨和规则制定,与各沿线国家更多地分享在科技园区、创新创业方面的经验;第三,为世界贡献更多创新解决方案,加强新技术、新标准、新产品方面的合作,与各沿线国家联手共同提升科技创新能力,共享新科技和产业革命带来的机遇,共同应对经济社会发展面临的挑战。

三、体育

体育是国家间文化、情感、民俗交流的重要载体。在"古丝绸之路"发展的历史中,体育促进了中西方文化的交流,也为双方的文明发展带来了巨大的改变。蹴鞠传遍世界,如今足球成为当之无愧的世界第一运动;骑射、摔跤传入中国,增强了国民体质与军事素养,从而对政治、文化、经济等领域都产生了重大而深远的影响。体育是国与国之间沟通的媒介,体育运动带来的价值观、民俗的交融使得各地区增强了对彼此的了解与认同,是民心相通的重要桥梁。"一带一路"建设中,体育交流将成为多领域交流的枢纽,为经济、健康、教育、文化等领域的互通互联打下坚实的基础。

(一)"一带一路"国家参与国际体育赛事情况

1."一带一路"国家参与夏季奥运会情况

(1)中东欧与东北亚(含中国)地区的参奥运动员数量领先

第三十一届夏季奥运会运动员总人数为 11 238,其中"一带一路"国家参奥运动员人数为 3 424,占运动员总人数的 30.5%。在"一带一路"国家中,中东欧地区参奥运动员人数最多,为 1 509,占比为 44.1%。东北亚(含中国)地区参奥运动员人数为 721,占比为 21.1%。西亚北非地区参奥运动员人数略少于东北亚(含中国)地区,为 625,占比为 18.3%。其他各地区的参奥运动员人数占比约为 16.5%。(图 2-24)

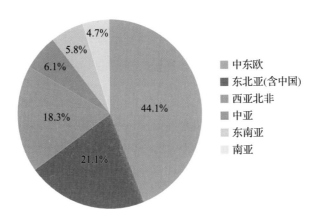

图 2-24 "一带一路"各地区参加第三十一届夏季奥运会运动员的占比
(数据来源:国际奥林匹克委员会官网)

(2)中国是"一带一路"国家中的参奥大国

中国参加第三十一届夏季奥运会的运动员人数为 416,远超其他"一带一路"国家。俄罗斯参奥运动员人数在"一带一路"国家中的排名仅次于中国,为 265。波兰参奥运动员人数位列第三,为 243。乌克兰、匈牙利两国位列第四、第五,参奥运动员人数分别为

203 和 160。其他国家运动员人数与前五位国家有较大差距,均未超过 150。(图 2-25)

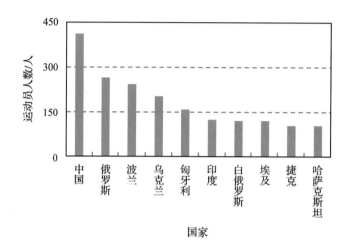

图 2-25 "一带一路"国家中参加第三十一届夏季奥运会运动员人数排名前十位的国家

(数据来源:国际奥林匹克委员会官网)

2. "一带一路"国家参与冬季奥运会情况

(1)中东欧地区运动员是参加冬季奥运会的主力

第二十三届冬季奥运会运动员总人数为 2 833,其中"一带一路"国家运动员人数为 686,占运动员总人数的 24.2%。在"一带一路"国家中,中东欧地区参奥运动员人数最多,为 515,占比为 75.1%,是参加冬季奥运会的主力。(图 2-26)

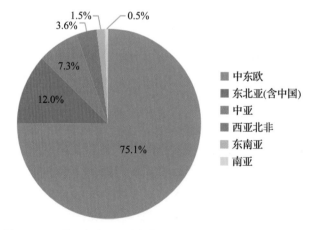

图 2-26 "一带一路"各地区参加第二十三届冬季奥运会运动员的占比

(数据来源:国际奥林匹克委员会官网)

(2)捷克等中东欧高纬度国家在冬季项目上具有优势

捷克参加第二十三届冬季奥运会运动员人数为 95,是"一带一路"国家中参加冬季奥运会运动员人数最多的国家。中国运动员人数略少于捷克,在"一带一路"国家中排名第二,共计 82 人。除去中国与排名第六的哈萨克斯坦外,"一带一路"国家中参加冬季奥运会运动员人数排名前十位国家全部位于中东欧地区。其中捷克、斯洛伐克、波兰、乌克兰、白俄罗斯等国家处于高纬度地区,多属于海洋性气候向大陆性气候过渡的温带气候,冬季寒冷多雪,在冬季奥运会项目上具有优势。(图 2-27)

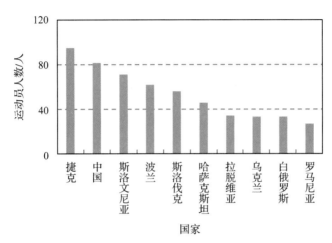

图 2-27 "一带一路"国家中参加第二十三届冬季奥运会运动员人数排名前十位的国家

(数据来源:国际奥林匹克委员会官网)

3. "一带一路"国家参加青年奥运会情况

(1)中东欧地区参加青年奥运会运动员数量达沿线国家三分之一

第三届青年奥林匹克运动会运动员总人数为 4 000,其中"一带一路"国家运动员为 1 290,占运动员总人数的 32.3%。在"一带一路"国家参加青年奥运会的运动员中,中东欧地区参奥运动员人数为 451,占"一带一路"国家运动员总人数的 35.0%,青年运动员储备充足。西亚北非地区运动员人数为 294,占"一带一路"国家运动员总人数的 22.8%;东北亚(含中国)地区运动员人数为 186,占"一带一路"国家运动员总人数的 14.4%;东南亚地区参奥运动员人数为 159,占"一带一路"国家运动员总人数的 12.3%。中亚地区、南亚地区参奥运动员人数较少,占比均未超过 10%。(图 2-28)

(2)俄罗斯、中国等人口大国在运动员储备上具有优势

俄罗斯参加第三届青年奥运会的运动员人数为 93,是"一带一路"国家中参加青年奥运会运动员人数最多的国家;其次为中国,参加青年奥运会运动员人数为 82,两国均为人口大国,在青年运动员培养储备上具有优势;匈牙利参加青年奥运会的运动员人数为 79,仅比中国略少;第四是埃及,参加青年奥运会的运动员人数为 68;第五是哈萨克斯坦,参加青年奥运会的运动员人数为 58。排名前九位的"一带一路"国家参加第三届青年奥运会的运动员人数均在 50 以上。(图 2-29)

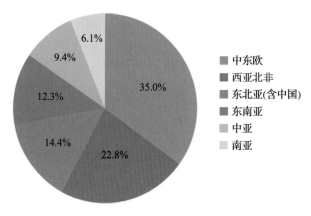

图 2-28 "一带一路"各地区参加第三届青年奥运会运动员的占比

(数据来源:国际奥林匹克委员会官网)

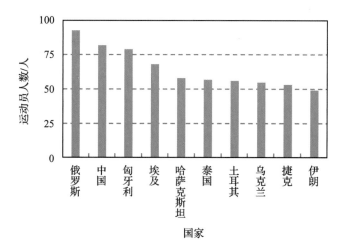

图 2-29 "一带一路"国家中参加第三届青年奥运会运动员人数排名前十位的国家

(数据来源:国际奥林匹克委员会官网)

(二)"一带一路"国家体育组织排名情况

1. "一带一路"国家国际足联排名情况

(1)波兰是"一带一路"国家中的足球强国

国际足联 2019 年 9 月 24 日数据显示,波兰是"一带一路"国家中足球综合积分最高的国家①,全球排名第二十四名。乌克兰足球全球排名第二十六名,在"一带一路"国家中排第二名;中国足球全球排名第二十九名,在"一带一路"国家中排第三名;俄罗斯足球全球排名第三十一名,在"一带一路"国家中排第四名;捷克足球与俄罗斯排名相近,全球排

---

① 国际足联数据未包括土库曼斯坦、吉尔吉斯斯坦、阿曼、巴基斯坦、格鲁吉亚、老挝、文莱、亚美尼亚、卡塔尔、柬埔寨、东帝汶、伊拉克、沙特阿拉伯、埃及、波黑、叙利亚、科威特、也门这些"一带一路"国家。

名第三十二名,在"一带一路"国家中排第五名;克罗地亚、罗马尼亚、塞尔维亚、斯洛伐克、匈牙利也属于"一带一路"国家中的足球强国,均处于"一带一路"国家中前十名,全球前五十名。(图 2-30)

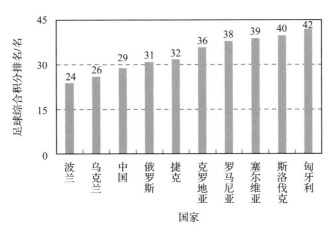

图 2-30 "一带一路"国家中足球综合积分排名前十位的国家

(数据来源:国际足联官网)

(2)克罗地亚、中国分别是"一带一路"国家中的男足、女足强国

国际足联 2019 年 9 月 24 日数据显示,克罗地亚是"一带一路"国家中男足积分最高的国家,全球排名第七名,但其女足积分较为落后,全球仅排第五十五名;中国是"一带一路"国家中女足积分最高的国家,全球排名第十六名,但中国男足全球排名仅为第七十一名。其余"一带一路"国家中,波兰男足全球排名第二十名,女足全球排名第二十九名。乌克兰男足全球排名第二十五名,女足全球排名第二十四名。俄罗斯男足全球排名第四十六名,女足全球排名第二十五名。捷克男足全球排名第四十三名,女足全球排名第二十八名。(图 2-31)

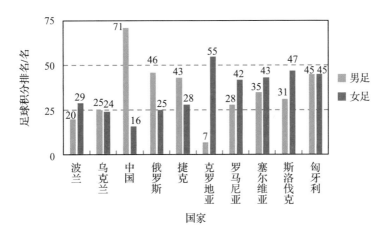

图 2-31 "一带一路"国家中男、女足积分排名前十位的国家

(数据来源:国际足联官网)

2."一带一路"国家国际篮联排名情况

(1)塞尔维亚、土耳其是"一带一路"国家中的篮球强国

国际篮联 2019 年 9 月 24 日数据显示,塞尔维亚是"一带一路"国家中篮球综合积分最高的国家①,全球排名第五名。土耳其紧随其后,全球排名第六名,在"一带一路"国家中排第二名。俄罗斯、捷克、中国、立陶宛、克罗地亚、波兰、斯洛文尼亚分别排名第十名、第十一名、第十三名、第十四名、第十六名、第十七名、第十九名,全球篮球前二十强国家中,"一带一路"国家共九个。(图 2-32)

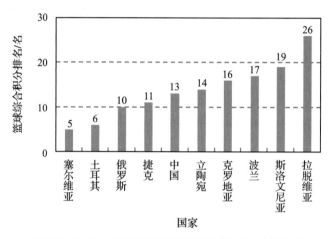

图 2-32 "一带一路"国家中篮球综合积分排名前十位的国家

(数据来源:国际篮联官网)

(2)塞尔维亚、土耳其分别是"一带一路"国家中的男篮、女篮强国

国际篮联 2019 年 9 月 24 日数据显示,塞尔维亚是"一带一路"国家中男篮积分最高的国家,全球排名第六名,同时其女篮积分也较高,全球排名第八名。土耳其是"一带一路"国家中女篮积分最高的国家,全球排名第六名,其男篮全球排名第十五名。其余"一带一路"国家中,俄罗斯男篮全球排名第九名,女篮全球排名第十一名。捷克男篮全球排名第十名,女篮全球排名第十二名。中国男篮全球排名第二十七名,女篮全球排名第七名。(图 2-33)

3."一带一路"国家国际乒联排名情况

(1)中国是"一带一路"国家中的乒乓球强国

国际乒联 2019 年 9 月 24 日数据显示,中国是"一带一路"国家中乒乓球综合积分最高的国家②,同时也是全球综合积分最高的国家。"一带一路"国家中乒乓球综合积分排

---

① 国际篮联数据未包括土库曼斯坦、吉尔吉斯斯坦、塔吉克斯坦、阿富汗、巴基斯坦、蒙古、老挝、文莱、东帝汶、也门这些"一带一路"国家。

② 国际乒联数据未包括不丹、塔吉克斯坦、阿富汗、阿曼、以色列、巴基斯坦、阿尔巴尼亚、格鲁吉亚、老挝、文莱、亚美尼亚、缅甸、柬埔寨、巴林、东帝汶、伊拉克、巴勒斯坦、阿联酋、波黑、叙利亚、科威特、菲律宾、也门这些"一带一路"国家。

第二名的是罗马尼亚,全球排名第九名。俄罗斯全球排名第十名,在"一带一路"国家中排第三名。匈牙利、印度、乌克兰、捷克、波兰、白俄罗斯、埃及分别排名第十三名、第十四名、第十五名、第十六名、第十七名、第十八名、第二十名,全球乒乓球前二十强国家中,"一带一路"国家共 10 个,占比达 50.0%。(图 2-34)

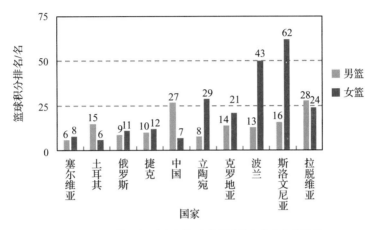

图 2-33 "一带一路"国家中男、女篮积分排名前十位的国家

(数据来源:国际篮联官网)

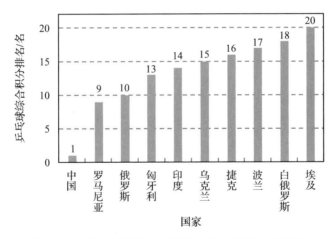

图 2-34 "一带一路"国家中乒乓球综合积分排名前十位的国家

(数据来源:国际乒联官网)

(2)中国男乒、女乒均处于全世界领先水平

国际乒联 2019 年 9 月 24 日数据显示,中国是"一带一路"国家中男乒积分最高的国家,全球排名第一名,同时也是"一带一路"国家中女乒积分最高的国家,全球排名第一名。其余"一带一路"国家中,罗马尼亚男乒全球排名第十八名,女乒全球排名第八名。俄罗斯男乒全球排名第十六名,女乒全球排名第十一名。匈牙利男乒全球排名第二十六名,女乒全球排名第十名。印度男乒全球排名第十一名,女乒全球排名第二十四名。(图 2-35)

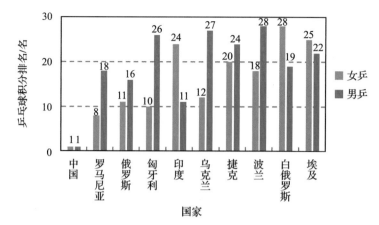

图 2-35 "一带一路"国家中男、女乒积分排名前十位的国家

（数据来源：国际乒联官网）

4."一带一路"国家国际排联排名情况

(1)塞尔维亚、俄罗斯、中国是"一带一路"国家中的排球强国

国际排联 2019 年 9 月 24 日数据显示，塞尔维亚是"一带一路"国家中排球综合积分最高的国家[①]，全球排名第三名。俄罗斯、中国、波兰紧随其后，分别在全球排名第四名、第六名、第七名，伊朗、保加利亚、土耳其、埃及分别排名第十三名、第十五名、第十八名、第十九名，全球排球前二十强国家中，"一带一路"国家共 8 个，占比达 40.0%。（图 2-36）

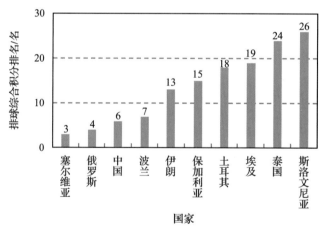

图 2-36 "一带一路"国家中排球综合积分排名前十位的国家

（数据来源：国际排联官网）

(2)波兰、塞尔维亚分别是"一带一路"国家中的男排、女排强国

国际排联 2019 年 9 月 24 日数据显示，波兰是"一带一路"国家中男排积分最高的国

---

① 国际排联数据未包括不丹、马来西亚、新加坡、塔吉克斯坦、尼泊尔、蒙古、老挝、文莱、亚美尼亚、柬埔寨、东帝汶、巴勒斯坦、叙利亚、也门这些"一带一路"国家。

家,全球排名第四名,女排积分全球排名第二十五名。塞尔维亚是"一带一路"国家中女排积分最高的国家,全球排名第一名,同时其男排积分也较高,全球排名第十名。其余"一带一路"国家中,俄罗斯男排、女排全球排名均为第五名。中国男排全球排名第二十名,女排全球排名第二名。伊朗男排全球排名第八名,女排全球排名三十五名。(图 2-37)

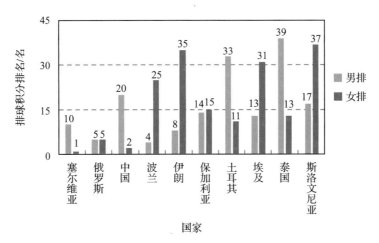

图 2-37 "一带一路"国家中男、女排积分排名前十位的国家

(数据来源:国际排联官网)

(三)"一带一路"国家体育产业发展情况

1."一带一路"国家赛事举办情况

福布斯 2017 年全球最具价值体育品牌前四十(Forbes Fab 40)排行榜的数据显示,全球赛事品牌价值中,夏季奥运会以 4.19 亿美元的品牌价值位居第二,冬季奥运会以 2.85 亿美元的品牌价值位居第三。福布斯赛事品牌价值通过各赛事所带来的广告、门票、赞助、特许经营和商品等收入来综合衡量。在历届夏季奥运会中,"一带一路"国家只有中国举办了 2008 年北京奥运会;在历届冬季奥运会中,"一带一路"国家只有俄罗斯举办了 2014 年索契冬季奥运会。福布斯赛事品牌价值第一的是美国职业橄榄球大联盟,品牌价值为 6.63 亿美元,由美国举办;第四的是足球世界杯,品牌价值为 2.29 亿美元,但举办国中未包含"一带一路"国家。在大型赛事的举办上,"一带一路"国家参与较少,未培育出高价值赛事品牌。

2."一带一路"国家体育经纪公司发展情况

福布斯 2018 年世界最具价值体育经济机构(The World's Most Valuable Sports Agencies)的全球前四十名体育经纪公司排名数据显示,"一带一路"国家中只有塞尔维亚有 1 家体育经纪公司入选,全球排名第十二名,公司名为 Lian Sports,其 2018 年佣金收入约为 6 000 万美元,主要经营领域为职业足球。"一带一路"国家中的其他国家均未有体育经纪公司进入全球前四十名,全球前四十名体育经纪公司 2018 年佣金总额达 23.4 亿美元,塞尔维亚占比约为 2.6%,全球前四十名体育经纪公司有 25 家为美国公司,"一带一路"国家体育经纪公司大多规模较小,仍需进一步发展。

3."一带一路"国家体育用品品牌情况

品牌价值和战略咨询公司(Brand Finance)发布的最新报告《2019年最有价值50大服饰品牌》(Brand Finance Apparel 50)的全球前五十服饰品牌数据显示,"一带一路"国家中体育服饰品牌只有中国的安踏位列全球体育服饰品牌第四位,其余"一带一路"国家的体育服饰品牌均未进入本排名。另外2019年Forbes Fab 40数据显示,全球品牌价值最高的体育品牌为耐克,占全球运动品牌市值的42%;第二品牌为ESPN,是一家24小时专门播放体育节目的美国有线电视联播网;第三品牌为阿迪达斯;第四品牌为Sky Sports,同样是一家专注于体育的英国电视台。第二、第三、第四大体育品牌合计占41%的全球运动品牌市值。前三体育品牌均属于美国,"一带一路"国家在体育品牌的培育上较为落后。

(四)经典案例

1."一带一路"新兴体育赛事——电子竞技

近几年,随着游戏产业及移动互联网的发展,新兴体育赛事——电子竞技方兴未艾,已经逐渐展现出较大的产业价值,成为体育产业发展的重要参与者。

2018年12月21日,BREC"一带一路"国际电子竞技大赛全球总决赛在山东胶州方圆体育中心正式开幕。本次赛事包含《堡垒之夜》《FIFA OL4》《WAR3》三个项目,邀请了沿线国家的136名国际知名电竞选手参赛,吸引了众多玩家的目光。

"一带一路"电子竞技赛事呈现出多点开花的趋势,除了山东的BREC"一带一路"国际电子竞技大赛外,天津于2018年7月13日在华博会上举行了"一带一路"青年电子竞技大赛,作为"一带一路"电子竞技大赛的青年开幕赛,大赛组委会进行了数月的精心筹备,在为期4天的开幕赛中,相继进行了移动端的王者荣耀、主机PS4端的实况足球、PC端的拳皇97等现阶段比较重要的电子竞技赛事,也进行了以XBOX One为主机的体感网球比赛,同时结合赛场内天津网球公开赛的专业训练让参与者们了解电子竞技与现实体育竞技的相似与不同。本届开幕赛邀约了来自世界各国的电子竞技产业领军人士前来参观和参赛,为大赛带来了新鲜的血液和前沿的产业动态。

电子竞技作为一种新兴体育赛事已经逐渐在"一带一路"国家中播种并开花,随着电竞产业的发展,或将成为"一带一路"国家体育产业弯道超车的重要支点。

2.2018丝绸之路拉力赛成为沿线国家文化交流的纽带

丝绸之路国际汽车拉力赛创立于2009年,是当今世界上唯一的洲际越野拉力赛,是可以与达喀尔拉力赛比肩的双周国际赛事,更是欧亚大陆及丝绸之路沿线各国经济文化交流的纽带,对于途经各地的经济文化发展发挥着带动作用。

2018年丝绸之路拉力赛已是第八届,与之前不同的是,本次分成了俄罗斯站和中国站,总里程为3 500千米,共分为7个赛段,组委会在线路设计上力求缩短行驶路程,使比赛的竞技性得到充分展现。俄罗斯站于2018年7月21日在俄罗斯阿斯特拉罕市挥旗发车,在莫斯科红场结束;中国站于2018年9月23日在"丝路起点"西安市发车,在内蒙古自治区阿拉善左旗收车。

俄罗斯总统普京表示:对于全世界的车迷朋友来说,丝绸之路拉力赛一直是一项意义重大的大型赛事。来自俄罗斯以及其他国家的车手们接受挑战,完成艰难比赛,充分发挥他们的专业驾驶技巧,他们的坚强意志以及友好合作的精神,向我们展示了赛车运动的极限。车手们给无数支持和关注他们的车迷带来了强烈的情感震撼。

2018年丝绸之路拉力赛共迎来24个国家的26辆汽车、17辆卡车参赛。有100多名来自各个国家的记者参与报道,全球观众覆盖超过5亿人次。

(五)数据分析

1.“一带一路”国家积极参与国际体育赛事

国际体育赛事是各国展示体育实力的竞技场,同时也是各国体育综合发展的一个缩影。“一带一路”国家在参与全球综合性体育赛事,如夏季奥运会、冬季奥运会、青年奥运会方面表现积极,从侧面证明了“一带一路”国家运动员培养机制较为完善,体育竞技实力仍在持续发展。

分区域来看,中东欧地区、东北亚(含中国)地区是国际体育赛事的主要参与地,运动员数量较多,竞技水平较高,东南亚地区、南亚地区运动员数量较少,仍有较大的发展潜力。

2.“一带一路”国家在体育组织中排名靠前

国际体育运动中主要的几大国际组织为国际足联、国际篮联、国际乒联、国际排联,从整体来看,“一带一路”国家在这几大体育组织中排名一般较为靠前或位处中游。

分国家具体来看,波兰是“一带一路”国家中足球综合积分最高的国家,全球排名第二十四名;塞尔维亚是“一带一路”国家中篮球综合积分最高的国家,全球排名第五名;中国是“一带一路”国家中乒乓球综合积分最高的国家,同时也是全球乒乓球综合积分最高的国家;塞尔维亚是“一带一路”国家中排球综合积分最高的国家,全球排名第三名。同时也可以发现,“一带一路”国家在各体育组织中的全球排名差别较大,体育发展不够均衡,可多加强“一带一路”国家间的体育交流与合作,促进各国体育共同发展。

3.“一带一路”国家的体育产业发展仍处于早期阶段

体育产业是体育商业化的直接体现,具有巨大的经济效益,“一带一路”国家在体育产业的发展上存在较多不足,仍有很大的发展潜力。

从体育经纪公司来看,“一带一路”国家中只有塞尔维亚因足球优势具备一家顶级体育经纪公司,其余“一带一路”国家还未具备较大规模的此类公司。从体育赛事的举办来看,“一带一路”国家未培育出如“美国超级碗”之类的本土的高品牌价值体育赛事,只有中国、俄罗斯举办过夏季奥运会、冬季奥运会。从体育品牌来看,中国的安踏在全球体育服饰品牌中排名第四名,但在包括电视转播商的广义体育品牌排名中未进入前十,其他“一带一路”国家也未在此排名中进入前十。综合来看,“一带一路”国家的体育产业发展仍处于早期阶段,未能形成成熟的高附加值体育产业。电子竞技作为新兴的体育赛事,或可成为“一带一路”国家发展体育产业的新窗口。

四、文学·艺术

"丝绸之路"不仅是东西方商业贸易之路,而且是中国和亚欧各国间政治往来、文化交流的重要通道。两千多年以来,中国通过"古丝绸之路"与沿线国家建立起深厚的友谊,进行着文化知识的传播、文学作品的互译、美术作品的展出、音乐舞蹈的巡演等文艺交流与合作。不同文明的交流与对话源源不断地催生了优秀作品的诞生,唐代的胡旋舞、敦煌的石窟雕塑和壁画,都离不开"丝绸之路"带来的跨文化交融。自张骞出使西域归来后,无数文人骚客书写、描绘了丝路沿途的美妙风光、风土民情和英雄俊杰,创作出了许多名篇名作;特别是佛教绘画传入中国后,隋唐画匠迅速从佛画的绚丽色彩与宗教题材中汲取营养,大大提升了中国民族绘画的技巧与表现力;佛曲的东传以及梵剧的东进,亦推动了最具中国特色的戏曲在宋元时期走向成熟。中国的艺术、文学及儒道思想,也通过"丝绸之路"远播,公元 8 世纪前后,东南亚国家对中国文化的大规模移植与接受,将东南亚国家与中国在汉字书法、文学艺术、律令制度、物质文明上联为一体,形成一个在地理上以中国本土为中心、在文化上以中国文化为轴心的文化圈,至今仍留有深刻的印迹。而新时代的文学艺术交流将比历史上任何时期更广泛、更深入,也更有成效,是实现"一带一路"文化和经济共赢、推动沿线国家民心互通的重要方式。2017 年 5 月 14 日,习近平主席在北京出席"一带一路"国际合作高峰论坛开幕式,并发表题为《携手推进"一带一路"建设》的主旨演讲,他指出:"各类丝绸之路文化年、旅游年、艺术节、影视桥、研讨会、智库对话等人文合作项目百花纷呈,人们往来频繁,在交流中拉近了心与心的距离。"交流带来新机,合作结出硕果。因此,在"一带一路"建设过程中,迫切需要中国文艺工作者拿出高质量、高水平的文艺新作,广泛地参与到世界文明的对话中,促进沿线国家在文学艺术领域的交流与合作,从而为"一带一路"的长远建设打下坚实的民心基础。

(一)"一带一路"国家文学艺术综合情况

1."一带一路"国家文学交流情况

(1)"丝路书香出版工程"推动我国文学作品在"一带一路"国家传播

作为共建"一带一路"倡议的重大项目之一,"丝路书香出版工程"于 2014 年 12 月 5 日获得中共中央宣传部批准立项,由国家新闻出版广电总局组织实施,规划设计到 2020 年。旨在推动讲好中国故事、传播中国声音、阐释中国特色的图书在沿线国家翻译出版发行,以促进民心相通与文化交流,提升国家文化软实力与国际传播能力。2014—2017 年,"丝路书香出版工程"共计与 129 家出版单位签订资助协议,涉及 1 257 种图书,共 39 个沿线国家语种。阿拉伯语、英语、俄语、越南语、土耳其语、波兰语、印地语、哈萨克语(西里尔语)、僧伽罗语及马来语等图书占据资助语种项目数前十位,其中阿拉伯语、英语、俄语图书占比超过 10%,分别为 18.6%、14.6%、11.9%,资助图书品种数分别为 233 种、183 种、150 种。

2018 年,"丝路书香出版工程"共资助翻译出版项目 375 个,涉及输出语言 42 种,其中阿拉伯语、俄语、英语占被资助项目总数分别为16.5%、12.5%、12.3%,被资助项目数分别为62个、47个、46个。在沿线国家中,以阿拉伯语作为官方语言(或官方语言之一)的国家最多,达14个,主要集中在西亚地区;且由于国家新闻出版广电总局近年不断签订在阿拉伯国家的海外出版合作项目及政府间互译协议,以阿拉伯语作为输出语言的被资助项目品种数量最多。在沿线国家中,将俄语作为官方语言(或官方语言之一)的国家虽仅有4个,但我国与这些国家在能源、科技、基础设施建设等方面存在的长期国际合作关系,也使我国加大了对俄语版图书的资助力度。(图2-38)

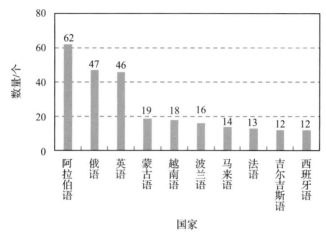

图2-38　2018年"丝路书香出版工程"资助项目翻译数量排名前十位的"一带一路"语种

(数据来源:中国新闻出版广电报2018/10/11 03版,2018年"丝路书香出版工程"重点翻译资助项目公示名单)

(2)《"一带一路"沿线国家经典诗歌文库》助力中国更感性了解沿线国家

2018年8月17日,《"一带一路"沿线国家经典诗歌文库》(第一辑)在上海书展举办首发式,整套文库甄选30余个沿线国家具有代表性的诗歌作品,是一项前所未有的大规模填补空白式的文化建设工程,已被列入国家十三五规划的出版补充项目,由北京大学、中国诗歌学会、作家出版社等联合策划推出。第一辑先行推出17个国家的22册诗选,更多诗选将在后续发布。

"一带一路"连接了中国、印度、波斯和罗马等文明古国,跨越埃及文明、巴比伦文明、印度文明、中华文明的发祥地,是东西方文明交流互鉴的重要通道,多语言、多民族、多宗教、多文明交融,具有鲜明的文化多样性特征,整个沿线国家共计78种官方或通用语言,合并相同语言后仍有53种语言,分属九大语系。《"一带一路"沿线国家经典诗歌文库》所涉及的沿线国家,绝大多数都是第一次出版系统、全面的文学选集,其中很多诗作都是首次在汉语世界面世。由于小语种翻译家极为稀缺,以往不少文学作品是由通用语言转译而来的,而本次文库均从原文直接编选并翻译,兼具原创性研究工作、填补空白的翻译工作两方面。这项工程对诸多国家的文学史书写具有开创性的重要价值,全面体现了当前我国的外国语言及文化研究的前沿成果和最新水平。

2."一带一路"国家影视相关情况

"电影能够跨越地域的距离、语言的障碍、文化的差异,通过视听语言传达一种直击人

心的力量,拉近各国人民的距离。"电影在共建"一带一路"倡议中承担着文化交流的重要
角色,也成为促进不同文化交流互鉴的使者。

(1)"一带一路"国家 2018 年拍摄的影片约四成出自东北亚地区

2018 年,"一带一路"国家共拍摄 1 051 部电影,其中东北亚地区拍摄的影片数量最
多,达 450 部,在各地区中占比为 42.8%;南亚地区次之,拍摄影片 250 部,在各地区中占
比为 23.8%;中亚地区 2018 年没有拍摄电影。各类型影片中,"一带一路"国家拍摄的剧
情片数量最多,为 373 部,占比为 35.5%;喜剧片次之,数量为 194 部,占比为 18.5%;恐
怖片数量最少,只拍摄了 58 部,占比为 5.5%。

从各地区来看,东北亚地区拍摄的剧情片数量最多,达到 145 部,占该地区拍摄影片
总量的 32.2%。西亚北非地区较其他地区相比拍摄的喜剧片数量最多,为 64 部,占该地
区拍摄影片总量的 32.0%。东北亚地区拍摄的动作片的数量高于其他地区,数量为
28 部,占该地区拍摄影片总量的 6.2%。

(2)沿线国家偏爱中国拍摄的冒险片

2018 年中国向沿线国家输出的电影类型共有五种,其中冒险片在沿线国家最受欢
迎,有 46.7% 的电影为冒险片,如《捉妖记 2》《猫与桃花源》等。中国的惊悚/悬疑片在沿
线国家也有一定的受众群体,占比为 36.7%。而喜剧片、剧情片、动作片向沿线国家输出
的比例不高,占比分别为 6.7%、6.7%、3.2%。其他类型影片如混合类型片、纪录片、歌
舞片等均未向沿线国家输出。(图 2-39)

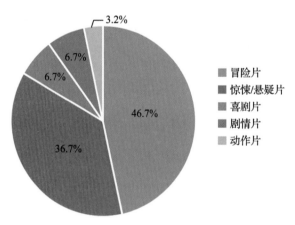

图 2-39 2018 年中国向沿线国家输出的电影类型

(数据来源:"the-numbers"网站)

(3)"一带一路"国家电影票房在全球总票房中占比较低

2018 年"一带一路"国家电影票房总计约为 63 亿美元,同比下降 15.9%,且在全球总
票房的占比为 14.5%,较 2017 年下降 2.5 个百分点。非"一带一路"国家电影票房总计约
为 369 亿美元,同比增长 3.8%,在全球总票房的占比为 85.5%。在"一带一路"国家中,
中国电影的票房要远高于其他国家的总和,占比为 79.4%,较 2017 年增长 5.8 个百分点。
印度电影的票房总数在"一带一路"国家中列第二位,占比为 9.2%,较 2017 年下降 7.8 个
百分点。(图 2-40、图 2-41)

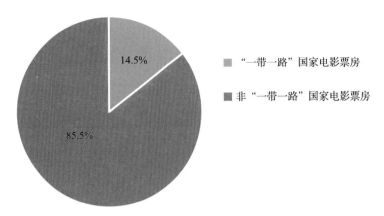

图 2-40　2018 年"一带一路"国家拍摄的电影票房在全球票房的占比
（数据来源："the-numbers"网站）

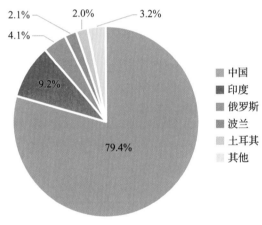

图 2-41　2018 年"一带一路"国家的电影票房占比
（数据来源："the-numbers"网站）

（二）中国与沿线国家艺术品交流情况①

1. 中国对沿线国家艺术品出口情况

（1）中国对沿线国家艺术品出口有所减少

近年来，中国对沿线国家艺术品出口总额呈现先升后降的趋势，于 2014 年达到峰值 66.2 亿美元，2018 年降为 43.9 亿美元，同比下降 10.2%。中国对西亚北非地区的出口额自 2010 年起逐年增长，于 2014 年达到峰值 23.8 亿美元，随后有所下降，但始终高于其他地区，并于 2018 年降为 13.4 亿美元，同比下降 18.2%。中国对东南亚地区的出口额也较高，但出口额在 2013 年达到峰值 22.0 亿美元后逐年减少，于 2018 年降为 13.3 亿美

---

①　本节所有数据来源于大连瀚闻资讯全球贸易观察数据库。

元。中国对南亚、中东欧、东北亚地区的艺术品出口额相对稳定,2018 年出口额分别为 8.4 亿美元、5.5 亿美元、2.2 亿美元。中国对中亚地区艺术品出口额最低,2018 年仅为 1.1 亿美元,同比下降 27.5%。(图 2-42)

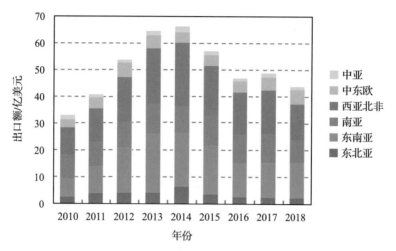

图 2-42 2010—2018 年中国对沿线地区艺术品出口情况

(2)中国对印度的艺术品出口额最高

中国的艺术品对 64 个沿线国家均有出口。2018 年,中国对印度的艺术品出口额最多,达 5.7 亿美元,同比下降 21.4%。对阿联酋的艺术品出口额达 4.7 亿美元,同比下降 1.9%。新加坡跃升至第三,出口额达 4.3 亿美元,同比增长 12.6%。2018 年中国对沿线国家艺术品出口额前二十位国家中,对罗马尼亚的艺术品出口额增长最快,增幅达 73.9%;对沙特阿拉伯的艺术品出口额降幅最大,降幅为 50.2%。(图 2-43)

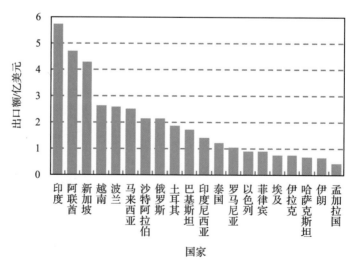

图 2-43 2018 年中国对沿线国家艺术品出口额排名前二十位的国家

(3)中国对沿线国家出口雕塑工艺品的金额最高

2018 年,中国对沿线国家出口的艺术品中,雕塑工艺品出口额最高,达 9.8 亿美元,较 2017 年下降 5.7%;其次为花画工艺品,出口额达 9.0 亿美元,同比增长 5.4%。中国对沿线国家出口的收藏品增幅最大,较 2017 年增长 215.3%,但出口额仅为 15.4 万美元;蚕丝及机织物的降幅最大,较 2017 年下降 38.6%,出口额为 8.4 亿美元。(图 2-44)

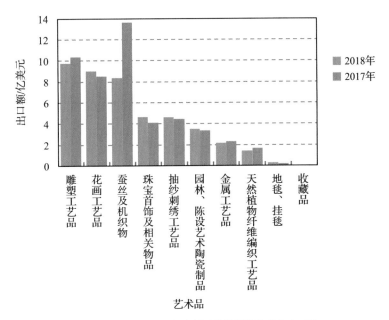

图 2-44　2017—2018 年中国对沿线国家艺术品出口额

(注:因收藏品出口额数据较小,故无法在图中显示)

2.中国自沿线国家艺术品进口情况

(1)中国自沿线国家的艺术品进口主要来自东南亚地区

2010—2014 年,中国自东南亚地区艺术品进口额显著增长,并于 2014 年达到峰值 7.5 亿美元;但 2015—2017 年连续三年有所回落,直至 2018 年开始反弹,进口额为 2.5 亿美元,同比增长 17.8%。这一方面是由于中国当代艺术品的价格过高,中国艺术品市场更多地将目光转向东南亚地区的当代艺术品;另一方面是由于东南亚艺术品市场正进入快速发展时期。中国自其他区域艺术品进口额普遍偏低,2018 年,中国自沿线其他 5 个地区进口艺术品总额不足 1 亿美元。(图 2-45)

(2)中国自泰国进口的艺术品金额最高

2018 年,中国从 59 个沿线国家进口艺术品,较 2017 年增加 4 国。中国自泰国进口艺术品的金额最多,达 2.3 亿美元,同比增长 18.1%。其次为印度和越南,进口额分别为 1 339.1 万美元和 1 139.4 万美元,同比增长 11.2% 和 10.6%。2018 年中国自沿线国家艺术品进口额前二十位国家中,中国自乌兹别克斯坦的进口额增幅最大,达到 329.1%;而中国自阿联酋的进口额降幅最大,降幅为 65.1%。2018 年,中国未从科威特、阿曼、马

尔代夫、黑山、土库曼斯坦5个国家进口艺术品。（图2-46）

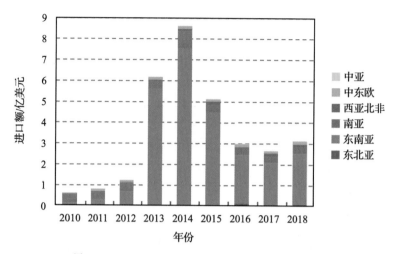

图 2-45   2010—2018 年中国自沿线地区艺术品进口情况

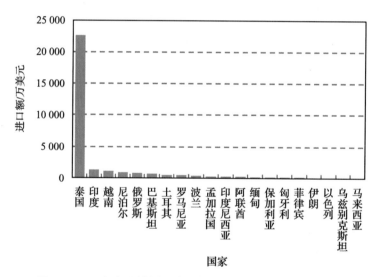

图 2-46   2018 年中国自沿线国家艺术品进口额排名前二十位的国家

（注：因伊朗、以色列、乌兹别克斯坦、马来西亚数据较小，故无法在图中显示）

（3）中国自沿线国家进口珠宝首饰的金额最高

2018 年，中国自沿线国家进口的艺术品金额均有所增长，其中花画工艺品涨幅最大，达到 267.3％，但其进口额仅为 0.1 亿美元。珠宝首饰及相关物品是中国自沿线国家进口艺术品中进口额最高的品类，2018 年的进口额达到了 2.3 亿美元，同比增长 13.7％。其他品类的艺术品进口额相对较少，如蚕丝及机织物、金属工艺品的进口额分别为 0.3 亿美元、0.1 亿美元，较 2017 年分别增长 19.2％和 12.1％。（图2-47）

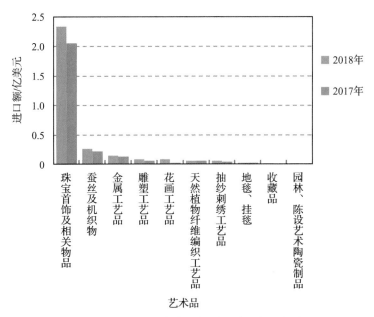

图 2-47　2017—2018 年中国自沿线国家艺术品进口额
（注：因园林、陈设艺术陶瓷制品数据较小，故无法在图中显示）

（三）中国打造的"一带一路"主题文学艺术交流品牌

"品牌"是具有识别性和排他性的多元符号系统，通过更符合当代审美的视觉形象等表现手段，以丰富的文化内涵为内容进行品牌化运营，能够大幅减少文学艺术传播过程中的信息偏差，提升沿线国家目标受众的认知感。打造文学艺术交流品牌是加强与沿线国家文明互鉴与民心相通，切实推动文艺交流、文艺传播、文艺创新发展的重要途径。《文化部"一带一路"文化发展行动计划（2016—2020 年）》更在"发展目标"一节中提出：要充分显现文化交流合作的品牌效应。

1. 海上丝绸之路国际艺术节

2017 年 12 月 10 日至 15 日，第三届海上丝绸之路国际艺术节（泉州）由文化部和福建省人民政府联合主办，以"展示、交流、合作、提升"为宗旨，以"海丝建设"为主题，充分展示福建泉州"海丝"文化建设成果。31 个"海丝"沿线国家和地区的 60 多个演艺团体济济一堂，奉送了近百场艺术活动；不同地域的艺术之美超越国籍的界限，覆盖多元的文化领域，相互"碰撞"。

2019 年 7 月 16 日，第四届海上丝绸之路国际艺术节在西安曲江国际会议中心启动，外交部原副部长、中国前外交官联谊会原会长、丝路金桥国际智库名誉理事长吉佩定，马尔代夫共和国总统顾问，中国-马尔代夫文化交流协会主席等 2 000 人参加开幕式。本届"海艺节"由陕西汉唐文化创意研究院同中国-马尔代夫文化交流协会主办，中国人民对外友好协会国际艺术交流院和陕西省人民对外友好协会协办，旨在弘扬"和平合作、开放包容、互学互鉴、互利共赢"的丝路精神，共建"一带一路"，促进参与国互联互通，让中国传统文化走出去，向世界各国人民传播中国文化，讲中国故事，听中国声音。

2."汉学与当代中国"座谈会

"汉学与当代中国"座谈会由文化部、中国社会科学院共同主办,自 2013 年起每年举办一届。2018 年 7 月,来自 24 个国家的 28 位汉学家、智库学者和中国问题研究专家,以及十余位中国学者,聚焦"一带一路"建设,围绕"改革开放 40 周年——中国与世界""中国发展新理念与国际合作新前景""'一带一路'与共同发展""中国文化与人类命运共同体"等议题展开深入研讨。

本座谈会至今已成功举办六届,共邀请到来自 56 个国家的 150 位具有国际影响力的学者参与。在这个致力于推动中外思想交流的平台上,与会学者达成了诸多共识:"一带一路"为全球治理改革提出了中国方案,此方案将让人类走向一个彼此尊重、共同发展的家园;"一带一路"是开放而包容的倡议,要加强与相关国家和地区发展政策的联通,从而实现互利共赢,使全球大多数人受益;中国的传统文化和哲学思想对解决当代世界的问题与冲突仍具有现实意义,应该珍惜这些人类共同的思想文化遗产,加强文化交流,促进民心相通,使"一带一路"愿景成为各国人民共同的精神家园。

2018 年,"青年汉学家研修计划"北京班和上海班的学员亦被"汉学与当代中国"座谈会邀请参与交流学习。来华参加研修的青年学者回国后,召开报告会并组织汉学家协会发表或出版介绍中国优秀历史文化和当代中国发展的文章、书刊,成为传播汉学的有生力量。

3."意会中国"——阿拉伯知名画家访华采风创作活动

"意会中国"——阿拉伯知名画家访华采风创作活动由原文化部打造,自 2009 年创办,至今已走过了十年。十年间,22 个阿拉伯国家的 158 位艺术家应邀来到中国,先后走过江苏、上海、宁夏、黑龙江、新疆、北京、安徽、浙江等地,领略中国各地独特的自然风貌、文化生活和社会风情,采风足迹遍及大江南北。通过与中国美术院校专家、学者的交流互动,艺术家们对中国艺术创作环境、传统和当代艺术理念有了深入理解,十年来共计创作出 475 件绘画和雕塑作品,由中国文化和旅游部收藏。

2018 年 7 月 10 日,在中阿合作论坛第八届部长级会议开幕式上,习近平主席宣布中阿共同主办的第四届"阿拉伯艺术节"正式启动。习主席表示:"中阿友谊源远流长,历久弥新。中阿两大民族虽相隔遥远,却亲如一家。"在中阿合作论坛的框架下,在中阿共建"一带一路"的合作中,"阿拉伯艺术节"和"意会中国——阿拉伯知名艺术家访华采风 10 周年大展"活动为中阿民心相通搭起了新的桥梁,为世界范围内丝路主题的艺术创作增添了色彩。

4."欢乐春节"大型文化交流活动

"欢乐春节"作为文化部牵头打造的对外文化交流覆盖面最广、参与人数最多、海外影响最大的综合性品牌活动,为增进中外政治互信、经贸互利、文明互鉴、民心相通发挥了重要作用。近年来,"欢乐春节"因地制宜地在沿线国家开展了数百项内涵丰富的文化活动,让幸福祥和、欢乐共享的中国春节文化在沿线国家得到广泛传播。2018 年,"欢乐春节"活动涵盖专场演出、春节庙会、广场庆典、美食品鉴等 20 多个类别的一大批高水准项目,在全球超过 130 个国家和地区的 400 多座城市陆续举办,其中包括 53 个沿线国家。

在沿线国家打造"欢乐春节"等重点交流品牌,扩大文化交流规模,已被列入《文化部"一带一路"文化发展行动计划(2016—2020 年)》。"欢乐春节"巧妙利用非物质文化遗产和民乐作为文化语汇,与沿线国家开展交流:富有中国特色的舞狮表演、川剧变脸让白俄罗斯民众接触了中国民俗文化;中国民乐音乐会《画境富春·丝路长安》吸引波兰市民冒雪观看;《诗经》吟唱和汉唐乐舞表演将中国风吹至柬埔寨;二胡、琵琶、古筝、唢呐等民族乐器奏响在哈萨克斯坦、塔吉克斯坦、匈牙利、乌克兰;剪纸、葫芦烙画、抖空竹、捏泥人等非物质文化遗产表演惊艳尼泊尔;傣、景颇、彝、佤、藏、阿昌等少数民族音乐跃动在塞尔维亚。通过"欢乐春节"的平台,中国传统文化的现代面貌在沿线国家得以充分展现。大批艺术精品的展示,不仅弘扬了中华文化,讲好了中国故事,传递了文化自信,同时也是对"和平合作、开放包容、互学互鉴、互利共赢"的丝绸之路精神的生动诠释。

(四)经典案例

1."一带一路"人文项目《音乐家》开启中哈合拍电影先河

2019 年 5 月 17 日,中国与哈萨克斯坦首部合拍电影《音乐家》在哈萨克斯坦首都努尔苏丹举行首映典礼,包括哈萨克斯坦文化体育部前部长穆哈梅季乌勒、中国驻哈大使张霄在内的逾 2 000 人参加典礼并观影。电影《音乐家》以人民音乐家冼星海的一生为主线,讲述冼星海在苏联卫国战争期间辗转来到阿拉木图,在举目无亲、贫病交加中得到哈萨克斯坦著名音乐家拜卡达莫夫及其家人救助,历经艰苦,不忘初心,心系延安,以音乐创作激励中哈人民抗击法西斯的真实感人故事。

2017 年 6 月 8 日,中哈两国在阿斯塔纳签署了合作拍摄电影协议,《音乐家》成为该协议的启动项目,也是中国共建"一带一路"倡议与哈萨克斯坦"光明之路"新经济政策对接在人文领域的重点合作项目。作为共建"一带一路"倡议提出以来中哈两国合作拍摄的第一部电影作品,电影《音乐家》受到两国领导人的高度重视和积极推介,因其特殊的历史与现实融通的叙事,承载了共建"一带一路"倡议所奉行的民心相通的美好愿景和历史借鉴,更以其真挚的情感投入和影像艺术功底,为 2019 年的中国电影带来了一缕历史文化与艺术交融、伟大人性与亚洲文明交流的清新气息。从某种程度来看,电影《音乐家》已经远远超越了自身的文本意义,带给观众一个明确的启示,即基于政治互信、经济互融、人文互通的原则,"一带一路"建设一定会"一步一个脚印推进实施,一点一滴抓出成果",造福更多国家的人民,推动构建人类命运共同体。

2."一带一路"文旅项目"又见马六甲"剧场投用

2018 年 7 月 7 日,距 2008 年 7 月 7 日马六甲申遗成功十年,由中国导演王潮歌总构想、总编剧、总导演,马来西亚永大集团投资、建设、运营的大型室内情景体验剧《又见马六甲》,在世界遗产文化名城马六甲的"又见马六甲"剧场正式公演,2 000 余位观演嘉宾、海外华侨及百余家知名媒体到场,共同见证了这一文化盛事。作为共建"一带一路"倡议下,中方在东南亚地区承建的首个交付使用的文旅项目,"又见马六甲"剧场由马来西亚永大集团投资、中国建筑第三工程局有限公司承建。历时两年修建而成的剧场不仅是马六甲最大的单体公共建筑，也是目前为止马来西亚技术最先进的剧场。剧场主体共 6 层，净高 33.6 米，占地面积 42 000 多平方米，并带有 360 度旋转舞台，观众可从各个角度领略节目的魅力，享受独特新奇的观看体验。

《又见马六甲》是海上丝绸之路的跨国巨制，是历时五年打造的一部文化艺术精品，它以史诗的笔法传承丝路文化，以艺术的方式形象地展示了"一带一路"倡议开放、包容、合作、共赢的精神。《又见马六甲》的成功首演，是陆路丝绸之路上的互鉴融合，也是海上丝绸之路的文化共鸣。

3. 华强方特动漫和主题乐园联袂走出国门，促进文化交流

华强方特旗下动漫和主题乐园等文化产品与服务走出国门，在沿线国家备受好评，有效地促进了沿线国家的民心相通。

华强方特积极践行共建"一带一路"倡议，动画作品在创作时同步译制成英语、俄语、印地语、西班牙语、葡萄牙语、法语、越南语等多种语言，以适应沿线多个国家不同的语言文化环境。从 2012 年开始，《熊出没》系列动画便开始在沿线国家广泛发行，先后进入俄罗斯 Karusel、马来西亚 Astro、中东 IRIB、新加坡 PCCW、印尼 MNCTV、土耳其 SHOWTV 等多个国家电视台和主流平台播出，动画电影也陆续在多国上映，好评如潮。

除了动漫影视作品出口外，华强方特还是中国少有的具备主题乐园产品输出能力的文化企业。由华强方特与伊朗当地政府下属的国有企业共同合作完成的伊朗方特欢乐世界是其在沿线国家落地的第一个主题乐园项目。该项目占地面积约 20 万平方米，包含 15 个主题项目，华强方特原创设计研发的诸如恐龙危机、海螺湾主题项目给当地游客带来了耳目一新的游玩体验，广受当地游客的喜爱。

（五）数据分析

1. 中国与沿线国家文学艺术交流合作成果较多

中国与沿线国家积极开展文学艺术交流与合作，成功开展过多次文学艺术交流活动，在影视作品上的合作也越来越多。最是书香能致远，作为新闻出版业进入国家共建"一带一路"倡议的重大项目，"丝路书香出版工程"立项 5 年来成效显著，资助 40 多个语种、1 200 多种图书翻译出版，30 多家企业"走出去"。"丝路书香出版工程"不仅支持图书翻译出版，对企业申报图书翻译出版、海外出版给予资助，而且支持企业自主创新"走出去"，结合全球传播重点，以周边国家为首选，以非洲、拉美和中东地区为基础，支持 30 多家企业开展项目，部分项目落地后，已产生一定的效应，在渠道开拓、平台建设、资源整合、加强合作方面进行了有益探索，发挥了提升文化软实力的作用，打造了品牌，加强了传播内容建设。

诗歌最能反映一个国家、一个民族的生活、情感与精神品质。《"一带一路"沿线国家经典诗歌文库》（第一辑）推出 22 册诗选，涉及匈牙利、泰国、塞尔维亚、缅甸、蒙古、马来西亚、俄罗斯等 17 个国家，译者选择上包括了老中青三代翻译家，契合了现代汉语独具的活

力和持久的生命力。这套丛书的出版能使我们更好地了解沿线国家的文学、文化和文明，助力"民心相通"，打造"文明之路"，推动国家间的相互理解、相互尊重，从而带动与沿线国家的深层次交流。

2. 中国自沿线国家艺术品进口市场过于集中，进口产品结构均较为单一

2018 年，中国自沿线国家艺术品进口额为 3.1 亿美元，其中自东南亚地区进口额为 2.5 亿美元，占中国自沿线国家艺术品进口额的 80.6%；其次是南亚地区，占比为 10.5%；自其他地区进口额均不足 5%。从进口国别来看，中国自沿线国家艺术品进口额主要集中在泰国，自泰国艺术品进口额占自沿线国家艺术品进口额的比重达到 74.2%，自其他国家艺术品进口额占比均不足 5%。由此可见，中国自沿线国家艺术品进口市场过于集中。

从艺术品进口产品结构来看，中国自沿线国家进口的艺术品中，珠宝首饰及相关物品进口额最高，为 2.3 亿美元，占中国自沿线国家艺术品进口额的 73.7%，艺术品的进口结构较为单一。因此，从中国自沿线国家艺术品进口来看，应积极拓展进口市场，丰富进口产品种类，把更多沿线国家优质的产品引入中国，促进中国对沿线国家的了解。

3. 应加强"一带一路"文化艺术大数据平台建设

谷歌自 2012 年起推出了"艺术计划"，将传统艺术以数字化形式搬上互联网，使用者足不出户便可欣赏到分辨率高达 70 亿像素的千余幅世界名画。意大利为实现本国文化遗产的数字化，也在国家文化部内设立文化遗产资源保护局，专门执行国家级文化遗产数字化工程。目前，中国亦拥有文物史迹外形三维实景数据采集方法、馆藏器物三维立体实景数据采集导轨式拍摄台等自主知识产权国家专利，并已应用在多项国家级数字资源平台建设项目中，如"国宝回家"大数据采集项目。

联合国教科文组织数据显示，中国流失文物多达 164 万件，主要被美国、加拿大、英国等国的 47 家公私收藏单位和个人收藏。其中大英博物馆是收藏中国流失文物最多的博物馆，目前收藏中国文物 2.3 万余件，包括书画、刻本、玉器、陶器、青铜器等。以敦煌遗书为例，其中保存了大量古典文学资料，涵盖古藏文、回鹘文、粟特文、突厥文等多民族语言，另外还包括了诸多琴谱、乐谱、舞谱等重要资料。据统计，现今敦煌遗书在中国仅存 2 万余件，在大英图书馆存有近 1.4 万件。

因此建议加强"一带一路"文化艺术大数据平台建设，助力"国宝回家"重点项目，采集英藏敦煌文献、法藏敦煌文献、印藏敦煌文献、美藏中国艺术品等中华文物精品；保护沿线国家文物，实现石窟数据化、古建筑数据化、沿线国家平面文物仿真复制、文史资料数据采集、佛教经卷绘画数据采集等。以资源整合为手段，深化与沿线国家的文化交流，推进重大文化交流项目和合作协议，促进沿线国家文明交流互鉴。

五、医疗·卫生

共建"一带一路"倡议实施以来,我国与沿线国家的医疗合作持续深化。按照原国家卫生计生委办公厅发布的《关于推进"一带一路"卫生交流合作三年实施方案(2015—2017)》提出的"三步走"策略来看,达成了用3～5年时间初步形成以周边国家和重点国家为基础、面向沿线国家的卫生合作网络的中期目标。2016年,习近平主席提出打造"健康丝绸之路"。2017年,中国政府与世界卫生组织签署了《关于"一带一路"卫生领域合作的谅解备忘录》,携手打造"健康丝绸之路"。2018年,世界卫生组织总干事谭德塞博士在《中国日报》发表的《关于"一带一路"倡议如何促成更健康、安全世界》的评论文章表示,对健康和卫生投入是中国发展历程的重要特征之一,随着中国共建"一带一路"倡议的实施,可能将改变沿线国家的发展历程,可能对沿线国家的数十亿人口的健康状况带来极大影响。如习近平主席所说,"没有全民健康,就没有全面小康",人民的健康与国家的发展息息相关。中国与世界卫生组织等国际组织之间、与沿线各国之间在医疗卫生领域方面的合作将持续加强并深化,推动先进技术"走进来",推广中医药"走出去",坚持中西医并重、打造中医药和西医药相互补充协调发展的中国特色卫生健康发展模式,促进我国及沿线国家卫生事业发展,争取全面提升中国及沿线国家人民健康水平。

(一)"一带一路"国家人口健康总体情况

世界银行的统计数据显示,2018年,全球总人口75.9亿,"一带一路"国家人口高达47.2亿,约占全球总人口的62.2%。"一带一路"国家人口健康状况在很大程度上影响着全球人口健康的平均水平,故而提升"一带一路"国家人口的健康水平尤为关键。本节选取"一带一路"国家人口增长情况(自然增长率、预期寿命)、人口构成(性别构成、年龄构成)情况、传染性疾病情况等对"一带一路"国家人口健康总体状况进行描述。

1. "一带一路"国家人口增长情况

(1)保加利亚、塞尔维亚、乌克兰等国人口呈现负增长

人口自然增长率是反映人口发展速度和制订人口计划的重要指标,由出生率和死亡率共同决定,它表明人口自然增长的程度和趋势。2017年,全球人口自然增长率为11‰,略高于"一带一路"国家人口平均自然增长率(9‰)。其中,中国人口自然增长率仅为5‰,未达到"一带一路"国家及全球的平均水平。"一带一路"国家人口自然增长率差异较大,东帝汶人口自然增长率高达30‰,居首位;伊拉克和巴勒斯坦人口自然增长率均为28‰,并列第二位;阿富汗、也门等国的人口自然增长率也均高于20‰。"一带一路"国家中,有12国人口呈现负增长态势,且均为中东欧地区国家,保加利亚、塞尔维亚、乌克兰三国的人口自然增长率均小于-5‰。(图2-48)

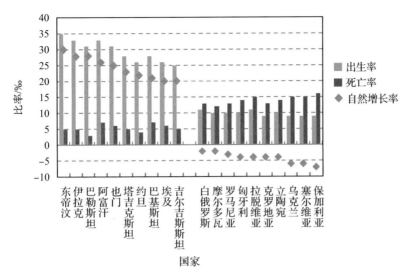

图 2-48 2017 年"一带一路"国家中人口自然增长率排名前十位与后十位的国家

（数据来源："世界银行"网站）

(2)"一带一路"国家人口平均预期寿命均高于 60 岁

人口平均预期寿命是衡量一个国家的经济发展水平及医疗卫生服务水平的指标。2017 年，"一带一路"国家人口平均预期寿命为 74 岁，比 2016 年增长了 0.3 岁；女性平均预期寿命为 76.8 岁，比男性平均预期寿命高 5.5 岁；其中，立陶宛、俄罗斯 2 国女性较男性平均预期寿命高 10 岁。中国人口平均预期寿命为 76.4 岁，超过了"一带一路"国家的平均水平。从"一带一路"国家人口平均预期寿命的排名来看，新加坡人口平均预期寿命达 82.9 岁，居首位。以色列和斯洛文尼亚紧随其后，人口平均预期寿命分别为 82.6 岁和81.2 岁。阿富汗人口平均预期寿命最低，仅为 64 岁，与居首位的新加坡相差 18.9 岁，但与 2016 年的本国人口平均预期寿命相比增长了 1.3 岁；其男性平均预期寿命在"一带一路"国家中亦是最低，为 62.8 岁，比女性平均预期寿命低 2.6 岁。2017 年"一带一路"国家人口平均预期寿命、男性平均预期寿命、女性平均预期寿命均突破了 60 岁。（图 2-49）

2."一带一路"国家人口构成情况

(1)中国、印度出生人口性别比严重失衡

出生人口性别比是活产男婴数与活产女婴数的比值，通常用女婴数量为 100 时所对应的男婴数来表示，正常应保持在 102～107。出生人口性别比是一个衡量男、女两性人口是否均衡的重要标志，比例失衡会带来很多社会问题。2017 年，"一带一路"人口数量前十位的国家中，中国作为第一人口大国，其活产男婴数与活产女婴数相差较大，出生人口性别比达 115。印度作为第二人口大国，其出生人口性别比次于中国，为 111。此外，越南及巴基斯坦出生人口性别比例也较失衡，分别为 110、109，其他各国出生人口性别比均处于正常范围。（图 2-50）

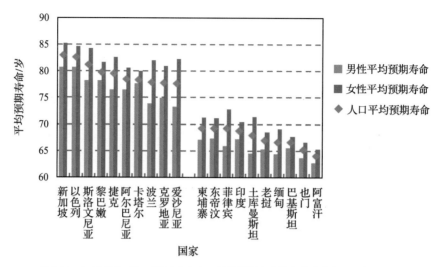

图 2-49　2017 年"一带一路"国家中人口平均预期寿命排名前十位与后十位的国家

（数据来源："世界银行"网站）

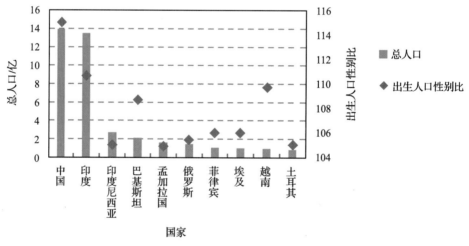

图 2-50　2017 年"一带一路"前十位人口大国总人口及出生人口性别比情况

（数据来源："世界银行"网站）

(2)31 个"一带一路"国家进入老龄化社会

按照联合国的标准,一个地区 65 岁以上老年人口数量达到人口总量的 7%,该地区被视为进入老龄化社会。2018 年,全球 65 岁及以上老年人口数量平均占比为 8.9%,总体步入老龄化社会。"一带一路"国家中,有 31 个国家进入老龄化社会,保加利亚、克罗地亚、爱沙尼亚、拉脱维亚、斯洛文尼亚 5 国人口老龄化最为严重,65 岁及以上老年人口数量占本国人口总量的 20% 甚至以上。捷克、匈牙利、立陶宛 3 国次之,65 岁及以上老年人口数量占本国人口总量的 19%。中国 65 岁及以上老年人口数量占总人口的 11%,高于全球平均水平。若中国人口自然增长率继续维持在较低水平,则将会进一步加速进入老龄化社会。(图 2-51)

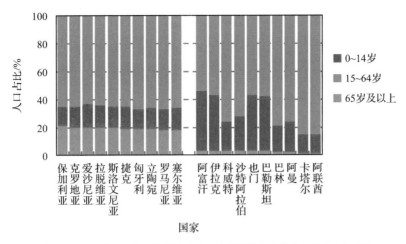

图 2-51　2018 年"一带一路"国家中人口老龄化排名前十位与后十位的国家

（数据来源："世界银行"网站）

3."一带一路"国家传染性疾病情况

传染性疾病是一种能够在人与人之间或人与动物之间相互传播并广泛流行的疾病，可以通过多种媒介与途径传播。同一种传染性疾病在不同地区的流行情况可能存在极大的差别，往往与当地的环境卫生、医疗资源、医疗水平等情况息息相关。本节选取各具特征的三种传染性疾病在"一带一路"国家的感染情况进行描述，分别为结核病（主要由人与人之间呼吸道传播，受环境影响较大，常伴有多种并发症，可治愈）、艾滋病（主要由血液、母婴传播等，至今尚无特效药与有效疫苗）、疟疾（主要由按蚊叮咬传播，做好驱虫、驱蚊的工作则染病率极低，可治愈）。

（1）结核病在东南亚地区流行严重

结核病是全球十大死因之一，据世界卫生组织统计，2017 年，全球结核病人数约为 17 亿，潜伏感染率为 23%。从"一带一路"地区各国家结核病发病率来看，东南亚地区占比最高，菲律宾每十万人口结核病发病数高达 554 例；东帝汶、缅甸次之，每十万人口结核病发病数分别为 498 例、358 例；随后是柬埔寨、印度尼西亚，分别为 326 例和 319 例。南亚地区中巴基斯坦每十万人口结核病发病数高达 267 例，孟加拉国、印度紧随其后，分别为 221 例、204 例。中东欧地区国家的每十万人口结核病发病数均在 100 例以下。其他地区中，蒙古、阿富汗、吉尔吉斯斯坦每十万人口结核病发病数均超过 100 例，其中蒙古高达 428 例。（图 2-52）

（2）俄罗斯艾滋病病毒（HIV）感染率最高

联合国艾滋病规划署报告显示，2017 年，全球约有 3 690 万人感染上 HIV，2 170 万人正在接受治疗，180 万人新感染上 HIV，94 万人死于与艾滋病有关的疾病。2017 年，"一带一路"国家 HIV 平均感染率为 0.3%，低于全球平均数据（0.8%）。从可查询到数据的"一带一路"国家 HIV 感染情况来看[1],俄罗斯感染率最高,为 1.2%。其次为泰国,感染率为 1.1%。第三为乌克兰,感染率为 0.9%。随后是爱沙尼亚、缅甸、摩尔多瓦、柬埔寨4 国,HIV 感染率均高于 0.5%。蒙古等 10 国的 HIV 感染率为 0.1%。(图 2-53)

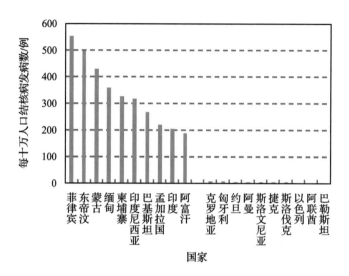

图 2-52　2017 年"一带一路"国家中结核病发病数排名前十位与后十位的国家

(数据来源:"世界银行"网站)

(注:因以色列、阿联酋、巴勒斯坦结核病发病数数据较小,故无法在图中显示)

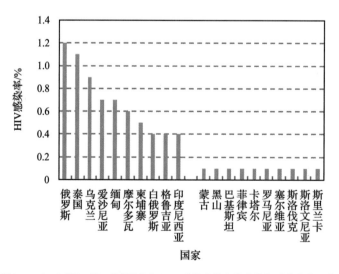

图 2-53　2017 年"一带一路"国家中 HIV 感染率排名前十位与后十位的国家

(数据来源:"世界银行"网站)

---

[1]　21个国家数据缺失:阿富汗、不丹、波黑、文莱、克罗地亚、东帝汶、伊拉克、以色列、约旦、拉脱维亚、马尔代夫、阿曼、波兰、沙特阿拉伯、叙利亚、土耳其、土库曼斯坦、阿联酋、也门、巴勒斯坦、中国。

(3)中国无本土疟疾病例

据世界卫生组织报告,2017 年,全球共发现 2.2 亿疟疾病例,有 43.5 万人死于疟疾。自 2010 年以来,预防和控制措施的加强已经使全球的疟疾死亡率降低了 29%,但全世界约一半人口仍处于罹患疟疾的风险之中。从"一带一路"国家的疟疾发病率来看①,2017 年,发病率最高的国家是也门,为 41.9‰。其次是阿富汗和柬埔寨,疟疾发病率分别为 23.0‰ 和 18.4‰。随后是印度、印度尼西亚、老挝、巴基斯坦、缅甸、孟加拉国、泰国,这7 个国家的疟疾发病率在 1‰~10‰。阿塞拜疆、格鲁吉亚、吉尔吉斯斯坦、斯里兰卡、塔吉克斯坦、土耳其和中国无本土疟疾病例。(图 2-54)

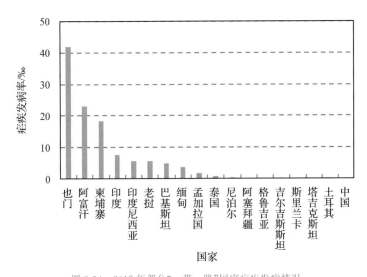

图 2-54　2017 年部分"一带一路"国家疟疾发病情况

(数据来源:*World Health Statistics* 2019)

(注:因阿塞拜疆等国疟疾发病率数据较小,故无法在图中显示)

(二)"一带一路"国家医疗卫生资源情况

"一带一路"国家医疗卫生资源相对充足,随着"一带一路"建设的不断推进,丰富医疗卫生资源以及完善医疗卫生体系建设也成为重要的一环。本节将从"一带一路"国家医护人员密度、医疗卫生支出等情况对"一带一路"国家的医疗卫生资源情况进行描述。

1."一带一路"国家医护人员密度情况

(1)中东欧地区国家医生密度整体偏高

从 2009—2018 年"一带一路"国家②医生密度(每千人中的医生数量)来看,格鲁吉亚

---

①　40 个国家数据缺失:阿尔巴尼亚、亚美尼亚、巴林、白俄罗斯、波黑、文莱、保加利亚、克罗地亚、捷克、埃及、爱沙尼亚、匈牙利、伊拉克、以色列、约旦、哈萨克斯坦、科威特、拉脱维亚、黎巴嫩、立陶宛、北马其顿、马尔代夫、摩尔多瓦、蒙古、黑山、阿曼、波兰、卡塔尔、罗马尼亚、俄罗斯、塞尔维亚、新加坡、斯洛伐克、斯洛文尼亚、叙利亚、土库曼斯坦、乌克兰、阿联酋、乌兹别克斯坦、巴勒斯坦。

②　巴勒斯坦数据缺失。

医生密度最高,为 5.1‰。有 7.8% 的国家医生密度为 4‰～5‰,为捷克、立陶宛等中东欧国家。17.2% 的国家医生密度为 3‰～4‰,包括阿塞拜疆、哈萨克斯坦等国。26.6% 的国家医生密度为 2‰～3‰。20.2% 的国家医生密度为 1‰～2‰。26.6% 的国家医生密度不足 1‰,包括卡塔尔、印度等国。中国的医生密度为 1.8‰。按地区来看,东北亚(含中国)及中亚国家医生队伍较为完善,医生密度均超过 1.5‰;中东欧国家医生密度整体偏高,除阿尔巴尼亚医生密度为 1.2‰外,其他国家的医生密度均高于 2‰。各国家之间医生密度差异较大。(图 2-55)

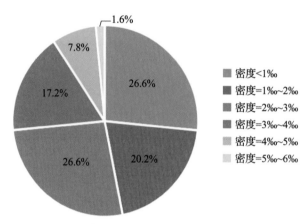

图 2-55 2009—2018 年"一带一路"国家医生密度情况

(数据来源:*World Health Statistics* 2019)

(2)各国家之间护理和助产人员密度差异较大

从 2009—2018 年"一带一路"国家[①]护理和助产人员密度(每千人中的护理和助产人员数量)来看,3.1% 的国家密度高于 10‰,包括乌兹别克斯坦和白俄罗斯 2 国,护理和助产人员密度分别为 12.1‰ 和 11.4‰。3.1% 的国家护理和助产人员密度为 9‰～10‰,包括斯洛文尼亚和斯洛伐克 2 国,均为中东欧地区国家。57.9% 的国家护理和助产人员密度为 3‰～9‰。14.1% 的国家护理和助产人员密度为 2‰～3‰。中国的护理和助产人员密度为 2.3‰。10.9% 的国家护理和助产人员密度为 1‰～2‰,包括东帝汶、越南等 7 国。10.9% 的国家护理和助产人员密度小于 1‰,包括缅甸等 7 国。最低的是孟加拉国,护理和助产人员密度仅为 0.3‰。按地区来看,东北亚及中亚国家的护理和助产人员配备较为完善,护理和助产人员密度均超过 2‰;中东欧国家护理和助产人员密度整体偏高,护理和助产人员密度均高于 3‰。(图 2-56)

2."一带一路"国家医疗卫生支出情况

(1)马尔代夫医疗卫生支出占 GDP 比重最高

一个国家的医疗卫生费用投入是实现社会公平,保障公民健康的重要手段,也是医疗科技水平发展的体现。2016 年,"一带一路"国家的医疗卫生支出水平差异很大[②],马尔代

---

① 巴勒斯坦数据缺失。

② 巴勒斯坦、也门和叙利亚数据缺失。

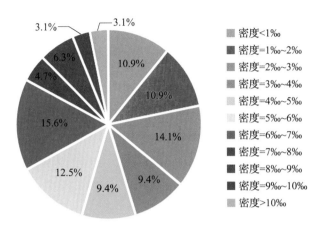

图 2-56　2009—2018 年"一带一路"国家护理和助产人员密度情况

（数据来源：*World Health Statistics* 2019）

夫医疗卫生支出占 GDP 比重达 10.6%，居"一带一路"国家首位。阿富汗、亚美尼亚、波黑、塞尔维亚、摩尔多瓦 5 国的医疗卫生支出占本国 GDP 比重均达到 9% 及以上，文莱、老挝、孟加拉国、巴基斯坦 4 国的医疗卫生支出占本国 GDP 比重在"一带一路"国家中最低，均未超过 3%。"一带一路"国家的医疗卫生支出占 GDP 平均比重平均为 5.8%，中国医疗卫生支出占 GDP 比重为 5%，低于"一带一路"国家平均水平。（图 2-57）

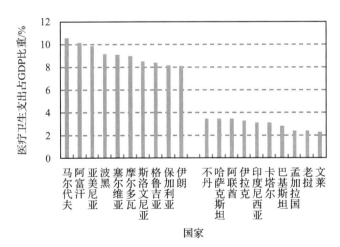

图 2-57　2016 年"一带一路"国家中医疗卫生支出占 GDP 比重排名前十位与后十位的国家

（数据来源：*World Health Statistics* 2019）

（2）以色列人均医疗卫生支出最高

2016 年，"一带一路"国家中[①]，以色列人均医疗卫生支出高达 2 837 美元，位列第一；新加坡人均医疗卫生支出达 2 462 美元，位列第二；斯洛文尼亚紧随其后，人均医疗卫生支出达 1 834 美元。孟加拉国、巴基斯坦、尼泊尔等 6 国人均医疗卫生支出极低，均不足

---

① 巴勒斯坦、也门和叙利亚数据缺失。

60 美元。"一带一路"国家人均医疗卫生支出为 557 美元,中国人均医疗卫生支出为 398 美元,低于"一带一路"国家平均水平。(图 2-58)

(3)阿富汗的公共医疗卫生支出占比最低

2016 年,"一带一路"国家中①,文莱的公共医疗卫生支出占比高达 94.9%,居首位。阿曼的公共医疗卫生支出占比为 89.1%,位列第二。科威特、捷克、卡塔尔的公共医疗卫生支出占比均高于 80%,位列前五。阿富汗的公共医疗卫生支出占比仅为 5.1%,居末位。此外,亚美尼亚、孟加拉国、土库曼斯坦、尼泊尔等国的公共医疗卫生支出占比均低于 20%,国家居民医疗负担较重。中国的公共医疗卫生支出占比为 58%,高于"一带一路"国家平均水平(53.3%),但低于全球平均水平(74.3%)。(图 2-59)

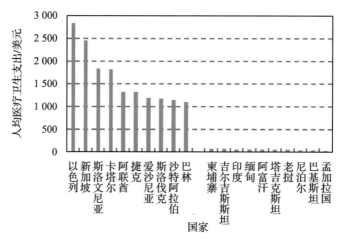

图 2-58 2016 年部分"一带一路"国家中人均医疗卫生支出排名前十位与后十位的国家

(数据来源:*World Health Statistics* 2019)

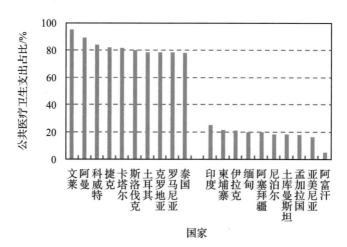

图 2-59 2016 年部分"一带一路"国家中公共医疗卫生支出占比排名前十位与后十位的国家

(数据来源:"世界银行"网站)

---

① 巴勒斯坦、也门和叙利亚数据缺失。

(三)"一带一路"国家医疗卫生合作情况

医疗卫生领域合作是"一带一路"建设的重要内容。中国发起的"健康丝绸之路"以改善各国人民健康状况为宗旨,为深化全球卫生合作提供了诸多公共产品,成为"一带一路"参与国民心相通的重要纽带。从传染病防控、卫生援助,到人才培养、中医药推广,中国与沿线国家的健康交流与合作不断深化。本节从世界卫生组织在"一带一路"国家建立卫生组织合作中心的情况、中国与沿线国家的医疗卫生合作情况等方面进行统计描述。

1. "一带一路"国家的世界卫生组织合作中心情况

世界卫生组织(WHO)是联合国下属的一个专门机构,总部设置在瑞士日内瓦,是国际上最大的政府间卫生组织,其宗旨是使全世界人民尽可能获得高水平的健康。

世界卫生组织合作中心是诸如研究所、大学院系等机构,由所在地区申报并由世界卫生组织总干事任命。世界卫生组织合作中心需开展活动支持世界卫生组织各项规划,是各国与世界卫生组织开展医疗卫生技术合作的窗口,在促进国际、国内卫生技术交流、人员培训等方面发挥了积极的辐射和示范作用,现已成为促进各国医学科学现代化,早日实现人人享有卫生保健目标的重要力量。世界卫生组织合作中心网是世界卫生组织与其成员国开展合作的最具代表性的方式,合作中心网不断发展并始终保证国际合作的需要,促进了世界卫生组织与其成员国的研究合作及世界卫生事业的发展。

截至2019年8月,世界卫生组织98个成员国共有820所合作中心,一同从事护理、职业卫生、传染病、营养、精神卫生、慢性病和卫生技术等领域的工作。

"一带一路"国家共有267所世界卫生组织合作中心,占世界卫生组织合作中心总数的32.6%。中国有66所合作中心,数量居"一带一路"国家首位。第二位是印度,有54所合作中心。其次是泰国,有31所合作中心。随后是俄罗斯、伊朗和新加坡,分别有22、13和11所合作中心。24个"一带一路"国家没有合作中心[①]。(图2-60)

2. 中国与沿线国家的医疗卫生合作情况

原国家卫生计生委办公厅发布的《关于推进"一带一路"卫生交流合作三年实施方案(2015—2017)》表明,推进"一带一路"卫生交流合作是维护国家安全、促进我国和沿线国家经济社会发展的重要保障,有助于分享中国医疗卫生领域的成功经验。自该实施方案发布以来,中国与沿线国家的医疗合作在合作机制建设、传染病防控、卫生发展援助等多个领域取得了突破性和示范性成果,从而增强了沿线国家对共建"一带一路"倡议的认同感,医疗卫生合作对共建"一带一路"倡议实施的支撑与促进作用也日益显现。

根据"一带一路"国际合作走向,综合考虑沿线国家经济社会和医疗卫生事业发展情况,"一带一路"卫生交流合作将主要按照以下走向展开:一是"丝绸之路经济带"沿线;二是"21世纪海上丝绸之路"沿线。

---

① 24个"一带一路"国家没有世界卫生组织合作中心:阿富汗、阿尔巴尼亚、亚美尼亚、不丹、波黑、文莱、柬埔寨、东帝汶、爱沙尼亚、格鲁吉亚、伊拉克、吉尔吉斯斯坦、老挝、北马其顿、马尔代夫、摩尔多瓦、黑山、罗马尼亚、叙利亚、塔吉克斯坦、土库曼斯坦、乌兹别克斯坦、也门和巴勒斯坦。

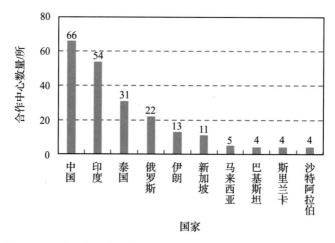

图 2-60 "一带一路"国家中世界卫生组织合作中心数量排名前十位的国家

（数据来源：世界卫生组织）

(1)"丝绸之路经济带"沿线医疗卫生合作情况

"丝绸之路经济带"沿线以中东欧和中亚为重点区域,辐射西亚,以捷克、俄罗斯、蒙古和中亚五国为重点国家,以中国-中东欧国家卫生部长论坛和上海合作组织为主要合作机制。

借助"一带一路"发展机遇,新疆启动建设丝绸之路经济带核心区医疗服务中心,发展规划为以乌鲁木齐地区为主,打造具有国际水平的医疗服务核心区;以南北疆为次中心,逐步形成具有中医、民族医特色的医疗健康服务集群。截至 2019 年 5 月,新疆跨境远程医疗服务平台已接入北京市 4 家医疗机构(首都医科大学附属安贞医院、首都医科大学世纪坛医院、首都医科大学北京市中医院和海淀区妇幼保健院)、乌鲁木齐区域内 29 家医院,向境外已连接吉尔吉斯斯坦、哈萨克斯坦和格鲁吉亚等国 24 所医院,实现新疆各医疗机构对周边国家的常态化远程会诊业务开展,促进我国与沿线国家在医疗卫生领域互利共赢。同时,新疆中医、民族医进一步走出国门,草药汤剂、推拿针灸等传统中医在治疗风湿、皮肤病等方面的疗效,让不少中亚国家患者和医务人员成为"中医粉"。

医疗卫生领域的交流与合作不止有"走出去",引进沿线国家的先进医疗技术也是促进我国医疗卫生事业发展的重要手段。作为最早与中国建交的国家之一,捷克与中国在医疗卫生领域的合作不断增强,其中空中医疗急救成了两国医疗交流中重要的项目。空中医疗急救事业被称为"空中生命线",是一项非常重要的医疗急救项目,捷克在空中医疗急救方面经验丰富,但中国在此方面的研究和应用仅仅处于起步阶段。2017 年 5 月,上海和布拉格之间率先建立了在航空医疗救援领域的试点合作项目:布拉格帮助上海进行人员培训,还协助上海发展完整的空中急救体系,并由捷克在中国的最大投资企业捷信消费金融有限公司提供资金支持。该试点合作项目取得极大的成功,截至 2018 年 9 月,上海交通大学附属瑞金医院的 3 批共 9 名医务人员前往捷克完成了培训,捷克和中国空中医疗急救服务与地面医疗急救服务技术转让得以实施,瑞金医院也发展成为国家级航空医学救援基地医院。目前该合作项目又拓展到了北京和天津两个城市,且被纳入中国-捷克两国政府合作管理的"一带一路"项目清单中。同时,捷克卫生部国际关系特使杨·卢什卡(Jan Ruzicka)荣获上海市2018年度的"白玉兰纪念奖",以表彰他对推动上海和布拉格在医疗卫生领域,尤其是航空医疗救援合作方面所做出的突出贡献。

(2)"21世纪海上丝绸之路"沿线医疗卫生合作情况

"21世纪海上丝绸之路"沿线以南亚和东南亚为重点区域,以东盟、印度、巴基斯坦、澳大利亚和斐济为重点国家,以中国-东盟、大湄公河次区域经济合作、澜湄合作、亚太经合组织、中巴经济走廊和孟中印缅经济走廊为主要合作机制。

2018年9月20日,由国家卫生健康委员会、国家中医药管理局和广西壮族自治区人民政府共同主办的"健康丝绸之路"建设暨第二届中国-东盟卫生合作论坛在南宁开幕,主题是"创新卫生合作,共建健康丝绸之路",旨在推动卫生健康在"一带一路"建设中的实施,深化中国与东盟国家在卫生健康领域的务实合作,并发布了《"健康丝绸之路"建设暨第二届中国-东盟卫生合作论坛合作倡议》,就疾病防控、传统医药、医院管理、口腔医学合作、青年交流等方面达成了广泛合作共识。近年来,卫生健康合作已成为中国-东盟合作的重要领域,中国与东盟相关国家在疟疾、登革热、艾滋病等传染病防控领域开展项目合作,为东盟相关国家培训930余名专业技术人员;合作开展"光明行"白内障复明手术、"爱心行"先天性心脏病手术、妇幼健康工程等活动,累计为东盟相关国家近5 000名患者免费实施手术;为老挝、柬埔寨、缅甸等国援建医院、疾控中心和流动诊所,提高其医疗卫生系统服务能力。此外,为进一步推进与东盟在医疗保健领域的合作,广西壮族自治区依托广西医科大学第一附属医院,建立中国-东盟医疗保健合作中心(广西)。该中心功能涵盖临床医疗、教学培训、科研、体检、保健康复等方面。2018年4月2日,中国-东盟医疗保健合作中心(广西)项目在南宁正式开工建设。

中巴经济走廊的建设初衷是加强中国-巴基斯坦之间交通、能源、海洋等领域的交流与合作,加强两国互联互通,促进两国共同发展,该项目于2015年4月20日启动。巴基斯坦瓜达尔港是中巴经济走廊的重要支点,也是"一带一路"框架下的旗舰项目。在这里,有一座由中巴共建的医疗急救中心,为两国民众提供医疗保健服务。由于地处偏远、经济发展滞后,瓜达尔港的卫生防疫形势十分严峻。为此,2017年9月,原国家卫计委和中国红十字总会共同派出援巴医疗队,首批12名医务人员在当地的瓜达尔港博爱医疗急救中心提供医疗服务。半年间,该中心共接诊中巴患者1 000多人次,还为中国在瓜达尔医疗急救中心援建的法曲尔小学的小学生及瓜达尔港务局的员工进行体检。随着医疗队工作的开展,医疗队的水平口口相传,赢得了当地民众的高度评价。中国医院成为很多当地人看病的首选。2018年5月1日,第二批医疗队的9名医务人员接替第一批医疗队在瓜达尔港开展医疗服务。截至2018年12月底,瓜达尔港博爱医疗急救中心共接诊中巴患者2 302人次。2019年2月,中国援外医疗队第三批队员赴瓜达尔港博爱医疗急救中心,接替第二批医疗队为当地居民提供为期6个月的医疗与急救服务。

(四)经典案例

1. 中国助力沿线国家消除疟疾

2016年,世界卫生组织根据多项关键指标对各国消除疟疾的可能性进行预测,确定5个区域的21个国家有望到2020年战胜疟疾,这些国家共同提出了"E-2020倡议",并共同努力,力争在2020年内将本土疟疾病例清零。2018年,巴拉圭成为第一个经世界卫生组织认证为无疟疾的E-2020国家,阿尔及利亚紧随其后。伊朗、马来西亚和东帝汶在2018年实现了零本土疟疾病例。与此同时,自2016年8月至2019年7月,中国再未发现本土疟疾病例①,即将有资格申请世界卫生组织的"无疟疾"认证。

2018年5月,第71届世界卫生大会在瑞士日内瓦举行,中国代表向与会各国分享了防控疟疾的"1-3-7"策略,即要求疟疾病例诊断1日内报告,3日内完成病例复核和流行病学个案调查,7日内完成疫点调查和处置,从技术上规范了传染病源控制和疫点处置的要求,抓住了疟疾防控的关键问题。中国消除疟疾的工作模式也已被正式写入世界卫生组织的技术文件,并向其他国家推广。

中国广州中医药大学的抗疟项目组自2007年起与科摩罗政府开展疟疾防治合作,并制订了"群防群治、全民服药、主动干预"这样一个从非洲国家实际出发、力求治标治本的"中国方案"。统计数据显示,与项目实施前的2006年相比,2017年科摩罗全国疟疾发病率下降超99%,并实现了疟疾病例零死亡,被列入世界卫生组织2021年消除疟疾国家名单。中国专家还为科摩罗建立起疟疾防控和监测体系,并为该国培养大批基层抗疟人才。中国防治疟疾方案的成功实施,为其他非洲国家提供了借鉴,也为全球疟疾防控工作做出了重要贡献。

在全球根除疟疾的行动中,中国的医药企业发挥的作用也不容忽视。青蒿素抗疟药是世界卫生组织推荐的抗疟首选药,华立集团则是率先使青蒿素实现产业化、国际化的中国企业,其旗下的昆药集团已成为全球最大的抗疟药原料药生产商、全球品种最全的抗疟药品供应商。自2000年起,华立集团先后开展青蒿种子及种植研究(全球首家通过青蒿素种植GAP认证)、青蒿素产品研究、生产制造、国际销售等平台组建工作,着力打造青蒿素产业化的全产业链。如今,青蒿素抗疟药已成为在东南亚、非洲疟疾流行区销售量最大的药品。此外,华立集团还联合中国疾病预防控制中心在非洲国家通过义务的学术交流、培训当地的技术人员、科普教育、义务诊断、免费发放预防用品等方式,向非洲人民传播疟疾防治的方法。以青蒿素产业为契机,华立集团带动了更多的传统中药走进国际市场,推动我国传统中医药国际化进程发展。

2. "一带一路"大病患儿人道救助计划初见成效

中国红十字基金会"丝路博爱基金"于2017年2月成立,致力于优化"一带一路"人道服务供给,以沿线国家为服务区域,建立全球应急救护走廊,建立救护站,培训医疗人员,

---

① 信息来源:中华人民共和国商务部官方网站。

并对沿线国家中有迫切人道需求的人群进行救助。

2017年5月，中国红十字基金会"丝路博爱基金"资助的"一带一路"大病患儿人道救助计划蒙古国行动启动，计划救助100名患儿。此次行动由中国红十字基金会和蒙古国红十字会发起，联合陕西步长制药、内蒙古自治区红十字会，由北京安贞医院、北京同仁医院、北京华信医院及内蒙古自治区人民医院心外科专家组成了中国红十字援外医疗队，与内蒙古自治区人民医院小儿心脏中心的专家们一道，深入蒙古国开展先天性心脏病患儿筛查救助行动，将符合救助条件的患儿分批次接至中国医院实施手术治疗。由于医疗设备不齐全、医务人员经验不足等原因，蒙古国医疗机构对先天性心脏病患儿的治疗效果不十分理想，当地民众极为关注和期盼为先天性心脏病患儿提供手术治疗计划。中国开展的"一带一路"大病患儿人道救助计划急蒙古国百姓之所急，及时为当地有迫切需求的人群提供了帮助。2017年10月，首批12名蒙古国先心病患儿康复出院并已回到蒙古国，标志着中国红十字会发起的"一带一路"大病患儿人道救助计划蒙古国行动取得阶段性成果。2018年12月，在北京安贞医院完成治疗的最后1名蒙古国先心病患儿康复出院，标志着蒙古国行动一期救助100名先心病患儿的目标圆满完成。2019年6月，"一带一路"先心病患儿人道救助计划蒙古国二期行动启动，计划救治100名先心病患儿。

2017年8月，"一带一路"大病患儿人道救助计划阿富汗行动启动，计划救助100名患儿。由来自北京朝阳医院、北京友谊医院、新疆医科大学第一附属医院的医疗专家和中国红十字会项目人员组成的中国红十字援外医疗队到达阿富汗首都喀布尔皇家医院，针对0～7周岁儿童开展先天性心脏病筛查行动，将符合手术指征的100名先心病患儿分批次送至中国实施免费手术治疗。治愈儿童陆续出院返回阿富汗，截至2018年11月，在新疆医科大学第一附属医院接受治疗的患儿还有21名，其中有18名已达到出院标准，即将返回阿富汗。2019年5月，中国红十字援外医疗队抵达阿富汗喀布尔皇家医院，对当地先天性心脏病患儿开展筛查，标志着"天使之旅——'一带一路'大病患儿人道救助计划阿富汗二期行动"正式启动。此次筛查行动针对0～14周岁儿童先心病，计划救助150名先心病患儿。

3. 中医孔子学院推动中医药走向世界

"坚持中西医并重，传承发展中医药事业"是十九大制定的健康中国战略内容，中医药的地位在不断提升。而在"一带一路"背景下，中医传统医学理论和著作在全球范围内的影响日益增强。近年来，"中医针灸"被列入人类非物质文化遗产代表作名录，《黄帝内经》《本草纲目》等中医药典籍入选《世界记忆遗产名录》，全球医学纲要首次纳入中医传统医学的相关信息，中医在全球范围或将跻身成为主流疗法。

随着中医药的全球化推进，越来越多的中医孔子学院在各国揭牌。中医孔子学院是在孔子学院发展到成熟阶段，为寻求多元化创新与突破的过程中应运而生的。孔子学院多年前已经开始宣传并教授中医养生的相关内容，开展中医养生的座谈演讲，举办中医药文化的展览，体验来宣传中医药文化的特色。此类活动的展开，受到了当地居民的热烈欢迎。以孔子学院为平台推广和传播中医药文化和知识初见成效，是中医孔子学院的萌芽阶段。

中医孔子学院以汉语为载体,传播中医药文化。从2008年至今,它不仅在世界范围内产生了一定的影响力,也积累了大量的教学经验,为中国的中医药文化走向世界进一步拓宽了道路。2016年,第一家以中医为特色的孔子学院在德国开设,越来越多的人对中医感兴趣,并尝试用中西医结合的方法治疗疾病。拥有两千多年历史的中国传统医学与欧洲传统医学一样,都是世人历代经验积累的宝贵成果,都需要现代人潜心学习并传承发扬,与现代医学手段相结合,从而探索新的治疗领域。中医孔子学院提供了这样一个中西合璧、古今合璧的平台。人们在这里不仅能学中文,还能学中医。中医孔子学院亦为中国人民与世界各国人民增进理解、深化友谊,以及促进多元多彩的世界文明发展做出了重要贡献。

截至2019年4月,全球设立中医孔子学院7所,亚洲、欧洲各2所,非洲、美洲、大洋洲各1所;独立课堂2个,下设课堂23个。国家中医药管理局已同40余个外国政府、地区主管机构签署了专门的中医药合作协议。"中医针灸风采行"已走入"一带一路"35个国家和地区。2019年5月,第72届世界卫生大会审议通过《国际疾病分类第十一次修订本(ICD-11)》,首次纳入起源于中医药的传统医学章节。脏腑系统疾病、外感病、八纲证、脏腑证等中医病证名称,成为国际疾病"通用语言",这标志着世界卫生组织对来源于中医药传统医学价值的认可,也是对中医药在中国、在国际上应用越来越多这一现实的认可。中医正式进入世界卫生体系,这将是中医走向世界的"里程碑"。

(五)数据分析

1."一带一路"中高等收入国家人口健康水平较高

人口健康水平很大程度上取决于国家经济水平。从人口自然增长情况与人口结构情况来看,中高等收入国家的人口自然增长率较低,人口平均预期寿命较高,人口的性别结构更加合理。从结核病等传染性疾病的流行情况来看,中高等收入国家的发病率及感染率相对较低。"一带一路"国家中,作为中高等收入国家的阿联酋每十万人结核病发病数不足5例,人口自然增长情况和人口性别结构都较好,人口平均预期寿命为77.6岁,老龄人口占比为1%。

但与此同时,中高等收入国家也存在各种人口健康问题。如俄罗斯HIV感染率高达1.2%,居"一带一路"国家首位;中东欧地区国家的经济水平较高,但已呈现人口负增长态势;而人口老龄化更是全球需要共同面对的问题。人口健康水平与国家的发展息息相关,中高等收入水平国家不能放松对国民健康的关注。

2."一带一路"国家整体医疗卫生资源配置不充分

"一带一路"国家之间医疗卫生资源配置不均衡,并且显示出极大的两极分化现象。医疗卫生人力资源方面,"一带一路"国家中,格鲁吉亚等17个国家医生密度高于3‰,而卡塔尔等17个国家尚不足1‰。白俄罗斯等29个国家护理和助产人员密度高于5‰,而孟加拉国等7国却不足1‰。尤其是在"一带一路"中政局不稳定、医疗卫生资源配置率低的国家,人们对医疗卫生资源的需求相对更高,这种供需矛盾导致医疗卫生事业不均衡发展凸显,不仅严重威胁了国民健康,也在很大程度上影响了"一带一路"国家人群的整体健康水平。

"一带一路"国家医疗卫生资源配置不充足,医疗卫生投入较低,健康事业发展不充分。一方面,"一带一路"国家中只有马尔代夫和阿富汗的医疗卫生支出占 GDP 比重高于全球平均水平,文莱等 22 个国家未达到世界卫生组织要求的医疗卫生保健标准即医疗卫生支出占 GDP 的 5%;另一方面,"一带一路"国家人均医疗卫生支出平均为 557 美元,41 个"一带一路"国家的人均医疗卫生支出低于此平均水平。但与此同时,大部分"一带一路"国家公共医疗投入有所提高,个人自负比例降低,38 个国家的公共医疗投入占比高于 50%。但仍有部分国家国民就医负担极为繁重,例如阿富汗医疗卫生公共支出仅占医疗卫生支出总额的 5.1%。

3. "一带一路"国家医疗卫生事业发展水平亟待提升

经济环境、社会环境、自然环境、生活方式等多种因素的差异性,导致各"一带一路"国家医疗卫生事业发展水平参差不齐。其中:传染性疾病和医疗资源的短缺主要使中低等收入国家的负担高居不下;人口的负增长态势主要令中高等收入国家的负担逐渐加重;人口老龄化是全球国家需要共同面对的问题。

提升"一带一路"国家医疗卫生事业发展水平的主要途径包含以下几点:

一是提高"一带一路"中低等收入国家基本卫生设施的覆盖率,有助于为当地居民提供基本的医疗保障,亦可控制该类国家传染病的发生与蔓延,从而提升区域卫生水平。二是建立"一带一路"国家良好的医疗体系,加大对专业医护人员的培养力度,提高在公共卫生和健康保障方面的投入。三是加强"一带一路"国家医疗卫生领域的交流合作,积极参与有关医疗卫生的基础设施建设项目,打破国与国之间的壁垒,共同提高公民健康水平。中高等收入国家可帮助中低等收入国家完善国民医疗卫生政策,辅助培养医疗卫生人才,提升医疗卫生服务水平,提供诊疗技术药品和医疗卫生基础设施等,使各国医疗事业发展经验惠及他国,带动"一带一路"国家医疗卫生健康事业整体发展。

六、旅游·美食

"一带一路"建设,倡导不同民族、不同文化要"交而通",要造福沿线国家人民,而在国际文化的交流中,总是具有亲和力的文化先行。美食不仅具有文化的亲和力,还具有极强的感染力。各国之间的价值观不容易达成共识,但是"舌尖"这个平台却具备极大的包容性,因为舌尖上没有政治,也没有国家界限。美食文化的传播应该是各类文化传播中受阻最小的,还可以带动其他领域的交流和沟通,发挥先锋领路作用。美食可以直通人心,可以给"一带一路"国家的人民带来愉悦、带来健康,增加幸福指数。"一带一路,美食带路","吃"不仅是旅游的一大要素,也是旅游的一大资源。"吃"即美食之旅,已成了当下相当一部分旅游爱好者尤其是年轻人出行的一大目的。中国的共建"一带一路"倡议,对于世界旅游业发展有积极作用,旅游便利化也是共建"一带一路"倡议行动当中的一个重要部分。旅游产业是拉动经济发展的重要动力,是增进世界各国和不同人群之间交流、交往、理解和认同的桥梁,是提升人民生活幸福感的重要途径。"一带一路"不仅是商贸之路、文化之路、沟通之路、和平之路、发展之路,更是旅游之路和美食之路。

(一)"一带一路"国家旅游资源

1. "一带一路"国家的世界遗产数量分布

(1)"一带一路"国家中,中国的世界遗产数量最多

世界遗产是指被联合国教科文组织和世界遗产委员会确认的人类罕见的、目前无法替代的财富,是全人类公认的具有突出意义和普遍价值的文物古迹及自然景观。世界遗产包括文化遗产(包含文化景观)、自然遗产、文化与自然双重遗产三类。截至2018年底,在"一带一路"国家中,中国的世界遗产数量最多,共53处,其中长城属于文化遗产,四川大熊猫栖息地属于自然遗产,泰山属于文化与自然双重遗产。第二位是印度,有37处世界遗产。然后是俄罗斯和伊朗,世界遗产数量分别为28和23处。土耳其、波兰、捷克、保加利亚、克罗地亚5国的世界遗产数量在10处及以上,以色列等22个国家的世界遗产数量在5处及以上,白俄罗斯等34个国家的世界遗产数量不足5处,其中不丹、文莱、东帝汶、科威特、马尔代夫5国均无世界遗产。(图2-61)

(2)中亚地区的世界遗产数量最少

"一带一路"国家共有世界遗产421处,每年都会吸引世界各地的游客观光游览。截至2018年底,中东欧地区和西亚北非地区的世界遗产数量最多,分别为111处和110处,两个地区世界遗产数量合计占"一带一路"国家世界遗产数量的52%,例如罗马尼亚的多瑙河三角洲和土耳其的伊斯坦布尔历史区域均被列入世界遗产名录。东北亚(含中国)地区居第三位,世界遗产数量为86处,占"一带一路"国家总数量的21%,例如俄罗斯的贝加尔湖,让人流连忘返。其次是南亚地区,世界遗产数量为58处,占比为14%,其中印度的泰姬陵举世闻名。随后是东南亚地区,世界遗产数量为38处,占比为9%,柬埔寨的吴

哥窟便在名录之中。中亚地区的世界遗产数量最少，为 18 处，占"一带一路"国家总数量的 4%。（图 2-62）

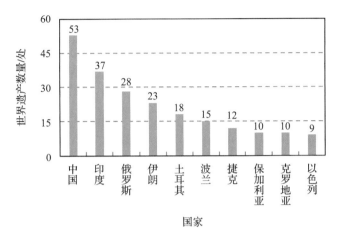

图 2-61　截至 2018 年底"一带一路"国家中世界遗产数量排名前十位的国家
（数据来源：世界遗产委员会）

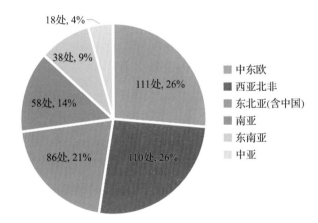

图 2-62　截至 2018 年底"一带一路"各地区的世界遗产数量分布
（数据来源：世界遗产委员会）

2."一带一路"国家酒店数量分布

（1）"一带一路"国家三星级酒店数量最多

住宿酒店的所有建筑物、设施设备及服务项目等以星级来划分，分为五个等级，最低为一星级，最高为五星级（含白金五星级）。星级越高，表示住宿酒店的档次越高。2018 年世界品牌 500 强之一缤客网的数据显示，截至 2019 年 6 月，"一带一路"国家[①]为旅客提供的住宿酒店共有 561 867 家，其中未分类的有 276 314 家，一星至五星级的酒店有 285 553 家。已按星级划分的住宿酒店中，三星级的酒店数量最多，共 192 340 家，占比

---

① 4 个国家数据缺失：伊朗、叙利亚、土库曼斯坦、也门。

为67%。其次为四星级的酒店，数量为53 099家，占比为19%。二星级的酒店数量为24 244家，占比为8%。一星级和五星级的酒店数量较少，分别占比为2%和4%。（图2-63）

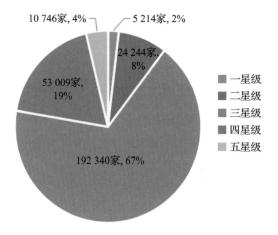

图2-63　截至2019年6月"一带一路"国家各星级酒店数量及占比

（数据来源：缤客网）

（2）中东欧地区的酒店数量最多

缤客网的数据显示，截至2019年6月，"一带一路"国家[①]共有酒店561 867家，其中中东欧地区的各类酒店的总数最多，共有268 992家，占比为47.9%。东北亚（含中国）地区的酒店数量为92 999家，占比为16.6%。其次是东南亚、南亚和西亚北非地区，酒店数量分别为80 881家、61 549家和53 297家，占比分别为14.3%、11.0%和9.5%。中亚地区的酒店数量最少，只有4 149家，占比为0.7%。（图2-64）

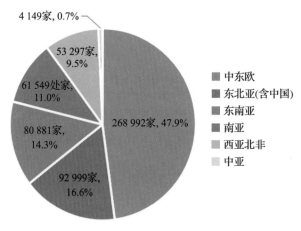

图2-64　截至2019年6月"一带一路"各地区酒店数量及占比

（数据来源：缤客网）

---

① 4个国家数据缺失：伊朗、叙利亚、土库曼斯坦、也门。

3. 中国与沿线国家开通空中直航情况

(1)中国与45个沿线国家开通空中直航航班

截至2018年底,在沿线国家中,包括新增的叙利亚和不丹的直航航线,中国共与45个沿线国家开通空中直航航班。其中,与中国互通空中直航航班的沿线国家有43个(匈牙利和白俄罗斯与中国只有单向空中直航航班:只有中国到白俄罗斯和匈牙利到中国的航班)。中国尚未与阿尔巴尼亚、爱沙尼亚、保加利亚、波黑、黑山、拉脱维亚、立陶宛、罗马尼亚、摩尔多瓦、北马其顿、斯洛伐克、斯洛文尼亚、巴勒斯坦、巴林、科威特、亚美尼亚、也门、约旦、东帝汶开通空中直航航班。

(2)中国与东南亚地区的空中直航航班来往最频繁

2018年,从中国飞往沿线国家的空中直航航班数共计293 200次,其中中国到泰国的空中直航航班数最多,为91 688次,占比为总航班数的31.3%。中国到越南、马来西亚与新加坡的空中直航航班数紧随其后,分别为31 235次、31 048次和30 851次,占比分别为10.7%、10.6%和10.5%。中国到菲律宾、柬埔寨和印度尼西亚的空中直航航班数占比分别为8.1%、5.6%和5.5%。空中直航航班数量前七名的国家均属于东南亚地区,中国到这七国的航班数占中国与沿线国家航班总数的82.3%。而中国到中东欧地区国家的直航航班数最少,占比仅为0.4%。(图2-65)

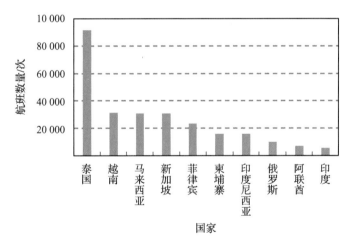

图2-65　2018年中国飞往沿线国家的空中直航航班数量排名前十位的国家

(数据来源:OAG Schedules Analyser)

(3)中国飞往沿线国家的十大热门空中直航航线

2018年,从中国飞往沿线国家的十大热门空中直航航线为:香港—曼谷、香港—新加坡、香港—马尼拉、广州—曼谷、上海—曼谷、台北—曼谷、香港—吉隆坡、台北—马尼拉、台北—新加坡、上海—新加坡。泰国、新加坡、菲律宾和马来西亚亦是受中国游客欢迎的出境游国家。(图2-66)

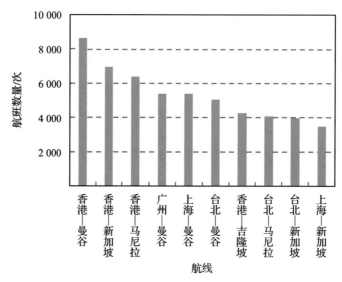

图 2-66 2018 年中国飞往沿线国家的十大热门空中直航航线

（数据来源：OAG Schedules Analyser）

4. 中国与沿线国家签证政策情况

(1) 大部分沿线国家对中国实行落地签政策

截至 2019 年 5 月 9 日，中国领事服务网发布的其他国家对中国公民的旅游签证政策来看，在沿线国家中，对中国实行免签政策的国家有 10 个，为中国公民到其国家旅游、走访等提供了极大的便利。其中，卡塔尔自 2018 年 12 月起对中国实行免签，可停留 30 天。波黑政策更为宽松，每 180 天可停留 90 天。印度尼西亚对持有中国护照的公民同时实行免签和落地签政策，免签入境需要提供有效期半年以上的护照及离境机票，可停留 30 天。当出行者为团体旅游时，阿塞拜疆、摩尔多瓦、俄罗斯和土库曼斯坦亦实行免签政策。此外，共有 20 个沿线国家对中国实行落地签政策，主要为西亚北非和东南亚地区的国家。便利的签证条件和优质的旅游资源对中国与沿线国家之间旅游业的发展有极大的促进作用。（表 2-5）

表 2-5　　　　　　　　沿线国家对持普通护照的中国公民入境旅游的便利待遇

签证政策	国家
免签国家 （10 国）	互免：白俄罗斯、波黑、卡塔尔、塞尔维亚、阿联酋
	单方面免签：印度尼西亚
	团体旅游互免：阿塞拜疆、摩尔多瓦、俄罗斯、土库曼斯坦
落地签国家 （20 国）	亚美尼亚、阿塞拜疆、巴林、孟加拉国、文莱、柬埔寨、东帝汶、埃及、印度尼西亚、伊朗、约旦、老挝、拉脱维亚、马尔代夫、缅甸、尼泊尔、斯里兰卡、泰国、土库曼斯坦、越南

（数据来源：中国领事服务网）

(2) 中国对沿线国家主要实行短期的免签政策

截至 2018 年底，沿线国家可免签入境中国的国家共有 7 个，白俄罗斯、波黑、卡塔尔、塞尔维亚、阿联酋为互免国家；其中，波黑免签时间为 90 天，其他 4 个国家为 30 天。卡塔尔与中国的互免签证政策自 2018 年 12 月 21 日起生效。新加坡、文莱为中国单方面免签国家，免签时间为 15 天①。中国实行 72 小时或 144 小时过境免签政策，沿线国家中有 22 国列入许可名单中，但必须满足的条件为过境停留，且经指定口岸过境。广东珠江三角洲地区对除不丹以外的其他所有沿线国家开放免签政策，但需要在港澳合法注册的旅行社组团，可停留时间为 6 天②。桂林与广东地区相似，但免签区域仅限东盟 10 国，同样需要组成旅行团（2 人以上），可停留时间为 6 天③。海南省地区免签的沿线国家为 28 个，停留时间为 30 天。（表 2-6）

表 2-6 　　　　　　　中国对持普通护照的沿线国家公民入境旅游的便利待遇

签证政策	国家
免签国家 （7 国）	互免：白俄罗斯、波黑、卡塔尔、塞尔维亚、阿联酋
	单方面免签：新加坡、文莱
72/144 小时过境免签 （22 国） 特定省市口岸	捷克、爱沙尼亚、匈牙利、拉脱维亚、立陶宛、斯洛伐克、斯洛文尼亚、俄罗斯、罗马尼亚、乌克兰、塞尔维亚、克罗地亚、波黑、阿尔巴尼亚、北马其顿、波兰、保加利亚、黑山、文莱、阿联酋、新加坡、保加利亚
6 天免签	广东珠江三角洲地区：建交的国家，沿线国家除不丹外均适用此政策； 桂林：东盟 10 国
30 天免签 （海南省地区）	俄罗斯、乌克兰、捷克、爱沙尼亚、匈牙利、拉脱维亚、立陶宛、波兰、斯洛伐克、斯洛文尼亚、保加利亚、罗马尼亚、塞尔维亚、克罗地亚、波黑、黑山、北马其顿、阿尔巴尼亚、新加坡、马来西亚、泰国、哈萨克斯坦、菲律宾、印度尼西亚、文莱、阿联酋、卡塔尔、白俄罗斯

（数据来源：中国领事服务网、海南省公安厅）

(二)"一带一路"国家旅游交流情况

1."一带一路"国家入境旅客人数

(1)中国为"一带一路"国家中入境旅客最多的国家

据世界旅游组织统计，2017 年，"一带一路"国家④共接待入境旅客 6.5 亿人次。其中接待入境旅客最多的国家是中国，入境旅客数量达到了 1.53 亿人次。波兰接待的入境旅客数为 0.84 亿人次，位列第二。克罗地亚和匈牙利接待的旅客数量均在 0.5 亿人次以

① 新加坡、文莱持普通护照的公民，前来中国大陆旅游、经商、探亲访友或过境不超过 15 天者，从中国对外国人开放口岸入境时，可免办签证。

② 持与中国建交国家的普通护照已在香港、澳门的外国人，经在香港、澳门合法注册的旅行社组团进入广东珠江三角洲地区（指广州、深圳、珠海、佛山、东莞、中山、江门、肇庆、惠州市所辖行政区）旅游，且停留不超过 6 天，可免办签证。上述组团赴汕头旅游，如直接从汕头出境，活动范围不超出汕头行政区域的，亦适用上述政策。

③ 自 2015 年 5 月 28 日起，东盟 10 国（马来西亚、泰国、印度尼西亚、越南、柬埔寨、老挝、缅甸、新加坡、文莱、菲律宾）旅游团（2 人及以上），由经广西壮族自治区桂林市旅游主管部门审定资质的旅行社组织接待，从桂林机场口岸整团入境，可免办签证在桂林市行政区停留不超过 6 天。

④ 21 个国家数据缺失：巴勒斯坦、阿富汗、孟加拉国、捷克、东帝汶、伊拉克、科威特、黎巴嫩、北马其顿、马来西亚、摩尔多瓦、黑山、巴基斯坦、卡塔尔、塞尔维亚、斯洛伐克、叙利亚、泰国、土库曼斯坦、阿联酋、也门。

上。土耳其接待的游客数量为 0.38 亿人次。俄罗斯位列第六,接待游客数量为 0.24 亿人次。沙特阿拉伯、新加坡等 9 个国家接待旅客数量达 0.1 亿人次以上。尼泊尔、不丹等 6 国接待旅客不足 100 万人次。(图 2-67)

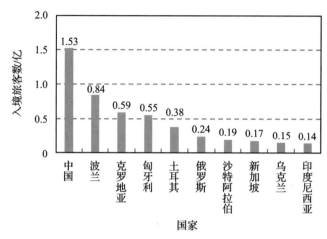

图 2-67　2017 年入境旅客数排名前十位的"一带一路"国家

(数据来源:世界旅游组织)

(2)中东欧为"一带一路"各地区中入境旅客最多的地区

2017 年,"一带一路"各地区[①]中,入境中东欧地区旅客数最多,共 2.8 亿人次,占各地区入境旅客总数的 43%。入境东北亚(含中国)地区的旅客共 1.8 亿人次,占比为 28%。西亚北非地区的年入境旅客数量为 1 亿人次,占比为 15%。东南亚、中亚的入境旅客均少于 1 亿人次,占比分别为 9%、3%。南亚地区的入境旅客最少,仅 1 千万人次,占比为 2%。(图 2-68)

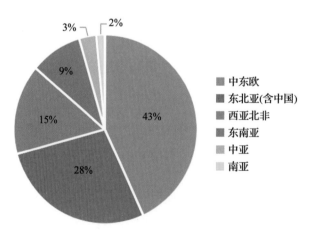

图 2-68　2017 年"一带一路"各地区入境旅客人数占比

(数据来源:世界旅游组织)

---

① 21 个国家数据缺失:巴勒斯坦、阿富汗、孟加拉国、捷克、东帝汶、伊拉克、科威特、黎巴嫩、北马其顿、马来西亚、摩尔多瓦、黑山、巴基斯坦、卡塔尔、塞尔维亚、斯洛伐克、叙利亚、泰国、土库曼斯坦、阿联酋、也门。

2."一带一路"国家游客构成

(1)80后成为前往沿线国家旅游的主力

2018年,中国前往沿线国家的游客中,52%是女性。年龄方面,80后是出行的中坚力量,入境沿线国家的游客占比为30%。90后随着年龄和经济实力的增长,也逐渐成为出游的主力军,占比为20%;其次是70后,入境沿线国家的游客占比为15%。60后和00后的游客占比均为12%。50后游客占比最少,入境沿线国家的游客占比为11%。受年龄和体力等因素限制,年轻人更喜爱前往沿线国家旅游。(图2-69)

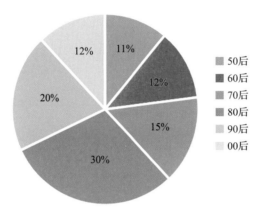

图2-69　2018年入境沿线国家游客年龄构成

(数据来源:中国经济信息)

(2)80后和90后为赴中国旅游的主力人群

2018年,沿线国家赴中国的游客中,90后占比为36.0%,位居第一;80后紧随其后,占比为35.0%,80后和90后为沿线国家赴中国旅游的主力人群。70后占比为17.8%,60后占比为6.0%,00后占比为3.0%,其他年龄段游客占比为2.2%。(图2-70)

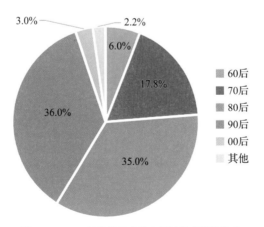

图2-70　2018年沿线国家赴中国的游客年龄构成

(数据来源:中国经济信息)

3."一带一路"国家旅游特色玩法

随着当今世界消费观念不断提升,旅客对新潮玩法的需求日益突出。为满足游客个性化、碎片化出游需求,"一带一路"特色旅游产品和旅游方式也在不断更新。除自由行、跟团游之外,定制游也是近年来流行的旅游方式,它是根据旅游者的需求,以旅游者为主导进行旅游行程的设计,也就是根据游客的喜好和需求定制行程的旅行方式。定制游也为"一带一路"国家旅游带来了很多新奇有趣的旅游玩法,例如在阿联酋参观皇室私人岛屿,在印度石窟追寻古代文明,在以色列感受死海漂浮的乐趣,均入围最受欢迎的定制游新玩法,定制游基本确立为出境游的创新方向。除了人文特色和惊险活动外,2018年"一带一路"国家的十大特色玩法还包含了许多贴近自然的休闲浪漫玩法,例如到塞尔维亚的"木头村"打卡,到克罗地亚寻找浪漫日落,到格鲁吉亚参观离天空最近的教堂,亦是"一带一路"国家受游客欢迎的新玩法。(表2-7)

表2-7 2018年"一带一路"国家受游客欢迎的十大玩法

国家	特色玩法
阿联酋	体验从未走过的自驾线路,参观皇室私人岛屿
印度	入住独一无二的船屋酒店,石窟追寻文化遗产之旅
以色列	听国家地理旅行专家解析历史谜题,感受死海漂浮乐趣
埃及	探秘金字塔群,私家游艇红海巡游
匈牙利	夜游布达佩斯,欣赏盖勒特山的夜景,观看民俗表演
塞尔维亚	打卡经典电影拍摄地"木头村",乘坐世界上仅有的窄轨铁路
罗马尼亚	参观壮观的罗马尼亚人民宫和布朗城堡
克罗地亚	杜布罗夫尼克日落巡航帆船之旅,寻找浪漫日落
格鲁吉亚	离天空最近的教堂——斯提潘茨明达圣三一教堂一日游
斯洛文尼亚	三大经典地一次全览:波斯托伊纳溶洞+布莱德湖+波贾马城堡

(数据来源:中国经济信息)

(三)"一带一路"国家美食交流情况[①]

1.中国与沿线国家的食品贸易情况

(1)泰国是沿线国家中向中国出口食品最多的国家

2018年,沿线国家向中国出口的食品贸易额共258.4亿美元。其中,泰国是沿线国家中对中国出口食品最多的国家,食品出口额达到55.6亿美元,占沿线国家对中国的食品出口额的21.5%。第二位是印度尼西亚,食品出口额为51.5亿美元,占比为19.9%。越南和俄罗斯的食品出口额占比均超过10%,食品出口额均为32.0亿美元。随后是马来西亚,食品出口额为23.2亿美元,占比为9.0%。乌克兰、印度对中国的食品出口额均

---

① 本节所有数据来源于大连瀚闻资讯贸易观察数据库。

超过 10 亿美元,其他国家对中国食品出口额均不足 10 亿美元(图 2-71)。

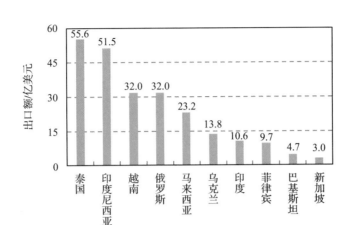

图 2-71　2018 年沿线国家中向中国出口食品贸易额排名前十位的国家

(2)越南是沿线国家中自中国进口食品最多的国家

2018 年,沿线国家自中国进口的食品金额共 273.6 亿美元。其中,越南是沿线国家中自中国进口食品最多的国家,食品进口额为 52.2 亿美元,占沿线国家自中国食品进口总额的 19.0%。第二位是泰国,食品进口额为 32.9 亿美元,占比为 12.0%。随后是马来西亚,食品进口额为 24.1 亿美元,占比为 8.8%。印度尼西亚和菲律宾的食品进口额均超过 20 亿美元,占比分别为 7.9% 和 7.5%。第六位的俄罗斯自中国进口了 19.5 亿美元的食品,占比为 7.1%。此外,新加坡等 58 国自中国食品进口额均不足 10 亿美元(图 2-72)。

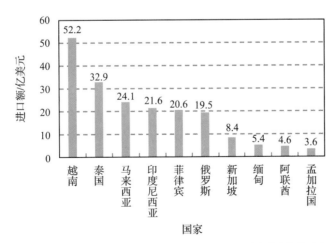

图 2-72　2018 年沿线国家中自中国进口食品贸易额排名前十位的国家

2. 中国与沿线国家的贸易食品类别

(1)沿线国家向中国出口的食品颇具地方特色

从沿线国家向中国出口的食品类别来看,2018 年,泰国向中国出口最多的食品是

0810目(其他鲜果),出口额为12.9亿美元,占泰国向中国出口食品总额的23.2%。越南向中国出口最多的食品是1006目(稻谷、大米),出口额为7.4亿美元,占越南向中国出口食品总额的23.1%。俄罗斯向中国出口最多的食品是0303目(冻鱼,但品目0304的鱼片及其他鱼肉除外),出口额为17.3亿美元,占俄罗斯向中国出口食品总额的54.2%。(图2-73)

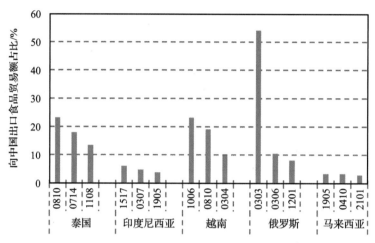

0303:冻鱼,但品目0304的鱼片及其他鱼肉除外

0304:鲜、冷、冻鱼片及其他鱼肉(不论是否绞碎)

0306:活、鲜、冷、冻、干、盐腌、盐渍、熏制的带壳或去壳甲壳动物;蒸过或用水煮过的带壳甲壳动物;可供人食用的甲壳动物的细粉、粗粉及团粒

0307:活、鲜、冷、冻、干、盐腌、盐渍、熏制的带壳或去壳软体动物;可供人食用的软体动物的细粉、粗粉及团粒

0410:其他编号未列名的食用动物产品

0714:鲜、冷、冻或干的木薯、竹竽、兰科植物块茎、菊芋、甘薯及含有高淀粉或菊粉的类似根茎,不论是否切片或制成团粒;西谷茎髓

0810:其他鲜果

1006:稻谷、大米

1108:淀粉、菊粉

1201:大豆,不论是否破碎

1517:人造黄油;各种动、植物油、脂及其分离品混合制成的食用油、脂或制品,但品目1516的食用油、脂及其分离品除外

1905:面包、糕点、饼干及其他焙烘糕饼,不论是否含可可;圣餐饼、装药空囊、封缄、糯米纸及类似制品

2101:咖啡、茶、马黛茶的浓缩精汁及以其为基本成分或以咖啡、茶、马黛茶为基本成分的制品;烘焙菊苣和其他烘焙咖啡代用品及其浓缩汁

图2-73 2018年向中国出口食品排名前五位沿线国家出口的前三位商品

(2)中国果蔬、海鲜类食品在沿线国家颇受欢迎

从沿线国家自中国进口的食品类别来看,2018年,越南自中国进口最多的食品是

0712 目(干蔬菜,整个、切块、切片、破碎或制成粉状,但未经进一步加工的),进口额为13.1 亿美元,占越南自中国进口食品总额的 25.1%,泰国和马来西亚自中国进口最多的食品同样是干蔬菜。印度尼西亚自中国进口最多的食品是 0808 目(鲜的苹果、梨及榅桲),进口额为 3.1 亿美元,占印度尼西亚自中国进口食品总额的 14.4%。菲律宾自中国进口最多的食品是 0303 目(冻鱼,但品目 0304 的鱼片及其他鱼肉除外),进口额为 3.1 亿美元,占菲律宾自中国进口食品总额的 15.0%。沿线国家与中国的美食交流日益密切,贸易食品种类也趋于多样化。(图 2-74)

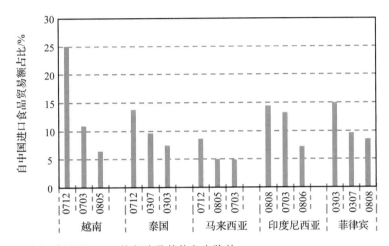

0303:冻鱼,但品目 0304 的鱼片及其他鱼肉除外

0307:活、鲜、冷、冻、干、盐腌、盐渍、熏制的带壳或去壳软体动物;可供人食用的
      软体动物的细粉、粗粉及团粒

0703:鲜或冷藏洋葱、青葱、大蒜、韭葱及其他葱属蔬菜

0712:干蔬菜,整个、切块、切片、破碎或制成粉状,但未经进一步加工的

0805:鲜或干的柑橘属水果

0806:鲜或干的葡萄

0808:鲜的苹果、梨及榅桲

图 2-74　2018 年自中国进口食品排名前五位沿线国家进口的前三位商品

(四)经典案例

1.青年旅舍助力文化交流

　　青年旅舍联盟(Youth Hostel Association,YHA)也常称为青年旅馆,提供旅客短期住宿,尤其鼓励年轻人从事户外活动以及文化交流。青年旅舍通常不像酒店那么正式,价格也比较低廉,多有交谊厅和厨房等公共区域,以及团体房间形式可供选择,是预算有限的自助旅游者及背包族最先考虑的住宿地点之一。在 80 后和 90 后的年轻人游客作为出境旅游主力的情况下,青年旅舍是最受欢迎的住宿选择之一。

　　"青年旅舍"的概念 1909 年起源于德国,1932 年青年旅舍联盟在阿姆斯特丹成立,该组织总部设于英国,并注册为一家非营利性机构。青年旅舍联盟是联合国教科文组织成员,同时也是世界旅游组织成员。经历了近百年的发展,已成为全球最大的青年旅行服务连锁组织。其由小木屋和小杉树组成的蓝三角标志,已成为知名品牌,在全世界青年人中享有极高的声誉。目前,联盟下共有 70 多个会员国协会和 20 多个附属会员国协会及业务代理机构;共有 3 800 多家青年旅舍分布于世界 90 多个国家和地区;每年全球有超过 3 500 万的青年旅游者使用青年旅舍;会员人数为 400 多万;年平均总收入为 12~14 亿美元。

1999 年 9 月,中国第一家青年旅舍机构——广东省青年旅舍协会经广东省旅游局和广东省民政厅批准正式成立。同年 11 月,其被批准成为青年旅舍联盟附属会员。广东省青年旅舍协会也是该组织在中国大陆的唯一代表机构。经过十多年的发展,青年旅舍在中国从无到有,目前近 200 家旅舍遍布全国 27 个省、自治区和直辖市的各主要城市和乡村。中国青年旅舍更为国外青年认识中国打开了一扇窗户,越来越多的外国青年来中国旅行,入住青年旅舍。自 2005 年至今,中国青年旅舍的过夜天数超过百万,其中 23% 是国外游客。青年旅舍先后接待了近 200 多个国家和地区的旅游者,其中绝大部分是年轻人。

青年旅舍致力于为全世界会员,特别是为青年和学生旅游者提供"安全、卫生、友善、舒适、经济、环保"的住宿服务,鼓励青年热爱旅游,热爱自然,广交朋友,从而达到促进青年间的文化交流和推广自助而健康的环保旅游的目的。青年旅舍联盟有助于打破地域隔阂,对世界各地的文化交流起到了积极的推动作用。

2. 中国引领旅游支付新时代

在共建"一带一路"倡议深化、签证便利、支付环境和中文环境不断优化等因素综合推动下,2018 年,中国游客的足迹覆盖了 157 个国家。中国旅游研究院发布的《中国出境旅游发展年度报告 2019》显示,2018 年,我国出境游客境外消费超过 1 300 亿美元,增速超过 13%。境外支付方式的升级为出境游客带来了更多便利。以中国银联为例,银联卡受理网络已延展到 168 个国家和地区,境外超过 2 300 万家商户可使用银联卡,有超过 164 万台 ATM 机可用银联卡提取现金。境外 38 个国家和地区的 30 多万家商户已支持银联卡退税。

对于很多中国游客来说,购物是境外旅游中最具吸引力的活动之一。尼尔森公司与支付宝联合发布的统计数据称,购物在中国游客海外旅游支出费用中的占比最大(达到 24.6%)。同时,尼尔森公司与支付宝联合发布的《2018 年中国移动支付境外旅游市场发展与趋势白皮书》显示,中国出境游客的移动支付交易额在总交易额中占比达 32%,首次超过现金支付(30%),与占比最高的银行卡支付只有 6% 的差距。中国游客对手机支付有着强烈的主动使用意愿。

随着中国出境旅游人数的增长,旅客疲于兑换各种货币。境外移动支付的迅速推广,恰好满足了消费者的需求,为出境游带来了极大的便利。截至 2018 年底,支付宝在境外的线下支付业务,已经涵盖了全球超过 40 个国家和地区,集合了衣、食、住、行、玩、乐等各个领域的全球数 10 万商家。全球已有 80 个机场支持支付宝实时退税,扫完码后钱直接退回支付宝。而在微信支付方面,截至 2019 年 3 月,微信跨境支付已在逾 49 个国家和地区合规接入,支持 16 个币种直接交易,支持 27 个国家和地区共 81 个机场的线上退税。此外,京东金融与百度钱包也在逐渐加快海外布局的步伐;银联推出的退税服务也延伸到 44 个国家和地区,并推出电子化退税服务。中国正在引领旅游支付新时代,推动全球旅游消费体验升级。

3."舌尖上的一带一路"见证东西方交融

"一带一路,美食带路",美食在国际交往中的作用不可估量。美食是世界文化共同的主题,各国千百年来自成一脉的食文化,是一个国家人文风物的凝结,也是国家对外开放发展的重要纽带。品尝具有地方特色的美食,是体验当地生活最直接的方法。自"一带一路"落地生根以来,美食始终扮演着非常重要的角色,各国特色美食沿着丝路穿梭,而中国美食文化也在沿着丝路走向世界。

2019 年 5 月 24 日,琳琅满目的美食亮相北京市朝阳区将府文化广场和郎园 Station 中央车站,拉开了"舌尖上的一带一路"国际美食文化论坛暨国际美食嘉年华系列活动的序幕。本次活动聚集了捷克、俄罗斯、新加坡等 20 余个国家驻华使馆或商务机构推介的异域美食与特产。120 余个摊位围绕铁轨分列排开,保加利亚的玫瑰果酱、捷克的萨奇水、马来西亚的春卷、新加坡的糖仔甜品豆花等许多美食都是首次在国内亮相。日本的蒲烧鳗鱼卷、以色列的冰激凌、阿塞拜疆的果汁、斯里兰卡的红茶等消夏饮品受到了游客的喜爱。活动中还设立了中国多个省市的特产展位,有最正宗的新疆和蒙古味道——帕米尔食府、科尔沁牛肉等,以及广西古法豆腐乳、贵州苗绣文创、梁喜娃西安非遗、创新兰州牛肉拉面等,传统工艺与现代生活相结合。

此外,"舌尖上的'一带一路'"国际美食文化论坛也于同日举行,此次论坛共有 6 个主题演讲,北京服务贸易协会理事长李露霞就《"一带一路"中国餐饮发展新机遇、新期待》主题进行演讲;世界中餐业联合会监事会主席武力以《中餐新趋势与新发展》为题,讲述中餐在中国文化"走出去"中的重要作用;华侨大学教授、全国化智库"一带一路"研究所所长黄日涵以《文化的融合是味的融合》为主题,讲述了如何通过"美食"促进"一带一路"沿线 60 多个国家的文化交流。

(五)数据分析

1.中国与沿线国家旅游交流合作蓬勃发展

丝绸之路跨越东西方四大文明,历史文化悠久,作为世界上最具活力和潜力的黄金旅游之路,集中了全球约四分之三的世界文化遗产、三分之一的世界自然遗产以及超过半数的自然保护区。早在 1993 年世界旅游组织就开展了"丝绸之路项目",主要集中在营销和推广、基础设施建设和目的地管理、旅行便利化三个领域。2013 年提出的共建"一带一路"倡议则为中国与沿线国家旅游合作提供了巨大机遇。

"一带一路"沿线既有东南亚地区以及地中海沿岸等传统旅游胜地,也有中东等新兴热门目的地，不断增长的旅游市场创造了多样化的旅游需求。中老铁路、中泰铁路、雅万高铁、匈塞铁路的扎实推进为旅游业的陆上通行提供了便利条件。截至2018年底，中国与57个沿线国家缔结了涵盖不同护照种类的互免签证协定，与15个国家达成19份简化签证手续的协定或安排，为"一带一路"国家间的出境游提供了便捷的政策保障。2017年5月以来，中国与沿线国家签署了100多项海关检验检疫合作文件，实现了50多种农产品食品检疫准入，食物贸易的往来不仅丰富了沿线各国人民的餐桌，同时还带动了进出口贸易的发展，为各国带来了切实的经济收益。中国目前已经成为众多沿线国家旅游业重要的客源国，沿线国家前来中国旅游的游客也与日俱增。旅游餐饮已成为世界各大城市旅游产业收入的主要来源之一，餐饮消费作为旅游活动的重要组成部分，拉动的旅游业消费增长不容小觑。

2. 中国与中东欧地区的合作交流还需进一步发展

"一带一路"沿线旅游业发展迅速，阿联酋、土耳其、俄罗斯以及东南亚和南亚的部分国家成为热门旅游地，但中国与中东欧地区的合作交流仍有不足。旅游合作方面，首先，中东欧地区未与中国开通直航航班的国家数量最多，有12个，不够便利的交通方式为中国与这些国家间的旅游业发展增添了阻碍。其次，中东欧地区的部分国家对中国游客的签证政策并不宽松，降低了这些国家在中国游客选择出境游目的地时的竞争力，如波黑与中国的旅游互免政策只是个例。在美食交流方面，中国与中东欧地区的食品贸易往来也不够密切。2018年，沿线国家向中国出口食品贸易额前十位的国家中，只有一个中东欧国家，即乌克兰，且乌克兰有"欧洲粮仓"之称，向中国出口的食品也多为玉米、大麦、葵花油等粮食类商品。此外，2018年，沿线国家自中国进口食品贸易额排名前十位的国家中没有中东欧地区的国家。中国与中东欧地区在旅游与美食方面的合作与交流还需要进一步发展。

3. 沿线国家旅游业的未来发展方向

随着"一带一路"旅游合作逐步扩大，中国与沿线国家旅游业需要进一步协调发展，从而带动其他产业也在"一带一路"合作中发挥重要作用。为了旅游业更好地发展，中国与沿线国家应当进一步合作，整合资源，联合打造旅游品牌，使沿线旅游便利化，在旅游投资保护机制、旅游设施投资合作、旅游数据共建共享、区域旅游联合营销等多方面加强合作。与此同时，依托逐渐成熟的信息技术与旅游规划管理优势，中国旅游产业全球竞争力日益增强，这为沿线国家旅游市场需求与中国的技术以及管理经验对接创造了广阔空间，在旅游投资推进旅游全球产业链布局的同时为沿线国家带去技术、管理与品牌，有助于增强中国旅游企业在沿线国家中的影响力。此外，推动"海上丝绸之路"沿线的旅游安全合作，对于中国旅游业践行共建"一带一路"倡议，提升面向出境游客的旅游安全保障能力，具有重要的基础意义。

七、语言

　　"一带一路"是构建人类命运共同体的开放包容平台。沿线各国语言文化迥异,人文景观多样,价值观念不同。加强语言文化交流有助于各国民众之间了解彼此的文化差异,尊重不同的文化理念,可以平等交流、互学互鉴。各国语言相互碰撞和融合发展可以增强各自文化的包容性和活力,从而形成相互依存、相得益彰的"一带一路"文化共同体。推进落实共建"一带一路"倡议的"软"着陆点是"民心相通",而语言则是各国民众之间的情感纽带,也是将倡议"深入人心"的桥梁。归根到底,语言文化交流的主体是人,各国民众以语言为交流纽带,沟通情感、缔结友谊,可以为构建人类命运共同体打下坚实的民心基础。

(一)沿线"多语言"典型国家

　　印度是南亚重要的发展中大国和语言大国。印度尼西亚是东南亚人口最多的国家,也是东南亚典型的多民族聚居地,语言资源丰富。俄罗斯地域辽阔,拥有数百个不同的民族。下文选取这三个"多语言"典型国家,分述它们的语言状况、语言与民族、语言政策和双向语言教育情况。

1.印度

(1)语言状况

　　由于历史原因,印度语言的多样性特征非常明显,被称为天然的"语言博物馆"。1961年印度首次语言普查情况显示,印度有语言 1 652 种,其中 527 种尚未被辨识。这些语言主要分属印欧语系、南亚语系、汉藏语系和达罗毗荼语系。

　　• 国语和官方语言[①]

　　《印度宪法》规定,印地语是印度的官方语言,英语作为辅助官方语言使用。印地语源自梵语,属于印欧语系,曾受阿拉伯语、波斯语和土耳其语的明显影响,与欧洲的法语、意大利语更接近,但与印度南方的四大达罗毗荼语系邦的语言相差甚远。2011 年(最近的一次)印度人口普查数据显示,印地语使用人数近 5.3 亿,占总人口的 45.1%,远多于英语使用人数。印度真正掌握英语的人数不足总人口的 5%,这些人大多是印度精英阶层或白领,他们习惯使用英语作为工作语言,并主导和影响着印度中上层社会生活。

　　《印度宪法》还规定,除印地语和英语外,其他 21 种地方语言在各邦也具有官方语言地位。2011 年人口普查数据列示了各邦官方语言及使用情况。(表 2-8)

---

　　① 1953 年联合国教科文组织规定,国语是一个统一国家在政治、社会、经济、文化范围内起到一体化和团结作用的语言,它是该国的象征之一。官方语言则是国家管理、法规和公文的使用语言(哈萨克斯坦的语言政策[J].世界民族.张宏莉,赵荣,2006)。

表 2-8   2011 年印度全国人口普查统计的各邦官方语言、使用人数及人口占比

序号	官方语言	使用人数	人口占比/%
1	印地语	528 347 193	45.1
2	孟加拉语	97 237 669	8.3
3	泰卢固语	81 127 740	6.9
4	马拉提语	83 026 680	7.1
5	泰米尔语	69 026 881	5.9
6	乌尔都语	50 772 631	4.3
7	古吉拉特语	55 492 554	4.7
8	卡纳达语	43 706 512	3.7
9	马拉亚拉姆语	34 838 819	3.0
10	奥里亚语	37 521 324	3.2
11	旁遮普语	33 124 726	2.8
12	阿萨姆语	15 311 351	1.3
13	麦蒂利语	13 583 464	1.2
14	桑塔尔语	7 368 192	0.6
15	克什米尔语	6 797 587	0.6
16	信德语	2 772 264	0.2
17	尼泊尔语	2 926 168	0.2
18	孔卡尼语	2 256 502	0.2
19	多格拉语	2 596 767	0.2
20	曼尼普尔语	1 761 079	0.2
21	博多语	1 482 929	0.1
22	梵语	24 821	0.002

(数据来源:印度内政部人口普查和登记办公室)

• 教学语言

1950 年印度独立后将印地语作为官方语言,旨在以印地语和印度教整合印度文化,增强民族凝聚力。多年来南部非印地语地区人民强烈反对唯印地语政策,所以 1964—1966 届教育委员会在全国教育系统修订、完善和实行"三语模式"。"三语"包括:母语或地方语言;印度联邦官方语言,如印地语、英语;除前两项以外的一门现代印度语或外国语言。1967 年印度诸邦主要部长会议达成《三语方案》。该方案规定,中等学校必须教授英语、地方语言和印地语。《三语方案》符合传统多语现象和语言多样性特征,一定程度上体现了印度语言政策的优越性。

• 种姓和宗教语言

印度长期存在"种姓"这一社会结构制度,个人和群体被划分为 4 个等级,依次是婆罗门、刹帝利、吠舍和首陀罗。种姓认同在印度语族内起着重要的作用,种姓制度保留了同种姓内婚制的传统,母语是种姓归属的标志之一。失去母语的人在社会上无法获得种姓认同与归属,面临社会身份丧失的风险。但随着社会的进步,种姓制度也在发生变化。

《印度宪法》第十五条规定任何人不得因种姓、宗教、出生地而受歧视。近年来印度大城市里不同种姓的人们来往与交流有所加强。

印度的宗教与语言息息相关。梵语是印度的古典印欧语系语言，是印度教、佛教和耆那教的祭祀礼仪语言，也是印度传统文化的核心组成部分。穆斯林则普遍使用乌尔都语举行自己的宗教仪式。旁遮普语是锡克教的神圣语言，锡克教的圣典《什礼·古鲁·格兰特·萨荷伯》全部用旁遮普语写成。泰米尔人的全部宗教和文化生活则都融入泰米尔语之中。

（2）语言与民族

印度是一个多民族国家，其民族构成纷繁复杂，素有"世界民族博物馆"之称。达罗毗荼族居住在印度已有数千年历史，此后，雅利安人的游牧部落从西北部迁入，又有波斯人、大月氏人等陆续从西北部进入印度，形成了印度民族的复杂多样性。目前，印度全国共有几百个民族和部落，这些民族之间语言差异较大，甚至不少民族自身语言的发音体系、书写规则也有较多不同。印度主要民族、人口占比及使用语言如下。（表 2-9）

表 2-9　　　　　　　　　　印度主要民族、人口占比及使用语言

序号	民族	人口占比/%	使用语言
1	印度斯坦族	46.3	多数说印地语，少数说乌尔都语
2	泰卢固族	8.6	泰卢固语
3	孟加拉族	7.7	孟加拉语
4	马拉地族	7.6	马拉地语
5	古吉拉特族	4.6	古吉拉特语
6	卡纳达族	3.9	卡纳达语
7	马拉亚拉姆族	3.6	马拉亚拉姆语
8	奥里亚族	3.2	奥里亚语
9	旁遮普族	2.3	多数说旁遮普语，少数说印地语、乌尔都语
10	阿萨姆族	1.2	阿萨姆语

（数据来源：《"一带一路"沿线国家语言国情手册》）

（3）语言政策

印度是语言状况多样且复杂的国家，其语言政策力图体现平衡性。1950 年《印度宪法》规定了官方语言政策。但在实施过程中充满问题和冲突，语言政策一直在不断修订、完善。

按照 1950 年《印度宪法》规定，印地语取代英语成为官方语言的时间期限是 15 年。但在逐步推广印地语方面，印度未采取任何具体措施，也没有详细制定关于语言传播的政策和措施。为了缓解全国因语言政策和语言权利引发的矛盾，1956 年底的议会通过语言邦重组方案，在语言邦委员会基础上，建立了 14 个邦和 6 个中央直辖区。语言邦的划分，是对行政资质和语言权利的调和，更是对多元理念的大规模实践。随后政府制定和推行了"三语模式"。

为适应经济全球化和现代化的需要,印度还把英语作为高等教育的教学工具,87％的学校用英语授课,一流高等学府则全部采用英语教学。印度软件行业在世界遥遥领先,也得益于印度知识分子阶层的英语语言优势。

综上所述,《印度宪法》、语言建邦及"三语模式"等宏观语言政策均力图最大限度地解决印度复杂多样的语言问题。印度独立后,政府从维护民族平等、保持多元文化的角度出发,制定语言政策,进行语言规划,推广印地语,促进各个地方语言的使用和保护,同时还注重英语教育。这些综合举措既促进了国家经济发展,也符合本国国情。

（4）双向语言教育

"一带一路"国家语言服务中心的外语人才库（依托北京外国语大学的外语人才资源建立的人才数据库,下同）数据显示,截至 2019 年 12 月,印地语翻译人才仅有 19 人。由于印地语词汇量丰富,语法规则复杂,大多数翻译人员更擅长印地语笔译而非口译,这从侧面凸显了当前中国高校开展印地语教育的困境。

印度开设中文系或中文专业的高校有 5 所。其中,尼赫鲁大学、印度国际大学和贝拿勒斯印度大学设有汉语学本科至博士专业,杜恩大学、锡金国立大学仅设有汉语学本科专业。在高等教育之外,印度教育部门还在一些高校开设了非学历教育的汉语文凭及证书课程班,有全职班和业余班两种。前者的授课对象是非汉语专业的本科毕业生,目的是满足他们学习汉语的需求,以扩大他们的就业机会;后者的授课对象没有明确限制,大多数学生是印度的企业家、商人,他们学习汉语的主要目的是更好地和中国的合作伙伴交流。

2. 印度尼西亚

（1）语言状况

- 国语和官方语言

印度尼西亚境内语言众多,印尼语是唯一的官方语言,也是印度尼西亚的国语。其他各种语言及地方方言共有 700 多种。印度尼西亚实行唯一官方语言制度,除印尼语外,其他任何民族语言不得作为官方语言使用。事实上,大部分印度尼西亚人不用印尼语而用本民族语言或方言作为第一语言互相交流。2010 年最近的一次印度尼西亚人口调查结果显示,仅有 19.9％的人在家说印尼语。所以,印度尼西亚的双语现象十分普遍。

- 媒体语言

印度尼西亚所有地区都通用印尼语,政府管理、商业贸易、学校教育、电视台新闻和广播电台主要使用的是标准印尼语,绝大多数图书、报纸也用印尼语出版。

- 教学语言

如今,印尼语已成为开展学校教育、提高民族文化水平、推动社会交流和促进国家现代化建设的统一语言。对大多数印尼学生而言,印尼语毫无疑问已成为彰显国民身份的语言。同时,为了保护各民族语言、维持语言的多样性,2013 年印度尼西亚文化教育部宣布把采用不同民族语言教学作为学校的必修内容,纳入全国语言课程大纲。

（2）语言与民族

印度尼西亚是拥有 300 多个民族的国家,民族语言构成复杂,但各民族对国家的认同主要体现在统一的印度尼西亚民族身份上,国家倡导"求同存异"的民族发展理念。印度尼西亚民族是印度尼西亚各民族的总称,主要民族包括爪哇族、巽他族、马都拉族、马来族和华族等。各民族人口规模大小不一,大到人口数千万,小到只有数千人。其中,华族是印度尼西亚最有影响力的少数民族,人口总数超过 1 000 万。除印尼语外,使用人数较多的民族语言依次是爪哇语、巽他语、马都拉语、米南加保语、木犀语、万鸦老马来语、布吉语、班贾尔语、巴厘语、巴达维语、萨萨基语、巴塔克语和汉语等。(表 2-10)

表 2-10　　　　　　　　印度尼西亚主要民族、人口占比及使用语言表

序号	民族	人口占比/%	使用语言
1	爪哇族	45	爪哇语
2	巽他族	14	巽他语
3	马都拉族	7.5	马都拉语
4	马来族	7.5	马来语
5	华族	4~5	汉语
6	尼亚斯族、巴塔克族、米南加保族等	26	尼亚斯语、巴塔克语、米南加保语等

(数据来源:《"一带一路"沿线国家语言国情手册》)

(3)语言政策

1945 年印度尼西亚独立后,印尼语被确定为印度尼西亚的官方语言。但当时印度尼西亚总人口中只有 5% 的人说印尼语。在独立后的 50 多年间,印度尼西亚的前两任总统苏加诺和苏哈托以倡导推广印尼语来强化国家统一意识,政府通过实施语言规划项目,使印尼语成为政治、教育、国家建设治理用语。会说印尼语成为印度尼西亚公民身份的重要标志之一。虽然印度尼西亚长期被荷兰殖民统治,也曾于第二次世界大战期间被日本占领,但政府通过推行语言政策,成功地把本国的民族语言而不是殖民国语言确定为官方语言,这样成功的例子在国际上并不多见。

(4)双向语言教育

中国开设印尼语专业的高校有北京大学、上海外国语大学、广东外语外贸大学等 14 所。"一带一路"国家语言服务中心的外语人才库数据显示,截至 2019 年 12 月,印尼语翻译人才仅有 2 人。马来语与印尼语属于同源性语言,两者书写系统在拼音和语汇上比较接近。上述数据库中马来语翻译人才仅为 9 人,更无爪哇语、巽他语等语言人才,面向印度尼西亚的语言人才资源比较匮乏。

印度尼西亚开设中文系或中文专业的高校有 6 所,分别是印度尼西亚大学、达尔马·佩萨达大学、印尼基督教大学、印尼建国大学、印尼新雅学院、邦达玛利亚大学。截至 2019 年 6 月,中国在印度尼西亚开办的孔子学院有 7 所,分别是丹戎布拉大学孔子学院、阿拉扎大学孔子学院、玛琅国立大学孔子学院、玛拉拿达基督教大学孔子学院、泗水国立大学孔子学院、哈山努丁大学孔子学院、三一一大学孔子学院。

3. 俄罗斯

(1)语言状况

俄罗斯是全球领土最广阔的国家,也是一个拥有 194 个民族、130 余种民族语言的典

型多民族国家。俄罗斯语言涵盖四大语系、八大语族①,语言资源非常丰富。

- 国语和官方语言

俄语是俄罗斯的国语和官方语言。俄罗斯联邦境内的 21 个共和国把俄语和本国国语同时作为通用语言和官方语言。

- 教学语言

苏联解体后,无论是在以前的加盟共和国,还是在现在的俄罗斯联邦,俄语的地位均有所削弱。在俄罗斯的部分少数民族地区,随着民族意识的增强,人们更倾向于在教学中使用本民族语言,比如鞑靼语、车臣语和楚瓦什语等。俄政府遵循语言多元化原则,教育机构除了开设英语、法语、德语和西班牙语课程外,还开设汉语、日语等语言专业或课程。

- 媒体语言

20 世纪 90 年代初,俄语的普及程度曾在世界语言中排名前列,享有较高的国际地位。随着苏联解体和俄罗斯在世界经济版图中的影响力逐渐减弱,俄语作为媒体语言的国际地位和影响力随之下降。

(2)语言与民族

俄罗斯全国约有 1.37 亿国民以俄语为母语,其中 1.1 亿余人是俄罗斯族,另有800 多万非俄罗斯族使用俄语作为母语。俄罗斯大多数少数民族拥有自己的语言文字系统,鞑靼语的使用人口最多,达到 428 万左右。乌克兰语、楚瓦什语、巴什基尔语、白俄罗斯语、摩尔多瓦语等少数民族语言的使用人口在 100 万~500 万。俄罗斯主要民族及人口占比如下。(表 2-11)

表 2-11 俄罗斯主要民族及人口占比

序号	主要民族	人口占比/%
1	俄罗斯族	80.9
2	鞑靼族	3.9
3	乌克兰族	1.4
4	巴什基尔族	1.2
5	楚瓦什族	1.0
6	车臣族	1.0
7	亚美尼亚族	0.9
8	阿瓦尔族	0.7
9	摩尔多瓦族	0.5
10	哈萨克族	0.5

(数据来源:俄罗斯中央统计局)

---

① 四大语系是印欧语系、阿尔泰语系、乌拉尔语系、伊比利亚-高加索语系;八大语族是斯拉夫语族、伊朗语族、突厥语族、蒙古语族、芬兰-乌戈尔语族、阿布哈兹-阿迪格语族、纳赫语族和达吉斯坦语族。

(3)语言政策

苏联解体后,俄罗斯政府先后通过了两部有关语言的重要法律。一是《俄罗斯苏维埃联邦社会主义共和国民族语言法》(简称《语言法》),二是《保存和发展俄罗斯联邦各民族语言的国家纲领思想》(简称《纲领思想》)。这两项立法的精神表明,政府的立法、执法和审批机构应从社会、经济和法律角度,充分保护各个民族的语言。在语言教育政策方面,俄罗斯教育部负责制定语言规划和俄语教育大纲,规定俄语教育规划和语言发展的方向、教材的选择和使用等。俄罗斯联邦的各地教育机构可制定和实施各自的语言规划,教育部给予经费支持。

(4)双向语言教育

在高等教育阶段,中国开设俄语专业的高校有 120 多所,数量较多的有黑龙江(20 所)、吉林(12 所)、辽宁(11 所)、北京(11 所)、山东(10 所)。"一带一路"国家语言服务中心的外语人才库数据显示,截至 2019 年 12 月,俄语翻译人才共308 人,主要为俄语教师、俄语翻译、汉学家和外交人员等。

俄罗斯政府倡导多元化语言教育理念,大力推进双语和多语种教学。截至 2019 年 6 月,中国在俄罗斯的孔子学院增至 19 所,孔子课堂为 4 个。另外,俄罗斯开设中文系或中文专业的高校有 300 多所,其中比较著名的有莫斯科国立大学、圣彼得堡国立大学和新西伯利亚国立大学等。

(二)语言服务与语言翻译技术发展

1. 中国高校的非通用语言人才培养

《"一带一路"人文交流大数据报告(2018)》的统计数据显示,沿线国家共有 53 种官方语言及多达 2 400 多种民族语言和地区方言(多为非通用语言)。中国高等院校尤其是外语类高校已普遍认识到,面向沿线国家的小语种人才短缺,语言服务能力难以有效保障。北京外国语大学教授、中国外语与教育研究中心研究员文秋芳曾提出,沿线国家的官方语言中有 40 多种属于非通用语言,但我国 2010—2013 年高校外语专业招生的语种只覆盖了其中的 20 种。近几年国内许多高校积极行动起来,纷纷增设小语种专业,沿线国家的非通用语言覆盖范围得到进一步扩大。同时,学界也在探讨和研究非学历教育等多样化的语言人才培养新模式。

(1)外语类高校开始培养"一带一路"民族语言人才

近几年,国内一些外语类高校开始触及"一带一路"国家的主要民族或少数民族语言。2018 年北京外国语大学新设爪哇语、旁遮普语和塔玛齐格特语 3 个外语本科专业。但面对沿线国家 2 400 多种民族语言、地区方言,高校外语人才培养仍力不从心。从就读人数看,中国高校的外语本科专业以英语为主,日语、韩语、法语、德语、意大利语、俄语、西班牙语、葡萄牙语、阿拉伯语次之。国内大学比较缺少真正通晓当地不同民族或地区语言文化、风土人情的教师,熟练使用当地民族语言的中青年后备人才不足,再加上大多数沿线国家属经济欠发达地区,相关民族语言、方言类专业对学生的吸引力较弱。面向"一带一路"的冷门语言专业面临"无专业""少学生""难就业"的窘境。

（2）学界努力探索"一带一路"非通用语种人才培养新模式

云南师范大学副教授李德鹏撰文《非学历教育："一带一路"倡议中小语种人才培养的重要模式》指出，非学历教育能满足共建"一带一路"倡议中对不同层次语言人才的需求。共建"一带一路"倡议中对小语种人才"质"的要求是多层次的。初级要求懂得日常会话即可，高级要求能运用专业知识进行交流。非学历教育可以避免本科教育的弊端，实现订单式培养，真正做到人尽其才。文章指出，非学历教育能适应共建"一带一路"倡议中对语言人才"量"的弹性需求。共建"一带一路"倡议在大方向上是明确的，但具体的操作过程又要因地制宜、灵活多变，所以对某种语言人才数量的需求是动态的。相比全日制教育人才培养数量的固定，非学历教育因为学习周期短，相对灵活，恰好可以做到及时调整培训人员的数量，不至于造成小语种人才的过剩或不足。即使是需要某一方面的高级语言人才，也不见得要接受完整的研究生教育，可以采用非学历教育的方式培养，就某一点专业知识进行强化训练。

2. 国内外机器翻译技术的应用与发展

要实现"一带一路"的语言互通，需要广泛借助国内外人工智能技术、机器翻译技术。科大讯飞作为国内语言合成、语音识别和语言翻译产业的代表性企业，已承建智能语音国家人工智能开放创新平台、语音及语言信息处理国家工程实验室等平台。讯飞翻译机可实现多种语言即时互译，英、俄、日、维、藏等重点语种以及23种方言已经能实现高精度识别。最新推出的讯飞翻译机3.0已实现59种不同语言的互译，可覆盖36种沿线国家官方语言和4种民族语言。（表2-12）

表2-12　　　　　　　　　　讯飞翻译机3.0即时互译语种

汉语	意大利语	土耳其语	泰米尔语	尼泊尔语	南非荷兰语
英语	葡萄牙语	阿拉伯语	保加利亚语	巽他语	阿塞拜疆语
日语	越南语	芬兰语	加泰罗尼亚语	爪哇语	立陶宛语
韩语	希腊语	希伯来语	斯洛文尼亚语	僧伽罗语	乌尔都语
法语	马来语	印地语	菲律宾语	乌克兰语	波斯语
西班牙语	捷克语	克罗地亚语	高棉语	塞尔维亚语	老挝语
德语	丹麦语	匈牙利语	孟加拉语	冰岛语	格鲁吉亚语
俄语	挪威语	波兰语	泰卢固语	亚美尼亚语	南非祖鲁语
泰语	荷兰语	罗马尼亚语	马拉亚拉姆语	拉脱维亚语	阿姆哈拉语
印尼语	瑞典语	斯洛伐克语	马拉地语	斯瓦希里语	

（数据来源：科大讯飞公司官网）

2018年微软公司的一个研究小组宣称其研发出首个能够媲美人类翻译准确度（尤其是中译英）的机器翻译系统。深度神经网络人工智能技术的突破性进展为研究人员竖立这一里程碑做出了贡献：它让研究人员得以生成将更广泛上下文关系考虑在内、较以往技术（即统计机器翻译）更加自然流畅的翻译结果。目前这套机器翻译系统可支持61种不同语言的文本互译，翻译后的文本可转换为母语发音者的音频。

（三）汉语传播与汉语教学

1. 汉语在沿线国家的传播情况

（1）中国在 122 个沿线国家建立孔子学院

孔子学院总部官方网站数据显示，截至 2020 年 7 月，中国已在 122 个沿线国家建立孔子学院，共计 285 所。

中国在韩国建立孔子学院的数量最多，达到 23 所；其次是俄罗斯，为 19 所；泰国为 16 所；在缅甸、文莱、东帝汶、不丹、土库曼斯坦、科威特、卡塔尔、阿曼、也门、叙利亚、伊拉克等国家尚未建立孔子学院。

（2）新媒体教学成为汉语国际传播中的新生力量

一直以来，在沿线国家设立孔子学院和孔子课堂开展汉语教学、传播中华传统文化是一项重要的汉语国际传播工作。但随着国际上对汉语学习需求的快速增加，国际汉语教师数量不足的问题日渐突出，通过外派教师传播汉语的受众规模相对较小，远不能满足沿线国家民众对汉语学习的需求。在线语伴系统等新媒体教学方式正好可以弥补传统授课模式的不足，满足更多汉语学习者的学习需求。上海沃动科技有限公司与外语教学与研究出版社联合开发了"沃动-外研社全球多语言在线语伴学习系统"。该系统平台是一款多语种全球即时响应的语言学习平台，通过创新的学习模式，实现多语种在线学习、语伴互助、语言学习资源共享等功能。

如今，智能手机已成为必不可少的信息终端，智能手机的电脑化已成为流行趋势。手机具有便捷的跨文化传播趋向，随着多语音识别技术的成熟与完善，新的智能输入法可以通过口语将文字发送出去。从教学方面来看，这一功能可以检验学习者发音是否标准，还可以进行多国语言间的互译，方便不同国家学习者的沟通交流，这一点在汉语国际传播中可以说具有广阔的应用前景。另外，"孔子学院"等致力于汉语国际传播的微信公众号也通过手机与世界各地的汉语学习者互联互通，为人们提供各类汉语资讯和帮助，这也是手机媒体为汉语国际推广带来的新变化。

2. 沿线部分国家的汉语教学特点

沿线国家国情迥异，各地汉语教育和学生接受程度差异较大，因地制宜、深入研究不同国家的具体情况显得尤为重要。下文分别详细分析东北亚、南亚及东南亚、西亚北非、中东欧等地区共 5 个典型国家的汉语教学环境、师资、教材和教学方法，除上述印度、印度尼西亚、俄罗斯 3 个"多语言"典型国家外，阿联酋、波兰的汉语教学在各自地区也具有典型意义。虽然起步较晚，但近年来阿联酋的汉语教学蓬勃发展，是将汉语正式纳入国家中小学教育体系的中东地区国家。波兰的汉学历史源远流长，是较早开始与中国互派留学生的中东欧国家之一。

（1）东北亚汉语教学典型国家——俄罗斯

俄罗斯的汉语学习和研究最早始于 18 世纪 20 年代的彼得大帝统治时期。在长达 200 多年的汉语教学与研究过程中，俄罗斯形成了一套行之有效的机制，为进一步扩大汉语教学规模创造了条件。2010 年,俄罗斯教育与科学部下属的社会学中心统计,全国共有超过 2.6 万人学习中文。2015 年中俄开展"百校万人"大学生交流活动,不断扩大互派留学生规模,力争到 2020 年使双方留学生总数达到 10 万人。

在汉语教学环境方面,俄罗斯汉学家马斯洛夫介绍:"俄罗斯有超过 160 所大学教授汉语,约占大学总数的 20%。"莫斯科国立大学亚非学院是最早培养东方学人才的学府。远东国立大学东方学院中文系是俄罗斯高校中规模最大的中文系,在读学生超过 500 人,全职教师接近 30 名。远东联邦大学则是俄罗斯远东地区最大的汉语教学及汉学研究机构,也是全国第三大汉语人才培训中心。2015 年俄罗斯政府宣布将汉语正式列为俄罗斯高考科目,汉语考试成为全俄中学生奥林匹克竞赛考试科目。这意味着汉语在俄罗斯基础教育体系中得到了进一步认可和推广。

在汉语师资、教材和教学方法方面,目前俄罗斯的汉语师资由两部分构成:一部分是俄罗斯本土受过汉语专业教育的汉语教师或长期定居本地的华人及后裔;另一部分是中国派遣的专职汉语教师和志愿者教师。俄罗斯很多学校的汉语课程大多由本土汉语教师担纲。本土师资一般未受过专门的语言教学培训,缺乏相对专业的汉语教学知识和理论修养,教学质量难以得到保证。汉语教材分为三类:一是来自中国的教材如《新实用汉语课本》《新编汉语教程》等;二是教师从各种书刊、报纸或课本中选摘的文章或课文;三是由俄罗斯教授或汉学家编写、出版的汉语教材,此类教材的编排更符合俄罗斯学生的思维方式。汉语教学法的改革一直在稳步推进。一些汉语教师根据俄罗斯学生的特点,正在打破自觉实践法等传统教学方法的束缚,尝试使用"情景式""课堂＋线上"等新教学法,有效提升了学生的学习效果和学习质量。

（2）南亚及东南亚地区汉语教学典型国家——印度、印度尼西亚

• 印度

早在 1918 年印度加尔各答大学就开设了汉语班,泰戈尔创办的印度国际大学是第二所设立汉语系的大学。20 世纪 80 年代至今,中印关系步入良性轨道,两国交流合作日益密切。

在汉语教学环境方面,印度目前拥有 20 多所从事汉语教学与中国文化研究的大学,多所大学设立汉语专业和中国文化研究中心。德里大学的东亚研究系、尼赫鲁国际学院的东亚系、印度国际大学的人文与社会科学学院以及贝拿勒斯印度教大学的文学院等在印度汉语教学方面做出了巨大贡献。现在,德里大学和尼赫鲁大学是印度拥有最强汉语教学实力的教育机构。印度的一些专业教育学院如印度理工学院、印度商管学院等也已经开设或计划开设汉语课程。印度现有 2 所孔子学院和 2 所汉语培训中心。2007 年成立的韦洛尔科技大学孔子学院和 2012 年成立的孟买大学孔子学院是中印教育合作交流的先行者。2018 年 12 月成立的拉夫里科技大学汉语教学中心和金德尔全球大学汉语言培训与研究中心尚处于起步阶段。目前,韦洛尔科技大学孔子学院常年在读学生约 100 人,是印度规模最大的汉语教育和考试基地。

另据印度媒体调查,印度国内的汉语学习需求较大,汉语已成为印度最热门的外语之一,印度的汉语专家、翻译、教师和导游供不应求。印度社会团体和私营汉语培训机构应运而生并成为当下印度汉语教学力量的有力补充,与正规学校形成良好的互补态势。培训机构的汉语短期速成班大多偏重培养学员基本的口语交际能力,主要面向跟中国企业做生意的商人或外派中国的商务人士。

在汉语师资、教材和教学方法方面,印度汉语师资短缺问题凸显,大部分汉语教学机构都存在汉语师资不足、师资质量不高的问题。印度大学的本土汉语教师大多毕业于尼赫鲁大学和印度国际大学。他们虽然教学经验丰富,但对中国的认知和了解多限于二十世纪八九十年代,平时多通过网络了解中国,这样不利于学生正确认识中国。

• 印度尼西亚

印度尼西亚的官方语言是印度尼西亚语,英语的普及率也很高,其他外语包括荷兰语、阿拉伯语、英语、德语、法语和日语等。印度尼西亚是华侨数量最多的国家,其汉语教学长期以来是面向华裔开展的(最早可追溯到 1690 年的名盛书院)。1990 年中国与印度尼西亚恢复邦交后政府对汉语教育的管制放松。进入 21 世纪,印度尼西亚汉语教学环境有了明显改善,目前至少有 22 所大学已经或即将开设汉语课,6 所大学以中文系的形式全面教授汉语言文学,培养中文高级人才;泗水的比得拉大学等学校则主要设立应用汉语专业,培养商贸、会计和翻译等应用型人才。

在汉语师资、教材方面,印度尼西亚的情况有喜有忧。喜的是知名大学中文系的汉语教师多是高学历的印度尼西亚本地人,不少人曾赴中国留学或进修,汉语发音比较准确。忧的是汉语教师梯队严重断层,经验丰富的教师多在 50～60 岁,年轻教师多为 20～30 岁的大学毕业生,本土师资培训工作进展困难。印度尼西亚尚无全国统一的、符合国情的汉语教材,教材来源较为庞杂,大致分为中国的对外汉语教材、新加坡的汉语教材和本土汉语教材。在印度尼西亚,来自中国的汉语教材应用最为广泛并形成竞争格局。

(3)西亚北非地区汉语教学典型国家——阿联酋

阿联酋的汉语教育起步较晚,2003 年迪拜警察学院开设汉语课程。2006 年阿布扎比中文学校成立,该校是中国政府在中东地区开办的第一所中文学校,也是中东地区唯一一所使用中文教学的公立小学。2011—2012 年扎耶德大学和迪拜大学孔子学院成立,标志着中国大学正式与阿联酋高等院校建立合作办学关系。

在汉语教学环境方面,迪拜警察学院在全国率先将汉语课程引入公务员系统,并与迪拜大学孔子学院常年合作,开展广泛的汉语教学和汉文化传播活动。阿布扎比中文学校的汉语教学颇受王室重视,师资力量雄厚并在当地具有一定影响力。该校在校生一般在五百名左右,教职员工百余名。

在汉语师资、教材和教学方法方面,阿联酋的汉语教学起步较晚,师资力量比较薄弱。每年中国向迪拜大学孔子学院派出的教师志愿者一般在 4 人左右,难以满足当地的汉语学习需求。北京京师环宇教育科技有限公司作为国内规模较大的国际汉语教师培训基地和国际劳务派遣机构,是孔子学院师资之外的重要补充。扎耶德大学孔子学院曾在布莱顿教学点推广"手势法""卡片学词法""游戏法",课堂反响良好。迪拜大学孔子学院在培训警察学员时,增加了工作用语的教学内容、运用场景模拟的教学方法,促使学员将汉语学习与工作环境紧密结合,取得了很好的教学效果。

（4）中东欧地区汉语教学典型国家——波兰

17世纪中叶，传教士卜弥格赴中国传教并从事汉文化和语言研究工作。1950年波兰开始与中国政府互换留学生。截至2019年6月，波兰已有6所孔子学院和1个孔子课堂，还有汉语教学点和部分私人汉语培训机构。在"16+1"合作机制和共建"一带一路"倡议的大背景下，波兰汉语教学面临良好的发展机遇。

在汉语教学环境方面，波兰的克拉科夫孔子学院是波兰第一所孔子学院，由波兰雅盖隆大学和北京外国语大学合办。该学院配备汉语教师约6人，以中国公派教师为主。除本科专业外，学院常年开设约10个成人汉语学习班。其他5所孔子学院分别位于波兹南、佛罗茨瓦夫、奥博莱、格但斯克和首都华沙。其中华沙理工大学孔子学院是由北京交通大学和华沙理工大学于2018年11月共同成立的。各地孔子学院很重视汉语教学在波兰中小学的推广，克拉科夫孔子学院自2013年开始举行"小小汉语桥"活动，此活动已成为当地汉语推广品牌项目之一，成为波兰小学生了解中国文化的桥梁。同时，克拉科夫孔子学院还为3岁左右的幼儿设计中文早教课程，推动"中文早教"走俏波兰，取得了良好的社会反响。以首都华沙为中心，波兰约有十余家汉语培训机构，师资主要是华人教师，波兰裔教师比较缺乏。开设的课程内容中，中国的太极和中医比较受民众欢迎。

在汉语师资、教材方面，相对于日益增多的学生数量，波兰汉语师资不足。每年中国向波兰公派汉语教师3~4名，汉语教师志愿者2名，但远不能满足实际需求。波兰使用的汉语教材种类很多，大部分是中国国内编写的教材。2011年密茨凯维奇大学汉学系波兰籍教师史维斯编写了一套专门针对波兰学生的初级教材——《基础汉语》，开启了波兰本土化汉语教材之路。

（四）经典案例

1. 阿联酋、沙特阿拉伯将汉语纳入中小学教育体系

2019年7月，孔子学院总部与阿联酋教育部签署了《中国孔子学院总部与阿联酋教育部关于将汉语纳入阿联酋中小学教育体系的谅解备忘录》。根据谅解备忘录，双方将进一步在汉语教学领域开展深度合作，包括遴选汉语教师赴阿联酋中小学任教，选派汉语专家，合作编制汉语教学大纲、系列教材，研发汉语能力测试试题，并建立公立学校学生汉语学习中心等。该备忘录的签署标志着阿联酋成为第一个将汉语纳入国民教育体系的阿拉伯语国家。阿联酋计划在境内100所学校开办汉语班，从小学一年级起教授汉语，直到十二年级。

为了加强双边关系与合作，深化两国在各个层面的战略伙伴关系，沙特阿拉伯同意把汉语列入本国中小学学校和高等学府的教育课程，但具体实施方案尚未披露。

2. "一带一路"爱沙尼亚与中国语言学术论坛成功举办

2019年7月，"一带一路"爱沙尼亚与中国语言学术论坛在塔林成功举办。论坛旨在探讨语言在共建"一带一路"方面的重要作用，促进语言学术交流。中国社会科学院语言研究所所长刘丹青表示，随着共建"一带一路"不断推进，相信各国与中国在经济、文化等

领域的合作项目和成果将逐步增多。语言已成为共建"一带一路"的重要内容。

爱沙尼亚语言研究所首席语言规划师彼得·帕尔和中国复旦大学教授李辉分别开展了学术讲座。本次论坛还发布了《爱沙尼亚语汉语基础词典》。

(五)数据分析

1. 沿线国家的语言状况、语言政策有待深入挖掘

北京语言大学教授、国家语委原副主任李宇明曾在《人民日报》发表文章《"一带一路"需要语言铺路》指出,实现"五通"必得语言沟通。要研究"一带一路"的语言状况,摸清底细,列出清单,组织调研,建立语言数据库。在此基础上,编辑列国语言志,编纂单语词典、多语词典及各种专业词典,编写教科书及普及用书。根据这一语言规划指导方略,国内部分高校语言学者陆续编辑出版了"一带一路"语言服务工具书。江苏师范大学杨亦鸣教授团队的《"一带一路"沿线国家语言国情手册》系统、全面地呈现了"一带一路"沿线 64 个国家的语言状况,以及语言与民族、宗教的关系等内容,梳理了中国与沿线各国双向语言人才培养情况;浙江师范大学王辉教授团队的《"一带一路"国家语言状况与语言政策》(第一、二、三卷)对沿线 49 个国家的语言状况与语言政策进行系统梳理,从语言政策的角度为共建"一带一路"倡议提供学术支撑和决策咨询。

虽然这些研究成果填补了"一带一路"语言规划战略领域的空白,但上述著作主要使用的是二手资料和历史数据,缺乏对当地最新社情民意的深入体察和语言新政策的动态把握,对使用人数多、范围广的重要民族语言和地区语言的研究深度不够。相信未来会有更多的专家学者深入挖掘沿线国家丰富的民族语言、地方方言资源,推出更多具有影响力和实用价值的语言专著。

2. 面向"一带一路"的民族语言、方言人才培养方兴未艾

共建"一带一路"倡议提出以来,国内高校的民族语言或地区语言本科专业数量在持续增加,但总体来看,此类非通用语言人才的培养仍处于起步阶段。国内外语类高校中,以外语专业数量最多、覆盖语种最广泛的北京外国语大学为例,截至 2019 年 4 月,北京外国语大学的外语专业增至 102 个(外语语种数量为 101 种),基本覆盖 176 个与中国建交国家的官方语言,并涵盖部分重要区域的民族语言、地区语言。

北京外国语大学拥有 45 个全国唯一外语专业学科点。其中,爪哇语(印度尼西亚爪哇族语言)和旁遮普语(巴基斯坦旁遮普母语和印度锡克族宗教语言)是 2018 年新增的外语专业,2016—2017 年开设的库尔德语(伊朗、伊拉克、叙利亚和土耳其境内库尔德族语言)、达里语(阿富汗、伊朗、塔吉克斯坦、乌兹别克斯坦跨境语言)、德顿语(东帝汶本土民族语言)和迪维希语(马尔代夫本土民族语言)等 4 个专业均是沿线国家重要的民族语言或地区语言,将为培养"一带一路"建设所需的非通用语种人才、国际组织人才和"一专多能"复合型人才奠定基础。下一步,以北京外国语大学为代表的国内知名外语类高校的发展目标,将是进一步依托学科优势,强化专业特色,实现从语种建设全覆盖拓展至国别区域研究的全覆盖。

3. 汉语国际传播存在诸多问题仍待解决

汉语在沿线国家的传播及孔子学院的发展问题:一是覆盖面不广,大多尚未进入正规教育体系,汉语课程受所在国教育部门的重视程度不够,影响力有限;二是沿线国家媒体对孔子学院关注度不高。以"孔子学院"为关键词,在"一带一路"舆情大数据平台系统中搜索后发现,2018年仅有71篇新闻报道,当年有超过半数的国家(37个)未关注或报道过孔子学院,这侧面折射出沿线国家对孔子学院的关注度不够;三是公派汉语师资的外语背景单一(以英语为主)。由于大部分沿线国家拥有自己的民族语言或地区方言,公派教师仅以英语作为教学媒介语教授汉语,不利于与学生沟通,大大影响教学效果和传授体验,更不利于体察当地社情民意,难以融入当地人的生活并走进人们的内心世界。

针对以上问题,提出以下建议:一是加快孔子学院、孔子课堂布局,建设汉语传播的长效机制。建设工作的重点在于把汉语教学放在青少年身上,加大对中小学生乃至学龄前儿童的推广力度,积极帮助当地教育机构研制通用性强的汉语教学大纲和汉语测试标准,逐步建立科学、系统、合理的长效机制。二是加强宣传和舆情监测,树立良好形象。各沿线国家的孔子学院应积极主动与当地主流媒体合作交流,加强汉语传播的正面宣传,消除民众对孔子学院的误解和疑虑。高度关注孔子学院的内外舆论环境,加强舆情监测,注意舆论导向,遇到负面宣传,应积极应对和引导,消除中外合作双方在认识上的偏差。三是提高教师使用当地语言的能力,提升教学质量。一方面,国内高校已陆续围绕"一带一路"招收培养非通用语专业学生,有利于改善未来外派汉语教师的语种结构。另一方面,现阶段也可以通过培训的方式解决外派教师外语语种单一的问题。

八、智库

智库是参与"一带一路"建设的重要主体。自共建"一带一路"倡议提出以来,中国智库在规划路线制定、方案机制设计、政策咨询研究、风险防控建议等方面提供了有效的智力支持,在传递中国声音,增信释疑,扩大共识,促进政策沟通、民心相通方面也发挥了独特作用。2019 年 4 月,"一带一路"国际智库合作委员会在北京成立。这是响应习近平主席"要发挥智库作用,建设好智库联盟和合作网络"建议的重要举措。该合作委员会致力于搭建学术交流平台、课题协作平台、信息共享平台,推动"一带一路"相关课题研究和思想交流,将会推出更多高质量研究成果,为推动共建"一带一路"走深走实、构建人类命运共同体做出贡献。

(一)"一带一路"国家智库发展情况

1."一带一路"国家智库总体发展趋势

(1)"一带一路"国家智库数量继续显著增长

智库是现代社会中创造思想、交流思想、传播思想的重要载体,是国家软实力的重要组成部分和具体体现。美国宾夕法尼亚大学"智库研究项目"(TTCSP)公布的《全球智库报告》统计,2010—2016 年,全球智库数量总体上呈平稳增长态势,2017 年智库数量大幅增加至 7 815 家,2018 年进一步增至 8 248 家。2010—2016 年,"一带一路"国家智库数量波动不大,2017 年智库数量上升至 2 344 家,2018 年继续增至 2 591 家,约占全球智库总量的三成。(图 2-75)

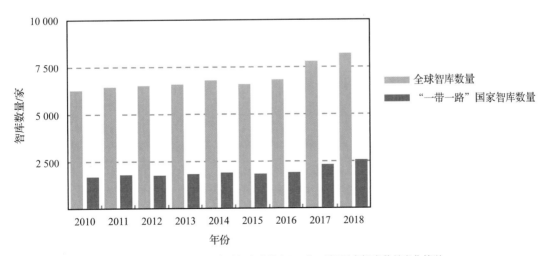

图 2-75　2010—2018 年全球智库数量与"一带一路"国家智库数量变化情况
(数据来源:2011—2018 年美国宾夕法尼亚大学 TTCSP《全球智库报告》)

（2）"一带一路"国家智库数量增速超过全球智库增速

从增长率来看，"一带一路"国家智库数量变化趋势与全球智库总量变化趋势相同。2010—2018年，"一带一路"国家智库数量年均复合增长率为3.4％，超过全球智库2个百分点。2018年，"一带一路"国家智库数量同比增长10.5％，超过全球智库总量同比增长率5个百分点。以上数据表明，近年来"一带一路"国家智库的发展愈加受到重视。（图2-76）

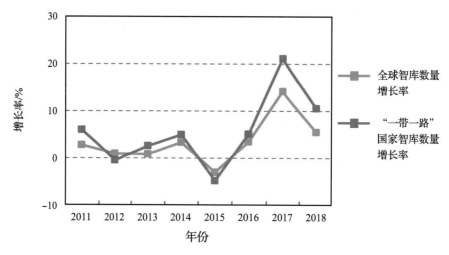

图2-76　2011—2018年全球智库数量增长率与"一带一路"国家智库数量增长率对比

（数据来源：2011—2018年美国宾夕法尼亚大学TTCSP《全球智库报告》）

2. "一带一路"各国智库数量及地理分布

（1）东北亚（含中国）地区智库数量接近"一带一路"国家智库总量的三成

2018年，"一带一路"国家中，中国所在的东北亚地区智库数量最多，达732家，占"一带一路"国家智库总数的28.2％；南亚和西亚北非地区的智库总数较多，分别为624家和556家；东南亚地区智库数量较少，为146家；中亚地区的智库数量最少，仅为78家。

（2）印度智库数量反超中国，居"一带一路"国家首位

2018年，印度的智库数量高达509家，反超中国，在"一带一路"国家中占据首位。中国智库数量为507家，俄罗斯为215家，分别位列第二、第三位。以色列是西亚北非地区中智库数量最多的国家，达到69家。中亚地区的哈萨克斯坦、吉尔吉斯斯坦分别拥有31家和28家智库，居该区域前两位。波兰拥有60家智库，居中东欧地区首位。在东南亚地区，印度尼西亚的智库数量最多，为31家。（图2-77）

（3）中国智库数量居全球第三位，仅次于美国、印度

2018年，中国智库数量居全球第三位，仅次于美国、印度。印度智库数量反超中国位居全球第二位。俄罗斯智库数量居全球第七位，比2017年跃升两位，以色列智库数量居全球第十九位，比2017年下降一位。（图2-78）

印度	509	巴勒斯坦	36	巴基斯坦	25	卡塔尔	15	摩尔多瓦	9
中国	507	格鲁吉亚	35	马来西亚	23	阿联酋	15	文莱	8
俄罗斯	215	斯里兰卡	32	阿富汗	22	柬埔寨	14	塔吉克斯坦	7
以色列	69	伊拉克	32	白俄罗斯	22	尼泊尔	13	马尔代夫	6
伊朗	64	印度尼西亚	31	立陶宛	22	波黑	13	斯洛文尼亚	6
波兰	60	哈萨克斯坦	31	菲律宾	21	巴林	13	老挝	4
罗马尼亚	54	亚美尼亚	30	马其顿	21	乌兹别克斯坦	12	黑山	4
土耳其	48	吉尔吉斯斯坦	28	爱沙尼亚	20	越南	11	塞尔维亚	4
匈牙利	46	约旦	28	新加坡	18	克罗地亚	11	不丹	3
保加利亚	44	黎巴嫩	28	阿塞拜疆	16	拉脱维亚	11	阿曼	3
乌克兰	39	捷克	27	科威特	16	蒙古	10	东帝汶	1
埃及	39	斯洛伐克	27	泰国	15	沙特阿拉伯	10	缅甸	0
孟加拉国	36	也门	27	阿尔巴尼亚	15	叙利亚	10	土库曼斯坦	0

图 2-77　2018 年"一带一路"国家智库数量分布

（数据来源：美国宾夕法尼亚大学 TTCSP《全球智库报告 2018》）

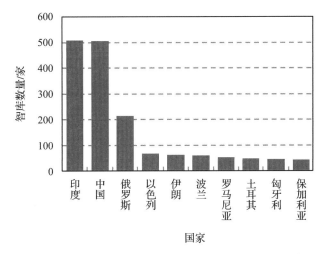

图 2-78　2018 年"一带一路"国家中智库数量排名前十位的国家

（数据来源：美国宾夕法尼亚大学 TTCSP《全球智库报告 2018》）

　　其中，中国智库数量在 2010—2016 年期间相对稳定，保持在 425 至 435 家，2017 年出现明显增长，数量首次突破 500 家。2018 年智库数量略回落至 507 家。（图 2-79）

3."一带一路"国家顶级智库发展与全球排名

（1）中国顶级智库数量总体上有所增长

　　2010—2018 年，中国进入全球顶级智库 TOP50 的数量先增后降。2010—2011 年，仅 1 家智库进入全球顶级智库 TOP50；2014—2015 年，进入全球顶级智库 TOP50 的中国智库数量增至 4 家，但 2016—2017 年回落至 3 家，2018 年降为 2 家。中国智库在全球顶级智库中的最高排名是 2012 年中国社会科学院取得的第十七名。从入选全球顶级智库 TOP50 的中国智库名单来看，中国现代国际关系研究院在 2012 年进入全球顶级智库

TOP50 的名单,并在 2016—2018 年连续三年成为我国排名最高的智库。而老牌顶级智库中国社会科学院始终处于全球顶级智库 TOP50 名单中,可见我国高端智库一直得到国际公认。（表 2-13）

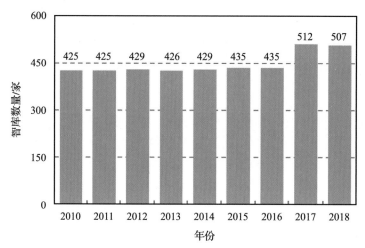

图 2-79　2010—2018 年中国智库数量变化情况

（数据来源：美国宾夕法尼亚大学 TTCSP《全球智库报告 2018》）

表 2-13　　　2010—2018 年中国入选全球顶级智库 TOP50 名单及最高排名情况

年份	入选全球 TOP50 顶级智库的中国智库	数量	最高排名
2010	中国社会科学院	1	二十四
2011	中国社会科学院	1	二十八
2012	中国社会科学院、中国国际问题研究院、中国现代国际关系研究院	3	十七
2013	中国社会科学院、中国国际问题研究院、中国现代国际关系研究院	3	二十
2014	中国社会科学院、中国国际问题研究院、中国现代国际关系研究院、国务院发展研究中心	4	二十七
2015	中国社会科学院、中国国际问题研究院、中国现代国际关系研究院、国务院发展研究中心	4	三十一
2016	中国现代国际关系研究院、中国社会科学院、中国国际问题研究院	3	三十三
2017	中国现代国际关系研究院、中国社会科学院、中国国际问题研究院	3	三十
2018	中国现代国际关系研究院、中国社会科学院	2	三十

（数据来源：美国宾夕法尼亚大学 TTCSP《全球智库报告 2018》）

(2)"一带一路"国家智库中,卡内基国际和平基金会中东中心全球排名最高

2018 年,"一带一路"国家智库中,位于黎巴嫩的卡内基国际和平基金会中东中心全球排名最高,在全球顶级智库中排名第二十二位。该智库主要研究和聚焦中东地区经济、国际安全、政策和教育改革等领域。依托美国布鲁金斯学会的实力和背景,布鲁金斯学会

（印度）新晋加入 TTCSP 项目即排名至第二十四位。卡内基国际和平基金会莫斯科中心排名第二十七位，较上年下降两位。中国现代国际关系研究院在全球智库中排名第三十位，是排名最高的中国顶级智库，其前身是 1980 年成立的中国现代国际关系研究所。（表2-14）

表 2-14　　　　　　　　　2018 年"一带一路"国家最高排名智库情况

国家	智库名称	全球排名
黎巴嫩	卡内基国际和平基金会中东中心	二十二
印度	布鲁金斯学会（印度）	二十四
俄罗斯	卡内基国际和平基金会莫斯科中心	二十七
中国	中国现代国际关系研究院	三十
乌克兰	拉祖姆科夫研究中心	四十五
埃及	《金字塔报》政治与战略研究中心	五十九
波兰	社会与经济研究中心	六十一
新加坡	新加坡国际事务研究所	七十一
土耳其	土耳其经济与社会研究基金会	七十九
印度尼西亚	战略与国际研究中心	八十

（数据来源：美国宾夕法尼亚大学 TTCSP《全球智库指数报告 2018》）

（二）中国"一带一路"相关智库发展情况

编者根据《"一带一路"大数据报告 2018》的研究成果，以中国智库索引、中国网智库中国、首批国家高端智库建设试点单位、中国智库网、中国智库综合评价核心智库榜单和《清华大学智库大数据报告（2017）》等 1 000 余家"一带一路"相关智库机构为基础，通过大数据技术，从中提取与"一带一路"研究相关度较高的智库机构共 120 家作为参评对象，并从以下几方面对所有参评智库的影响力进行综合评价分析。各指标数据采集时间为2017 年 1 月 1 日至 2018 年 5 月 1 日。

1."一带一路"智库类型与排名

（1）"一带一路"智库的四种类型与影响力排名

120 家参评智库根据不同的属性可分为四种类型：国家级智库、地方性智库、高校智库和社会智库，每种类型的前十名位次见表 2-15 至表 2-18。

（2）从数量占比看，国家级智库仍居主体地位

从所属类型看，参评的"一带一路"智库中国家级智库占比最多，达到 37.5%，其次是社会智库、高校智库和地方性智库，占比分别为 25.8%、20.8%、15.9%。从所属地域看，70% 的智库设在北京，其次是上海、广东、福建等东南沿海地区，以及甘肃、宁夏、陕西等西

表 2-15 "一带一路"国家级智库影响力排名

排名	智库名称	排名	智库名称
一	中国社会科学院	六	中国现代国际关系研究院
二	中国国际问题研究院	七	中共中央党校
三	中国科学院	八	国务院发展研究中心
四	国家信息中心	九	中国旅游研究院
五	中国宏观经济研究院	十	商务部国际贸易经济合作研究院

(数据来源:《"一带一路"大数据报告(2018)》)

表 2-16 "一带一路"地方性智库影响力排名

排名	智库名称	排名	智库名称
一	上海社会科学院	六	青海省社会科学院
二	上海国际问题研究院	七	山东省宏观经济研究院
三	广东国际战略研究院	八	福建社会科学院
四	四川省社会科学院	九	新疆社会科学院
五	广东省社会科学院	十	陕西省社会科学院

(数据来源:《"一带一路"大数据报告(2018)》)

表 2-17 "一带一路"高校智库影响力排名

排名	智库名称	排名	智库名称
一	中国人民大学重阳金融研究院	六	清华大学中国与世界经济研究中心
二	华侨大学海上丝绸之路研究院	七	复旦大学中国研究院
三	北京大学国家发展研究院	八	西北大学中东研究所
四	兰州大学中亚研究所	九	北京第二外国语学院中国"一带一路"战略研究院
五	上海外国语大学中东研究所	十	宁波海上丝绸之路研究院(北京外国语大学丝绸之路研究院宁波分院)

(数据来源:《"一带一路"大数据报告(2018)》)

表 2-18 "一带一路"社会智库影响力排名

排名	智库名称	排名	智库名称
一	中国与全球化智库	六	"一带一路"百人论坛
二	盘古智库	七	瞭望智库
三	察哈尔学会	八	凤凰国际智库
四	中国国际经济交流中心	九	中国电子商务研究中心
五	中国金融四十人论坛	十	走出去智库

(数据来源:《"一带一路"大数据报告 2018》)

北地区。从研究领域看,部分专门行业领域的"一带一路"相关智库崭露头角。国家级智库和社会智库前十名中,首次出现了中国旅游研究院、中国电子商务研究中心等专业领域智库。

(3)从研究成果看,国家级智库成果占六成,以论文形式居多

2017年以来,各类智库持续发布"一带一路"相关论文、报告与专著等研究成果。从成果发布总量看,国家级智库是"一带一路"研究成果发布主体,成果数量占所有参评智库发布的"一带一路"相关研究成果的66.6%,地方性智库占12.2%,高校智库占11.6%,社会智库占9.6%。从成果形式看,论文是各类智库机构发布"一带一路"研究成果的主要形式,在各类智库机构研究成果中占比均超过80%。测评显示,2017年以来,各类智库机构共发布241份"一带一路"相关报告与专著,与其他智库相比,社会智库更倾向于发布报告与专著。(图2-80)

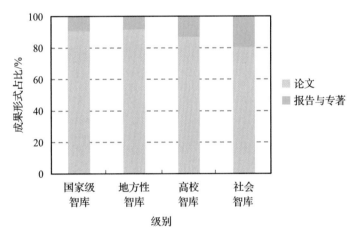

图2-80　参评各类智库"一带一路"相关研究成果的结构分布

(数据来源:《"一带一路"大数据报告(2018)》)

2."一带一路"智库的传播渠道及影响力

(1)网站是智库最主要的传播平台,社交媒体平台正在兴起

当前,网站依然是智库最广泛使用的传播平台,120家参评智库中,有111家智库建立了官方网站,80家智库开通了微信公众号,40家智库开通了微博账号,同时拥有以上3种传播渠道的智库有34家。测评发现,部分智库宣传方式比较单一。120家参评智库中有32家只借助网站来宣传"一带一路"相关信息,不仅宣传方式单一,网站更新不及时、搜索引擎收录少等情况也较大影响了这些智库在"一带一路"领域的宣传发声力度。此外,部分智库只通过微信和微博等社交媒体传播,虽可保障信息传递的及时性和互动性,但也在一定程度上受限于社交平台对信息数量和篇幅的限制,无法全面系统地展现智库的研究成果。(图2-81)

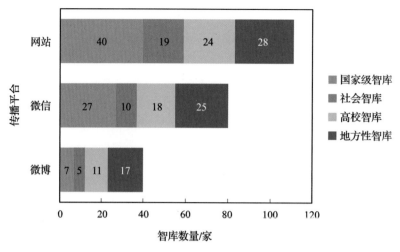

图 2-81　参评各类智库使用传播平台的情况

（数据来源：《"一带一路"大数据报告（2018）》）

（2）从传播影响力看，微信、外文网站显著提升智库的社会关注度

从社会关注度看，中国科学院、中国社会科学院、国家信息中心、中国国际问题研究院、上海社会科学院位列"社会关注"指标前五位。在国内外关注度排名各前十位的智库中，国家级智库均表现突出，国内外关注度均较高，高校智库和地方性智库的国外关注度略高于国内关注度。从具体传播渠道看，排名前列智库的微信传播力较大。在智库多语种网站方面，120 家参评智库中有 69 家智库网站设置了英文版本，1 家智库网站设置了除英文以外的多语种版本，仅有中文版本网站的有 41 家智库。国外关注度较高的智库，基本都设立了英文网站。英文网站对智库的海外传播起到了一定的积极作用。（表 2-19）

表 2-19　　　　　　　　　"社会关注"指标得分排名前十位的智库

排名	智库名称	指标得分
一	中国科学院	30.0
二	中国社会科学院	27.0
三	国家信息中心	25.0
四	中国国际问题研究院	23.0
五	上海社会科学院	22.7
六	国务院发展研究中心	21.8
七	中国人民大学重阳金融研究院	21.6
八	国家行政学院	21.6
九	中国国际经济交流中心	21.4
十	商务部国际贸易经济合作研究院	21.0

（数据来源：《"一带一路"大数据报告（2018）》）

(三)"一带一路"研究成果分析

1. 中国知网"一带一路"相关文章①分析

(1)中国知网"一带一路"相关文章数量经历两次增长高峰

2014年,中国知网"一带一路"相关文章仅有426篇。2015—2016年,国内研究成果出现"井喷","一带一路"相关文章进入第一个增长高峰期,发文量分别达到5 662篇和6 342篇。2017年5月,第一届"一带一路"国际合作高峰论坛在北京举行,当年"一带一路"相关文章进入第二个增长高峰期,发文量首次突破10 000篇,达到12 003篇,下载量超过257.5万次。2018年发文量略有回落,为11 902篇。(表2-20)

表2-20 　　　　　　　　　2014—2018年中国知网"一带一路"发文情况

年份	"一带一路"相关文章数量/篇	被引量/次	下载量/次
2014	426	3 744	324 721
2015	5 662	23 551	2 428 749
2016	6 342	19 416	1 946 422
2017	12 003	18 506	2 575 425
2018	11 902	8 552	2 313 123

(数据来源:"中国知网"网站)

(2)《大陆桥视野》"一带一路"相关文章发表数量居首

2014—2018年,《大陆桥视野》在中国知网上共发表424篇"一带一路"相关文章,是累计发文量最多的期刊。该期刊关注西部开发,着眼陆桥经济,提供权威资讯,发行范围覆盖北京、上海及新亚欧大陆桥国内沿桥的十多个省区。中国外文局对外传播研究中心主办的《对外传播》以及人民日报社主办的《人民论坛》发文量分列第七名和第十名,但被引量和下载量分别最多,分别是377次和53 667次。(表2-21)

表2-21 　　　　　　　2014—2018年中国知网"一带一路"发文数量TOP10期刊

排名	文章来源	主办单位	发文量/篇	被引量/次	下载量/次
一	《大陆桥视野》	新疆电子音像出版社	424	291	52 747
二	《中国投资》	国家发展改革委投资研究所、中国投资协会、中国国际工程咨询公司	306	158	29 559
三	《中国对外贸易》	中国贸易报社	283	104	22 072
四	《世界知识》	世界知识出版社	231	230	42 118
五	《时代金融》	《时代金融》杂志社	219	201	41 575

---

① 本节指题目和关键词中包含"一带一路"字样的文章。

（续表）

排名	文章来源	主办单位	发文量/篇	被引量/次	下载量/次
六	《中国经贸导刊》	国家发展改革委《中国经贸导刊》杂志社	213	259	26 933
七	《对外传播》	中国外文局对外传播研究中心	208	377	49 370
八	《中国报道》	国务院新闻办《中国报道》杂志社	203	47	13 259
九	《国际工程与劳务》	商务部《国际工程与劳务》杂志社	201	124	20 862
十	《人民论坛》	人民日报社	186	376	53 667

（数据来源："中国知网"网站）

2. "一带一路"中国智库研究成果分析

自共建"一带一路"倡议提出以来,中国学界在世界经济与政治研究领域积累了丰富的研究成果。系统梳理截至 2019 年上半年学界刊发于《国际经济评论》《当代亚太》等学术期刊的"一带一路"相关论文后,笔者发现"一带一路"相关学者集中讨论的研究热点已从倡议之初的重大意义、经济逻辑、优先关系、风险等重大宏观问题,逐步向"一带一路"融资、能源合作、境外经济区、"一带一盟"对接等中观、微观方向发展。这与习近平主席提出的战略转变不谋而合:"过去几年共建'一带一路'完成了总体布局,绘就了一幅'大写意',今后要聚焦重点、精雕细琢,共同绘制好精谨细腻的'工笔画'"。

(1)直面疑虑和质疑,讲好"一带一路"故事,服务于国际话语权塑造

共建"一带一路"倡议提出以来,受到了越来越多国家和国际组织的认可,成为践行共商共建共享全球治理观、完善全球治理体系以及构建人类命运共同体的重大创举。但同时,也受到诸多质疑。面对误解或别有用心的曲解,多家智库致力于加强话语权建设,精准回应,消除误读,增加共识。复旦大学党委书记、"一带一路"智库合作联盟共同理事长焦扬建议,加强话语体系的理论研究和成果转化,站在国际传播的高度,把"一带一路"建设的重大理念主张、重大政策举措转化为国外受众听得懂、易接受的语言和方式,努力扩大"一带一路"理念价值、政策设计、工作推进、成果收获等各方面的影响,讲好"一带一路"故事,传播好"一带一路"声音。

(2)开展智库外交,不断扩大"一带一路"朋友圈,服务于促进国际社会深化认同

陈文玲、王文、胡必亮、翟崑、王义桅等主动站上国际舞台发出中国学者声音,《世界是通的——"一带一路"的逻辑》《"一带一路":机遇与挑战》等代表性成果有助于增信释疑,《丝路瞭望》等"一带一路"专刊定期传递深度思考,诸多研究成果和专著以多语种出版,用国际语言精准传播"一带一路",帮助国际社会充分了解"一带一路"的内涵。

以"一带一路"智库合作联盟为例,通过赴中亚、南亚、东南亚、欧洲、中东等地交流访问,积极扩展智库人脉网络,成为沿线国家各界人士了解共建"一带一路"倡议的重要渠道。联盟还坚持"走出去"与"请进来"相结合,举办了一系列国际研讨会,组织开展了"一带一路"主题访学,开办了"一带一路"高级政务研修班、"一带一路"国际暑期学校,组建了"一带一路"留学生研究会等,以丰富多彩的形式,发挥了政策宣介和认知引领作用。

(3)研究视角发生转换,不同学者的类似课题结论殊途同归

中国社会科学院世界经济与政治研究所欧阳向英的研究角度有所转变,从关注"一带一路"局部地区到更倾向大国对接问题。2016年4月他撰文《中亚交通一体化与"丝绸之路经济带"政策协调》,研究中亚地区交通一体化的现状与前景,以及"丝绸之路经济带"建设与中亚各国交通政策的协调关系。2017年4月他撰文《俄罗斯与中国:错位与对接——谈"一带一盟"对接中的问题与出路》,关注丝绸之路经济带和欧亚经济联盟(简称"一带一盟")对接合作进入具体实施阶段后,中俄两国在经济发展战略、阶段和模式上存在某些错位,给对接造成困难。提出为促进"一带一盟"顺利对接,俄罗斯应改善营商环境,同时对接应遵循市场规律,重点项目重点推进。而中国也应加强对俄合作的"顶层设计",从便利化入手,推进两国"五通"①。

同样研究"一带一盟"对接问题的还有兰州大学中亚研究所焦一强。2018年8月他撰文《由认知分歧到合作共识:中俄"一带一盟"对接合作研究——基于不对称相互依赖的视角》。他认为,合作的不对称性是导致中俄学界对"一带一盟"产生认知分歧的根源,相互依赖则是中俄"丝绸之路经济带"与"欧亚经济联盟"能够融合共生而得以形成对接合作共识的根本逻辑。

(4)研究视角持续创新,多领域百花齐放、成果丰硕

不同领域的智库学者利用各自专长,基于本专业领域视角研究"一带一路",研究成果丰硕,常有创新性研究成果呈现。

在沿线国家市场研究领域,2017年6月吉林大学冯永琦、黄翰庭撰文《"一带一路"沿线国家对中国产品市场的依赖度及中国的对策》,分析了沿线国家对中国产品市场依赖度及发展前景。文章认为东南亚国家及蒙古国对中国具有较高的市场依赖度,其他国家对中国市场的依赖度相对较低,特别是中东欧国家,对中国市场的依赖度最低。沿线国家对中国的初级产品和中间产品市场还会保持相对较高的市场依赖度,而对中国最终资本品和最终消费品市场依赖度不高,但未来对中国最终消费品市场的依赖度会进一步增强。文章还建议中国应高度重视进口贸易的政策管理与结构优化,充分发挥对外市场提供者的积极作用。

在海洋安全和国际海事合作领域,2017年4月北京市社会科学院外国问题研究所戚凯等撰文《"21世纪海上丝绸之路"建设的海事保障与中国角色》。文章指出,对于中国海事来说,在"21世纪海上丝绸之路"建设中可以从大国协调与机制完善、规范重塑与标准修订、国际交流与队伍建设三个方面入手,寻求建立一个涵盖重点港口、支点国家与辐射对象的国际海事合作网络,这将有利于保障"21世纪海上丝绸之路"的顺利建设。

在区域能源合作领域,2018年4月中国社会科学院亚太与全球战略研究院朴光姬等在《政治互疑条件下的东北亚区域能源合作路径——兼论"一带一路"倡议与东北亚区域能源合作》一文中解读了东北亚区域能源合作进展缓慢的症结。文章认为,共建"一带一路"倡议中的能源通道和基础设施建设,能缓解直至解决东北亚区域能源供给不足问题,

---

① "五通"是指政策沟通、设施联通、贸易畅通、资金融通、民心相通。

而这些相对小范围的双边合作实际上是将区域能源合作进程在时间和空间上进行充分切割,以局部互信回避全局互疑,以拼图式的累积渐进到区域整体范围的合作,这为东北亚地区逐步开展区域能源合作提供了可行路径。

(四)经典案例

1."一带一路"国际智库合作委员会成立

2019年4月,由新华社研究院联合中国社科院国家全球战略智库等15家中外智库共同发起的"一带一路"国际智库合作委员会(BRSN)在北京成立。BRSN的宗旨是服务国际智库、国际和地区组织以及各国专家学者,推动"一带一路"相关课题研究和思想交流,促进理论创新、成果共享、知识传播和人员往来。今后,BRSN将举办年会和专题研讨会,通过官方网站、客户端、创办学术刊物来传播智力成果,支持国内外研究机构和专家学者开展合作研究。

习近平主席向成立大会发来贺信并指出:"一带一路"国际智库合作委员会的建立,为各国智库加强思想对话、进行决策咨询提供了重要平台。希望合作委员会深入开展学术交流,推出更多高质量研究成果,为推动共建"一带一路"走深走实、构建人类命运共同体做出贡献。

2."一带一路"百人论坛入选"全球智库排名榜"

2019年1月,美国宾夕法尼亚大学"智库与公民社会项目"(TTCSP)公布的《全球智库报告2018》显示,"一带一路"百人论坛成为唯一以"一带一路"名义入选的中国智库,位列"中印日韩区域智库排行榜"的第99位。在全球最佳新兴智库排名(Best New Think Tanks)中,"一带一路"百人论坛再次入选,凸显了其在共建"一带一路"倡议深入发展背景下保持了良好的发展势头。

"一带一路"百人论坛是由政府官员、企业家、学者、媒体人等各界精英组成的网络智库,致力于夯实"一带一路"的理念和话语权基础,为这一伟大倡议提供智力支持,推动政府、企业、智库和媒体四大主题资源的联动效应,提升"一带一路"在国内外网络空间的影响力。

3.第四届丝路国际论坛暨丝路国际智库网络 2018 年会召开

2018年12月,第四届丝路国际论坛暨丝路国际智库网络(SiLKS)①2018年会在法国巴黎举行。本届论坛以共建"'一带一路':促进全球可持续发展"为主题,围绕"一带一路"与开放型世界经济、绿色低碳发展、新一轮科技革命、包容性发展等议题进行深入研讨。法国前总理拉法兰等重要外方代表发言,回应国际社会关于"一带一路"的核心关切。论坛期间同步召开的年会共有来自24家智库、6家国际组织和4家跨国企业的代表参加。会议正式通过了《关于推进丝路国际智库网络发展的三年工作计划(2019—2021)》,进一

---

① 丝路国际智库网络(Silk Road Think Tank Network)是由国务院发展研究中心联合有关国际组织、智库和跨国企业于2015年10月发起成立的国际智库合作网络。

步明确 SiLKS 的建设目标、建设思路、治理机制和重点工作,为未来 SiLKS 发展指明了方向。会议接受秘鲁国家战略规划中心和老挝国家经济研究院为新成员,使 SiLKS 进一步发展壮大。

(五)数据分析

1. 印、中、俄仍为智库大国,更多"一带一路"国家拥有顶级智库

2018 年,全球共有 8 248 家智库,欧洲和北美洲智库占 51.9%,"一带一路"国家智库占 31.4%。"一带一路"国家中,印度、中国及俄罗斯智库数量领先。印度拥有 509 家智库,时隔十年再次超越中国成为仅次于美国的世界第二智库大国。中国则凭借 507 家智库位居世界第三位,俄罗斯有 215 家智库,位列世界第七位。

从"一带一路"国家入选全球顶级智库 TOP100 来看,中国有 7 家智库入选,是沿线国家中顶级智库最多的国家,印度、俄罗斯分别有 3 家和 2 家顶级智库。除上述三国外,还有更多"一带一路"国家智库跻身世界前列。黎巴嫩的卡内基国际和平基金会中东中心是"一带一路"国家中排名最高的智库(第二十二名)。乌克兰的拉祖姆科夫研究中心(第四十五名)、埃及的《金字塔报》政治与战略研究中心(第五十九名)和波兰的社会与经济研究中心(第六十一名)均表现抢眼。

沿线国家顶级智库往往对各国政府决策的影响力较大,很多重要研究成果由政府资金资助并被政府采纳。但目前中国针对沿线各国开展国别区域研究的智库机构相对较少,具体深化国别研究、政策沟通、制度衔接和技术交流的内容有待健全,尤其是对沿线国家的外交、国际关系、经济政策、地缘政治专业智库缺乏深入、系统的了解,这些智库观点在很大程度上左右着政府对共建"一带一路"倡议的态度和选项。中国智库研究人员应做好基础性研究工作,结合不同国家的历史文化、国情背景、政治体制、宗教信仰、价值理念,多渠道接触、了解不同国家的各领域顶级智库,深度分析并研判其发展现状、研究成果、理论方法、发展动向、政府关系、传播媒介以及对"一带一路"的立场、动因,为我国智库发展和影响力传播提供有价值的参考和借鉴。

只有夯实基础性研究工作后,中国才有可能在"一带一路"沿线推广类似于美国宾夕法尼亚大学 TTCSP 项目的智库评级,并定期发布《"一带一路"智库报告》,在智库领域实现对沿线国家的影响力"最大化"。《全球智库报告 2018》已在全球范围内,对国家安全、国内经济政策、教育政策、能源政策、环保、外交政策和国际事务、国内卫生政策、全球卫生政策、国际发展、国际经济政策、科技、社会政策、政治决策透明化与善治、食品和水源安全等 14 个专业领域的智库完成了评定和排名。可以说,TTCSP 项目是未来"一带一路"智库评级项目的榜样和先例。

2. 探索提升中国智库的"一带一路"国际话语权和影响力

中国智库应通过与沿线国家智库的合作交流,共建自由开放的"思想市场",探索提升"一带一路"国际话语权和影响力,可以考虑从表达主体、内容创新和方法手段等方面努力实践。一是建立多元化的"一带一路"话语主体。除加强官方智库的表达之外,还要通过

积极引导大众媒体、学术组织、社会民间组织在共建"一带一路"倡议相关重点议题上进行主题策划、积极表达。结合各方话语的内容和影响力推进"一带一路"国际话语在国际组织、国家、区域的认同,寻求共识。二是多维度、跨领域设计"一带一路"国际议题。在议题上不应局限于政治、经济和军事领域,应将环境、气候、体育、旅游、卫生等领域列入合作重点,同时还要丰富"一带一路"话语内容的内涵,充分汲取来自古丝绸之路经济文化活动带来的丰富的历史文化财富,主动创新、丰富、挖掘其中的价值内涵。三是推动国际传播平台建设,深入推进"一带一路"国际话语传播。要强化新媒体外宣思维,结合不同媒介载体,推进"一带一路"国际话语的互动传播。不但可以通过手机、电视、多语种网站、App新闻终端等新媒体,构建多语汇集、多元形态、视听交互、优势互补的"一带一路"国际话语传播格局,还可通过部分西方主流媒体网站发布相关内容,进行"一带一路"国际话语立体生动的传播。

九、媒体

"一带一路"建设是构建人类命运共同体的实际工程,共建"一带一路"倡议自 2013 年提出以来,逐渐从理念转化为实践,从愿景转变为现实。"一带一路"重在互联互通,合作发展是共同追求,交流互鉴是人心所向。媒体担负着传承文化、引导大众、传播资讯等功能和使命,它是国与国之间关系的重要组成部分,是国家之间和人民之间相互了解的桥梁和纽带。近年来,以数字技术为代表的新媒体打破了媒介之间的壁垒,消融了媒体介质之间、地域、行政之间,甚至传播者与接受者之间的边界,亦顺应"全球、全媒、全民"的传媒变局,根据不同受众需求,更加及时、准确地发布权威信息。在推动"一带一路"建设的过程中,不仅应该关注基础设施的联通,还应该促成双方更便捷的人文交流,这是媒体可以大展身手的领域。互联互通是"一带一路"的要义,我国与"一带一路"沿线各国之间的交流合作,离不开媒体的跨国传播。媒体应当秉持职业精神,坚守媒体责任,顺应技术变革推动融合发展,倡导多边主义,聚焦共同价值,在促进民心相通方面发挥桥梁作用,更好地讲好沿线国家和人民共同发展的故事,助力"一带一路"建设,为"一带一路"合作行稳致远贡献正能量。2019 年 4 月,"一带一路"新闻合作联盟成立,搭建各国媒体交流合作的重要平台。习近平主席向首届理事会致贺信,希望各国媒体发扬丝路精神,加强沟通合作,为共建"一带一路"营造良好舆论氛围。

(一)全球媒体行业情况

1. 世界媒体行业分类情况

世界媒体实验室(World Media Lab)发布的"世界媒体 500 强"排行榜主要将有线宽频或卫星、影视文娱或节目、电视或广播电台、图书、报纸、综合媒体、期刊、互联网新媒体及媒体公关传播这 9 个子行业归入媒体行业。在 9 个子行业中,电视或广播电台仍占据媒体行业的主流位置,在 2018 年世界媒体 500 强企业当中占比为 18.8%,位列第一;图书行业入榜企业占 16.0%,位列第二;报纸行业入榜企业占 14.4%,位列第三。影视文娱或节目、综合媒体、媒体公关传播行业入榜企业分别占 10.2%、10.0%、9.6%。有线宽频或卫星、互联网新媒体、期刊行业的入榜企业占比较低,依次为 8.6%、7.0%、5.4%。(图 2-82)

2. 世界各国媒体行业发展情况

从企业所属国家来看,2018 年世界媒体 500 强企业中,美国企业共上榜 113 家,中国(不含港澳台)共上榜 89 家企业,位居世界第二,超越日本成为亚洲第一媒体强国;而英国共上榜 58 家企业,成为欧洲第一媒体强国;日本共上榜 38 家企业,位居第四。沿线国家中的印度挺进前十名,居世界第六位。(图 2-83)

3. 全球新媒体发展情况

从企业的净利润来看,互联网新媒体是吸金能力最强的子行业。世界媒体实验室发

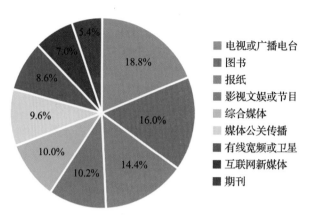

图 2-82　2018 年世界媒体子行业企业数量占比
（数据来源：世界媒体实验室）

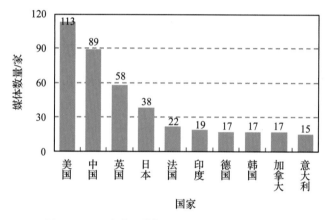

图 2-83　2018 年世界媒体 500 强企业数量前十位国家
（数据来源：世界媒体实验室）

布的数据显示,2018 年,净利润最高的媒体公司是康卡斯特公司,净利润为 22 900.00 百万美元;脸书公司位列第二,净利润为 15 943.00 百万美元;谷歌公司位列第三,净利润为 12 600.00 百万美元。按照行业区分,前十强企业当中互联网新媒体行业的净利润额占各行业净利润总额的 42.3%,综合媒体行业净利润额占各行业净利润总额的 22.3%。(表 2-22)。

表 2-22　　　　　　　　　　2018 年全球媒体净利润前十名企业

排名	公司名称	行业	国家	净利润(百万美元)
一	康卡斯特公司	有线宽频或卫星	美国	22 900.00
二	脸书公司	互联网新媒体	美国	15 943.00
三	谷歌公司	互联网新媒体	美国	12 600.00
四	沃尔特·迪斯尼公司	综合媒体	美国	12 598.00
五	腾讯控股有限公司	互联网新媒体	中国	11 019.70

（续表）

排名	公司名称	行业	国家	净利润（百万美元）
六	查特通信公司	有线宽频或卫星	美国	9 895.00
七	时代华纳公司	综合媒体	美国	5 244.00
八	21世纪福克斯公司	综合媒体	美国	4 464.00
九	百度在线网络技术（北京）有限公司	互联网新媒体	中国	2 820.20
十	WPP集团	媒体公关传播	英国	2 708.16

（数据来源：世界媒体实验室）

（二）"一带一路"国家对中国的舆情分析[①]

1. 沿线国家对中国关注度分析

（1）2018年沿线国家对中国关注度处于高位

随着中国与沿线国家经贸往来、文化交流的日益频繁，2018年"一带一路"沿线国家对中国关注度一直处于高位，6月关注度系数在1.6以上。（图2-84）

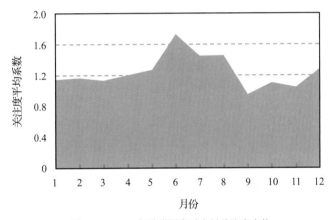

图2-84　2018年沿线国家对中国关注度走势

（2）沿线重点监测国家对共建"一带一路"倡议普遍持积极或中立的态度

目前沿线重点监测国家对共建"一带一路"倡议所持积极态度，以俄罗斯、新加坡、蒙古、白俄罗斯、乌克兰五国为例，2018年对共建"一带一路"倡议的积极情绪占比均在30%以上，其中俄罗斯积极情绪占比最高，为39.7%，其后依次为：新加坡占比为33.8%；蒙古占比为32.9%；白俄罗斯占比为31.5%；乌克兰占比为31.5%。（图2-85）

2. 沿线国家对中国文化关注度分析

（1）2018年沿线国家对中国文化关注度处于较高水平

2015年3月《推动共建丝绸之路经济带和21世纪海上丝绸之路的愿景与行动》发布

---

① 本节数据来源：一带一路·人文群落网站中的"一带一路"舆情平台系统。

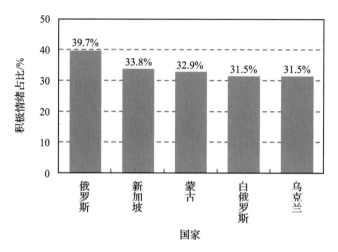

图 2-85　2018 年沿线重点监测国家对中国积极情绪占比

后,随着 2015 年到 2016 年"一带一路"文化交流活动的日益频繁,"中国文化"在沿线国家的关注度不断升温。2018 年沿线国家对"中国文化"关注度一直处于较高水平。(图 2-86)

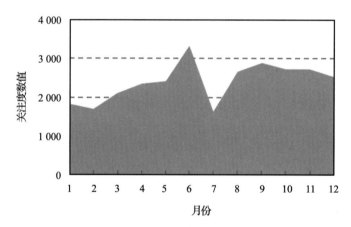

图 2-86　2018 年沿线国家对"中国文化"的关注度走势

(2)2018 年马来西亚对中国文化的关注度最高

2018 年沿线国家中,马来西亚对中国文化的关注度最高。其他位居前十的国家依次为新加坡、越南、印度、印度尼西亚、蒙古、巴林、菲律宾、乌克兰、白俄罗斯。马来西亚作为东盟重要的成员国和沿线上的节点国家,在中国与东南亚国家文化交流中起到重要的桥梁作用。目前马来西亚的华人有几百万之多,他们在中马文化交流中发挥着巨大的作用。2018 年,中马之间的文化交流活动日趋频繁,从而提高了马来西亚对中国文化的关注度。(图 2-87)

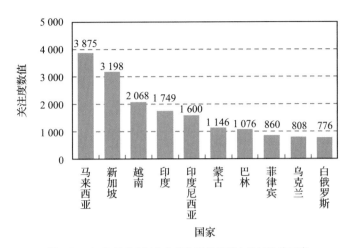

图 2-87　2018 年对中国文化关注度排名前十位的沿线国家

(三)共建"一带一路"倡议热度分析

1.共建"一带一路"倡议国内关注度分析

(1) 共建"一带一路"倡议国内关注度整体呈上升趋势

共建"一带一路"倡议提出以来,国内媒体和网民关注度总体呈现上升趋势。2018 年是共建"一带一路"倡议被首度提出的五周年。五年来,"一带一路"建设各方面工作取得了显著成效,有力促进了我国经济社会发展和对外开放,增强了我国国际影响力和感召力。共建"一带一路"倡议及其核心理念被纳入联合国、二十国集团、亚太经合组织、上合组织等重要国际机制成果文件。目前共建"一带一路"倡议受到了国内媒体和网民的积极响应。(图 2-88)

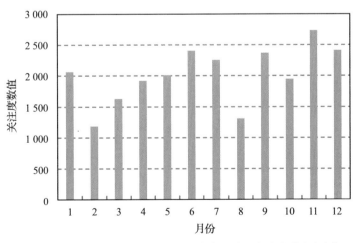

图 2-88　2018 年中国国内媒体和网民对共建"一带一路"倡议关注度走势

(2)"命运共同体""全球化""互联互通"成共建"一带一路"倡议新热点

2018 年,世界聚焦中国改革开放 40 年成就,愈加能够认识到,中国积极推进共建"一带一路",正是新时代中国全面深化改革、扩大开放的明证,正是中国致力于加强国际合作、完善全球治理的切实行动。正如习近平主席在推进"一带一路"建设工作五周年座谈会上所指出的:"共建'一带一路'顺应了全球治理体系变革的内在要求,彰显了同舟共济、权责共担的命运共同体意识,为完善全球治理体系变革提供了新思路新方案。"

共建"一带一路"倡议提出以来,国内官方媒体对相关话题关注热度持续走高。2013 年"丝绸之路经济带""21 世纪海上丝绸之路""互联互通"等倡议构想相继被提出后,迅速成为网络热点。随着"一带一路"的逐渐深化和推进,"经济走廊""亚投行""自贸区""全球化"等话题相继走热,且关注度居高不下。(表 2-23)进入 2018 年,"命运共同体""全球化""互联互通"成共建"一带一路"倡议新热点。

表 2-23　　　　　　　　共建"一带一路"倡议热议话题年度变化

关注度排名	2013	2014	2015	2016	2017	2018
一	丝绸之路经济带	经济走廊	自贸区	自贸区	命运共同体	命运共同体
二	海上丝绸之路	互利共赢	互联互通	互联互通	中国梦	全球化
三	互联互通	亚投行	亚投行	基础设施建设	文化交流	互联互通
四	中国梦	丝路基金	基础设施建设	产能合作	开放新格局	文化交流
五	开放新格局	顶层设计	经济走廊	经济走廊	自贸区	中国梦
六	经济走廊	文化交流	命运共同体	全球化	中欧班列	全球治理
七	互利共赢	战略意义	丝路基金	命运共同体	全球化	中欧班列
八	新机遇	新机遇	民心相通	民心相通	金砖国家	新机遇
九	—	全球化	金砖国家	亚投行	新机遇	自贸区
十	—	—	全球化	人文交流	互联互通	开放新格局
十一	—	—	人文交流	中欧班列	全球治理	金砖国家
十二	—	—	产能合作	金砖国家	TPP	—
十三	—	—	金融合作	丝路基金	协调发展	—
十四	—	—	TPP①	协调发展	基础设施建设	—
十五	—	—	政策沟通	战略对接	金融合作	—
十六	—	—	顶层设计	全球治理	战略意义	—
十七	—	—	协调发展	金融合作	人文交流	—
十八	—	—	人民币国际化	顶层设计	经济走廊	—
十九	—	—	贸易畅通	政策沟通	互利共赢	—
二十	—	—	中欧班列	贸易畅通	战略对接	—

(资料来源:大连瀚闻咨询全球贸易观察数据库)

---

① 跨太平洋伙伴关系协定,是目前重要的国际多边经济谈判组织。

2. 沿线国家对共建"一带一路"倡议关注度分析

(1)沿线国家对共建"一带一路"倡议关注度稳步上升

共建"一带一路"倡议不仅对拉动国内经济有很大的好处,同时还为整个沿线国家的发展带来了巨大的机遇。这个倡议自实施以来,受到沿线国家的积极支持。

首先,沿线国家普遍看好中国经济,同时也非常认同共建"一带一路"倡议。另外,第二个原因就是中国经济实力的增强。改革开放以来,我国经济飞速发展,给海外市场的发展带来足够的空间。(图 2-89)

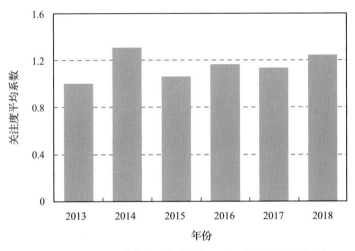

图 2-89　2013—2018 年沿线国家对共建"一带一路"倡议关注度走势

(2)沿线国家对共建"一带一路"倡议关注热词为中国、俄罗斯、美国等

从关注领域来看,沿线国家除对中国、俄罗斯、美国重点关注外,在经济、合作、发展等方面关注度也较高。共建"一带一路"倡议提出五年来,中国企业在沿线国家建设境外经贸合作区共 82 个,中国与"一带一路"沿线国家贸易额累计超过 5 万亿美元,沿线国家已经成为中国最重要的贸易合作伙伴。(图 2-90)

图 2-90　2018 年沿线国家对"一带一路"关注热词词云

(四)共建"一带一路"倡议媒体传播情况

1. 国外媒体视野中的共建"一带一路"倡议

近年来,越来越多的学者开始研究共建"一带一路"倡议在各国的舆情,为了解"一带一路"的海外传播效果提供了较为全面的认识。但目前的研究主要围绕主流媒体的新闻报道,鲜有关注国外公众的意见。此外,部分研究仅从理论出发或缺少大量数据,不能完全展现国外媒体的舆情现状。国际形势日新月异,国家地区间的关系不断发展与变化,媒体与公众对"一带一路"的理解也同样不断改变,对"一带一路"舆情的研究要不断跟进。

(1)美英主流媒体涉"一带一路"平衡性报道有所增加

共建"一带一路"倡议被提出以来,具体建设取得了累累硕果,为全球经济发展注入了新的动能,为当今世界开启了新的发展航程。近期,一些美英主流媒体不再执着于一味地负面报道,而是多了一些思考,发表了更多平衡性报道,更多肯定了共建"一带一路"倡议的积极意义及其为世界带来的积极变化。

认可"一带一路"有利缩小经济差距,解决了导致世界不稳定的根本原因之一。美国《华盛顿邮报》"猴子牢笼"专栏 2018 年 9 月 11 日刊发美国弗吉尼亚州威廉玛丽学院"援助数据"项目团队执行负责人布拉德利·帕克斯等人共同撰写的题为《"一带一路"项目将中国投资带向全球各个角落,这些投资对当地影响如何呢》的文章,称美欧政策制定者不再对中国的共建"一带一路"倡议持观望态度,而是开始越来越多地进行公开质疑,那么这一倡议对投资接受国究竟有什么影响呢?

此外,"援助数据"项目团队的这一报告也受到美联社记者的关注,发表了题为《报告:中国建设项目正在缩小经济差距》的报道。

(2)共建"一带一路"倡议成为非洲政要、专家学者和媒体热议的话题

2019 年 9 月 2 日,乌干达总统穆塞韦尼高度评价共建"一带一路"倡议,他说"一带一路"对加快推进非洲经济发展至关重要,中国对于非洲国家是更好的合作伙伴,非洲国家应抓住机遇,深度参与和中国的合作。

2019 年 4 月 24 日,南非的非洲-中国研究中心主任戴维·蒙亚埃说,共建"一带一路"倡议是中国的,也是世界的,它和非盟《2063 年议程》相契合,联通了中非发展愿景,符合非洲大陆的发展需求。

尼日利亚《领导者报》网站 2019 年 4 月发表了尼日利亚中国研究中心主任查尔斯·奥努纳伊朱的文章称,共建"一带一路"倡议并非是一项所谓的地缘政治战略,它是中国对全球治理和包容性发展做出的当代贡献,是一个正在进行之中的国际合作进程。

2009 年 4 月 25 日,刚果(布)新闻与媒体部长兼政府新闻发言人蒙加拉在接受央视记者采访时,高度评价了共建"一带一路"倡议,表示希望借第二届"一带一路"国际合作高峰论坛的召开促进中国与刚果(布)之间逐步开展具体的合作。

就像蒙加拉说的,正因为中国了解各个发展中国家所遇到的问题,而且本着共商共建共享的原则和非洲开展合作,几年间加入"一带一路"朋友圈的非洲国家也越来越多,截至2019 年 4 月,签署"一带一路"合作框架文件的非洲国家已增至 37 个。

总体来看,无论是国外媒体还是社交平台,对中国共建"一带一路"倡议的看法都是比较客观的,主流声音也是积极的多于消极的。首先,媒体对共建"一带一路"倡议在经济领域的表现高度重视,"投资""基础设施""商业""贸易"等词不断出现,共建"一带一路"倡议促进合作共赢、经济融合的成效明显。其次,各国从自身利益出发,对共建"一带一路"倡议表达不同态度,中国和各国的关系也成为讨论热点。亚洲国家是共建"一带一路"倡议的最大参与者,从积极参与的国家,到还未加入的国家,国家之间的合作或博弈成为外媒讨论的焦点。此外,澳大利亚、美国在其中的表现也被不断提及。尽管共建"一带一路"倡议更多是经济、文化方面的交流互通,但国外在政治层面的讨论较多。

共建"一带一路"倡议的提出是为了共同打造政治互信、经济融合、文化包容的命运共同体。我国的不断努力,以及共建"一带一路"倡议以经济领域为代表的显著成果和互赢格局,已经让国外媒体和民众加深了对共建"一带一路"倡议的理解,客观积极评价占据主流。然而要在媒体和民众之间形成完全的共识,并非一日之功。对外传播要掌握主动权,针对已经基本取得国外认可的经济领域贡献,要继续加强传播,以互惠共赢的美好前景吸引更多国家的合作和加入,要有的放矢地解释交流,以更友好开放的姿态呼吁深层次的理解,同时对不同国家和地区进行专门化和差异化的传播。共建"一带一路"倡议的对外传播,要以更积极主动的姿态和更科学有效的方法,获得更广泛的政治互信和互惠合作。

2. 共建"一带一路"倡议下我国媒体对外传播路径

(1)新媒体成为共建"一带一路"的重要组成部分

新媒体不仅通过信息服务助推"一带一路"建设,"数字丝绸之路"本身也是共建"一带一路"的重要领域。

第一,互联网基础设施建设促进各国信息互联互通。为提高国家间沟通往来效率,从信息通信层面缩小全球数字鸿沟,中国致力于提高沿线国家信息基础设施建设水平,使其达到标准。一方面,国内电信运营企业纷纷加强海外落地。2018 年 8 月,中国铁塔股份有限公司与老挝政府等联合出资设立东南亚铁塔有限责任公司;9 月,中国移动国际公司南非子公司正式成立,助力当地企业信息化建设和数字化转型;10 月,中国联通(越南)运营有限公司在越南河内正式成立,至此,联通在"一带一路"区域的分支机构增至 12 个。另一方面,我国与多个国家的共建光缆网络项目正在稳步推进中,且中国积极推进国家间大数据、云计算、智慧城市等领域的合作。信息基础设施项目为共建"一带一路"倡议提供了强有力的保障。

第二,"丝路电商"成为推动"数字丝绸之路"建设的新引擎。《关于 2018 年国民经济和社会发展计划执行情况与 2019 年国民经济和社会发展计划草案的报告》数据显示,"数字丝绸之路"建设稳步推进,我国已与 16 个国家签署合作谅解备忘录,"丝路电商"全球布局步伐加快,我国与 17 个国家签署合作协议。京东发布的数据显示,2018 年"一带一路"合作国家在京东使用跨境电商消费的订单量是 2016 年的 5.2 倍。

第三,我国媒体在共建"一带一路"倡议的背景下,通过项目协议等与国外媒体开展国际合作。在发挥信息服务作用,对外传播相关信息的同时,积极开展国际合作是我国媒体助力提升国家影响力的举措。2018 年 9 月,在第三届中印互联网对话大会上,来自中印两国的 89 家机构代表和创投界人士就中印互联网发展和合作议题进行了讨论。2019 年4 月,"一带一路"新闻合作联盟首届理事会议召开,已有来自全球 86 国的 182 家媒体加入"一带一路"新闻合作联盟。联盟将在建立公共稿库、数据库等方面进行探索。同时,"一带一路"新闻合作联盟网站也正式上线。

(2)以移动网站、社交媒体账号为主体的海外华文新媒体传播矩阵逐渐成形

为全面了解当前海外华文新媒体的发展趋势及其影响力,《新媒体蓝皮书:中国新媒体发展报告 No.10(2019)》抽取了受众覆盖面比较大的 100 家重点华文媒体作为研究样本,着重分析其在各大网站、脸书(Facebook)、推特(Twitter)、微信、微博等新媒体平台的布局情况,通过指数评价体系量化评估综合影响力。通过对数据进行深入分析,得出如下结论:

第一,从区域来看,东南亚地区的海外华文媒体网站影响力独树一帜。东南亚聚集了大批华人华侨,是海外华文媒体传播的重镇,其中,新加坡、马来西亚、印度尼西亚、泰国等国家的华文媒体尤为兴盛。在此次海外华文媒体网站影响力排行榜中,前十位媒体中有6 家来自东南亚,而在前五位中更是占据 4 个席位。

第二,综合资讯类华文媒体网站影响力不断提升。一些海外华文媒体网站积极为当地华人华侨、留学生,以及在当地工作、旅游的人群提供信息分享平台,满足日常的生活需求。网站通常包括求职招聘、房屋出租、二手商品等生活服务栏目。在网站影响力排行榜中,洛杉矶华人资讯网、奋斗在韩国、新西兰天维网、迪拜中华网、加拿大华人网都是这类华文网站的典型代表。值得注意的是,研究还发现有 32 家海外华文媒体网站影响力综合指数值低于 60,凸显网站影响力存在一定的不平衡。

第三,海外华文媒体网站积极开设中国专题。如柬埔寨《高棉日报》、日本《东方新报》、法国《欧洲时报》等媒体官网设有专题或栏目,重点报道与中国的友好关系、推介中国品牌,以及密切关注中国两会等重大活动,传播主流声音。作为面向华人华侨的重要平台,华文媒体网站还大力传播华人华侨文化交流活动,如荷兰一网的"一团荷气"栏目、《高棉日报》的"华人华侨"栏目、《葡新报》的"侨乡广东"栏目等,有利于团结海内外中华儿女,激发华人群体共有的民族情感。

新媒体在国际舞台上作用凸显,是 2018 年中国新媒体发展的特征之一。据此,蓝皮书认为,应提升数字文化出海对传播中华文化的推动作用,加强网络文化国际交流,培育新型文化业态和文化消费模式,鼓励互联网平台企业全球化发展。这同时也为数字强国提供新的路径。

(五)经典案例

1."一带一路"新闻合作联盟建设取得实质性进展

2019 年 4 月 23 日,"一带一路"新闻合作联盟首届理事会议及配套活动在北京人民日报社成功召开。"一带一路"新闻合作联盟首届理事会由来自 25 个国家的 40 家主流媒体组成。会议审议了《"一带一路"新闻合作联盟章程》《"一带一路"新闻合作联盟理事会运行规则》,发表了《"一带一路"新闻合作联盟首届理事会议联合宣言》,讨论了《"一带一路"新闻合作联盟 2019—2020 年工作计划》。会议期间还举行了"一带一路"新闻合作联盟网站和新闻信息移动端聚合分发平台的上线仪式。

中国国家主席习近平向会议发来热情洋溢的贺信。习近平主席指出,共建"一带一路"倡议源于中国，机遇和成果属于世界。参与各方秉持和平合作、开放包容、互学互鉴、互利共赢的丝路精神，努力把"一带一路"建设成为和平之路、繁荣之路、开放之路、绿色之路、创新之路、文明之路。习近平主席强调，我们高兴地看到，"一带一路"倡议提出以后，在共建"一带一路"伙伴网络过程中，媒体发挥了积极的建设性作用。"一带一路"新闻合作联盟为各国媒体提供了便利的交流合作平台。希望各理事单位发扬丝路精神，加强沟通合作，在推动政策沟通、设施联通、贸易畅通、资金融通、民心相通方面多做工作，讲好"一带一路"故事，为共建"一带一路"营造良好舆论氛围，让共建"一带一路"更好更多惠及沿线国家民众。联盟首届理事会议的召开，标志着"一带一路"新闻合作联盟建设已经取得了实质性进展。

在 2017 年首届"一带一路"国际合作高峰论坛开幕式上，习近平主席富有远见地提出了"打造新闻合作联盟"的重要倡议。这一倡议一经提出，就得到了各国新闻机构，特别是"一带一路"共建国家相关新闻机构的积极响应。

首届"一带一路"国际合作高峰论坛结束后，人民日报社与各国新闻机构广泛接触，就打造新闻合作联盟事项进行深入沟通交流，向有意愿的媒体发出邀请。截至 2019 年 4 月，共有 86 个国家的 182 家媒体积极响应，确认加入联盟。

"一带一路"新闻合作联盟网站由人民网承建，旨在打造包含资讯、服务、交流、合作四大核心特色的多功能平台，为联盟成员提供沟通交流、稿件上传与下载、内容互换、版权交易等服务。目前网站拥有中文、英文、法文、俄文、阿拉伯文和西班牙文 6 个语言版本。

2. 丝路电视国际合作共同体蓬勃发展

丝路电视国际合作共同体是由中国国际电视总公司、中国中央电视台于 2016 年 5 月初在阿拉伯广播电视节上倡议发起的全球首个以"丝路"为纽带、面向全媒体的国际影视媒体联盟。丝路电视国际合作共同体的成立，是中国影视业推动国际合拍机制化的一次重大突破，为"一带一路"国家的了解与互信提供了交融互鉴的桥梁和纽带，是推动"一带一路"建设与多元文化交流的重要力量。

2018 年的"丝路电视国际合作共同体"高峰论坛以"新时代、新作为、新跨越"为主题，共同体成员已从成立之初的 29 个国家和地区的 41 家机构，扩充到 50 个国家和地区的 98 家机构。在此次高峰论坛上，又有阿拉伯国家广播联盟、德国电视联盟、柬埔寨数字天空多媒体公司、柬埔寨威流电台和日本世界高清频道等 5 家机构加入共同体，至此共同体的成员已增加至 103 家。在影视合拍方面，电视剧《星际惊魂》《从长安到罗马》《从丝路到北极光》《走进中国——拉法兰见证 40 年巨变》等合拍片在开幕式上发布。在频道时段的合作经营方面，高峰论坛发布了与葡萄牙、塞拉利昂等国的合作成果。与此同时，2019 年"金丝带"多国合拍系列节目《我看今日丝路》也正式发布启动。

"2019 丝绸之路电视国际合作共同体高峰论坛"以"全媒体融合 高质量发展"为主题，并宣布成立丝绸之路电视国际合作共同体理事会。理事会由来自 23 个国家和地区的 29 家主流媒体和制作机构组成。理事会是支持共同体发展的协商、审议与监督机构，负责沟通协调、督促落实共同体重大工作事项、决策共同体发展等重大问题。理事会下设新闻合作、融合传播、节目合作、产业合作四个专业委员会。截至此次论坛，共同体成员及伙伴已发展到 58 个国家和地区共 130 家机构，覆盖"一带一路"沿线的重点国家和地区，已成长为推动"一带一路"建设、加强多元文化交流和促进中外民心相通的有力平台。

新一轮信息技术革命正在推动移动通信网络技术与超高清产业的变革，5G与4K为媒体行业提供了一个全新的发展契机。2019年4月丝绸之路电视国际合作共同体各成员单位共同发布《丝绸之路电视国际合作共同体5G＋4K传播创新倡议书》，以便促进国际媒体机构、视频产业、电信运营商以及科研院所、企业开展更高水平、更深层次的全球合作与传播创新。丝绸之路电视国际合作共同体各机构负责人一致表示，愿携手并进，共享机遇，在新技术的引领下共同开辟互利共赢的合作新空间。

（六）数据分析

1.共建"一带一路"倡议国际关注度提升

随着综合国力的增强，中国以前所未有的姿态走上世界舞台，共建"一带一路"倡议的国际关注度不断提升。2018年，舆情方面，沿线国家对中国的关注度系数达1.6以上；俄罗斯等五国对共建"一带一路"倡议的积极情绪占比均在30％以上。文化方面，沿线国家对"中国文化"关注度一直处于较高水平。经济方面，沿线国家普遍看好中国经济，经济、合作、发展等都是沿线国家关注的重点领域。自中国于2017年举办首届"一带一路"国际合作高峰论坛以来，共建"一带一路"倡议的全球关注度与日俱增，在2018年达到峰值。

2."一带一路"国家媒体的国际影响力仍有不足

世界媒体实验室发布的"世界媒体500强"排行榜中，中国的媒体数量位列第二，排名前十位的沿线国家只有印度。由此可见，"一带一路"国家媒体的国际影响力仍有不足。西方媒体在全球话语体系中仍然占主导地位，它们对"一带一路"的报道的倾向很大程度上影响着中国及共建"一带一路"倡议在国际上的形象。

3.新媒体在"一带一路"建设中发挥重要作用

媒体影响了数以亿计的人民的生活，新闻报道可以帮助各国人民充分了解、及时获取有关"一带一路"进程的消息。2018年，进入"世界媒体500强"的中国媒体数量居于亚洲第一位，沿线国家对中国和"一带一路"的关注度持续提升，西方各国对"一带一路"的舆论评价也逐渐趋向客观，但"一带一路"国家媒体的国际影响力仍需提升。新媒体的迅猛发展是重要的机会，互联网新媒体企业数量在"世界媒体五百强"中居第八位，但吸金能力极强。在当今"全球、全媒、全民"的传媒新格局中，新媒体以其技术和传播优势，将成为'一带一路'建设中连接中外、沟通世界不可或缺的重要手段。对传统广播而言，新的传播技术平台、报道生产流程拥有更强大的信息整合传播能力，在共建"一带一路"倡议下所创造的社会效益、经济效益也更大。因此，电视台和广播电台等应主动进行媒体融合，打造更多对话交流平台，形成多层次、多领域、全方位的对外传播架构，实现新闻资源共享，力争形成品牌优势，联合沿线地区媒体传播好"一带一路"建设取得的积极成就。各国应该顺应媒介发展趋势，积极运用新媒体，在信息联通方面发挥更大的作用，共同书写"一带一路"媒体合作交流的新篇章。

文化产品贸易篇

习近平总书记在庆祝中国共产党成立 95 周年大会上讲道："文化自信,是更基础、更广泛、更深厚的自信。"十九大报告中明确提出,要"坚定文化自信,推动社会主义文化繁荣兴盛"。加强对外文化贸易是彰显国家文化自信、提升国家软实力的重要一步,同时,对外文化贸易作为一国文化产业发展的关键步骤,对实现文化产业的溢出效应、扩展本国文化产业生存空间具有举足轻重的作用。文化贸易是"一带一路"国际合作中的重要内容,有利于加强中国与沿线国家的文化交流,促进"一带一路"建设的民心相通。中国与沿线国家互为重要的贸易伙伴,中国的经济发展、贸易增长为沿线国家提供了广阔的市场和丰富的产品;沿线国家人口众多、地域广阔,也为我国提供了丰富的资源。交流、交易、交融,这是一个自然而然的过程,文化贸易遇上"一带一路",挑战与机遇并存。

一、"一带一路"国家与全球文化产品贸易合作①

(一)"一带一路"国家与全球文化产品贸易格局

2018 年,沿线国家文化产品贸易额占全球文化产品贸易额的比重为 16.6%,较沿线国家货物贸易额占全球货物贸易额的比重低 3.2 个百分点。中国文化产品贸易额占全球文化产品贸易额的比重为 15.8%,较中国货物贸易额占全球货物贸易额的比重高 3 个百分点(图 3-1)。数据表明中国文化产业结构不断优化,文化产品在全球范围内传播较广泛,而沿线国家的文化产品传播仍有待加强。

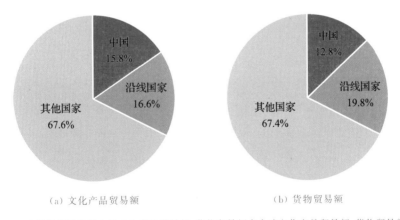

(a) 文化产品贸易额　　　　　　　(b) 货物贸易额

图 3-1　2018 年沿线国家及中国文化产品贸易额、货物贸易额占全球文化产品贸易额、货物贸易额比重

---

① 本篇第一、二、三节所有数据来自大连瀚闻资讯全球贸易观察数据库。

(二)"一带一路"国家与全球文化产品出口格局

2018年,在"一带一路"国家中,中国对全球文化产品出口额最高,占"一带一路"国家对全球文化产品出口额的比重超过一半;其次是印度、阿联酋,其文化产品出口额占"一带一路"国家对全球文化产品出口额的比重均在8.0%左右;新加坡文化产品出口额占"一带一路"国家对全球文化产品出口额的比重为5.1%。(图3-2)

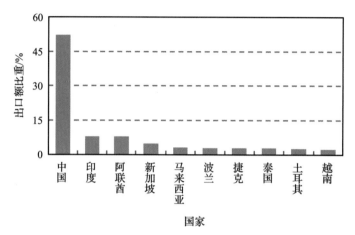

图3-2　2018年部分"一带一路"国家文化产品出口额占"一带一路"国家对全球文化产品出口额的比重

(三)"一带一路"国家与全球文化产品进口格局

2018年,在"一带一路"国家中,中国文化产品自全球进口额最高,占"一带一路"国家文化产品进口额的比重为23.4%;新加坡文化产品进口额占"一带一路"国家文化产品进口额的比重为10.2%;波兰文化产品进口额占"一带一路"国家文化产品进口额的比重为9.7%。(图3-3)

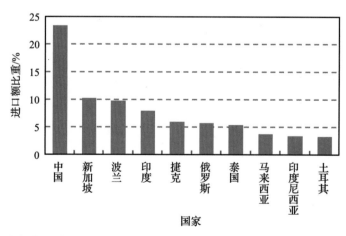

图3-3　2018年部分"一带一路"国家文化产品进口额占"一带一路"国家自全球文化产品进口额的比重

二、中国与沿线国家文化产品贸易合作

（一）2011—2018 年文化产品贸易额变化

自共建"一带一路"倡议提出以来，中国的文化产品和服务不断走向世界舞台，对外文化贸易也成为中国文化迈向世界最有效、最公平的途径之一。2018 年，中国与沿线国家文化产品贸易额为 177.6 亿美元，较 2017 年下降 0.8%，占中国文化产品与全球贸易额的17.7%。从出口来看，2018 年，中国对沿线国家文化产品出口额为 155.3 亿美元，较2017 年下降 3.3%，占中国文化产品对全球出口额的 17.2%；从进口来看，2018 年中国自全球文化产品进口额出现回升，达 22.3 亿美元，较 2017 年增长 20.9%，占中国文化产品自全球进口额的 22.3%。（图 3-4、图 3-5）

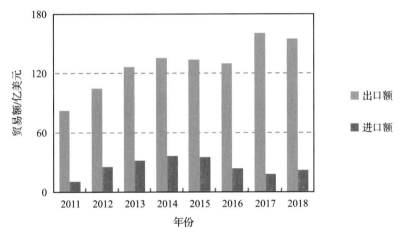

图 3-4　2011—2018 年中国与沿线国家文化产品出口额、进口额

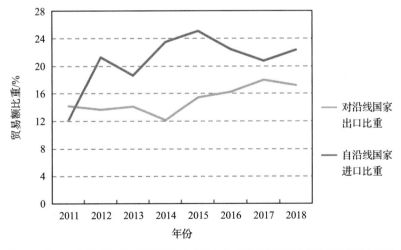

图 3-5　2011—2018 年中国与沿线国家文化产品贸易额占中国文化产品对外贸易额比重

（二）中国与沿线国家文化产品贸易伙伴

1. 出口贸易伙伴

从出口来看，印度是中国在沿线国家中最大的文化产品出口市场，2018年出口额达到22.2亿美元，占中国对沿线国家文化产品出口额的比重为14.3%；中国对俄罗斯、新加坡、阿联酋三国的出口额分别为12.4亿美元、10.4亿美元、10.1亿美元，占中国对沿线国家文化产品出口额的比重分别为8.0%、6.7%、6.5%；中国对其余沿线国家文化产品出口额均低于10亿美元。（图3-6）

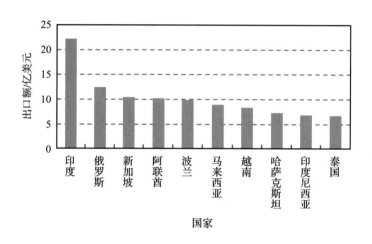

图3-6　2018年中国对沿线国家出口文化产品前十大贸易伙伴

2. 进口贸易伙伴

从进口来看，越南是中国在沿线国家中最大的文化产品进口市场，2018年进口额达8.6亿美元，占中国自沿线国家文化产品进口额的比重为38.6%；中国自泰国文化产品进口额为3.1亿美元，占中国自沿线国家文化产品进口额的比重为13.9%；中国自新加坡、印度尼西亚、菲律宾、捷克文化产品进口额均超过1亿美元，分别为2.1亿美元、2.1亿美元、1.1亿美元、1.1亿美元。（图3-7）

（三）中国与沿线国家文化产品贸易结构

1. 出口文化产品结构

从出口来看，在各类文化产品中，中国对沿线国家文具、玩具、游艺器材及娱乐用品出口额最高。2018年中国对沿线国家文具、玩具、游艺器材及娱乐用品出口额为73.0亿美元，较2017年下降9.2%，占中国对沿线国家文化产品出口额的46.9%；中国对沿线国家工艺美术品及收藏品出口额为 43.9 亿美元,较 2017 年下降 10.2%,占比为 28.2%;中国对沿线国家文化专用设备出口额为 32.5 亿美元,较 2017 年增长 26.6%,占比为 20.9%;中国对沿线国家乐器,图书、报纸、期刊及其他纸质出版物和音像制品及电子出版物的出口额相对较小,分别为 3.0 亿美元、2.8 亿美元和 0.5 亿美元,占比分别为 1.9%、1.8% 和 0.3%。(图 3-8、图 3-9)

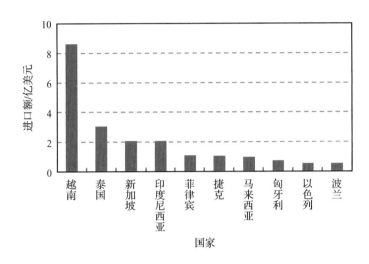

图 3-7　2018 年中国自沿线国家进口文化产品前十大贸易伙伴

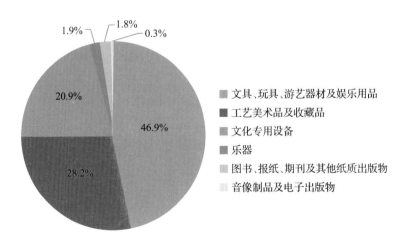

图 3-8　2018 年中国对沿线国家出口文化产品结构

2.进口文化产品结构

从进口来看,在各类文化产品中,中国自沿线国家文化专用设备进口额最高。2018 年,中国自沿线国家文化专用设备进口额为 12.5 亿美元,较 2017 年增长 23.9%,占中国自沿线国家文化产品进口额的 56.1％；中国自沿线国家工艺美术品及收藏品,文具、玩具、游艺器材及娱乐用品进口额分别为 3.1 亿美元、3.0 亿美元,分别较 2017 年增长18.1％、21.7％,占比为 14.0％、13.6％；中国自沿线国家图书、报纸、期刊及其他纸质出版物,乐器,音像制品及电子出版物进口额分别为 1.8 亿美元、1.5 亿美元和 0.3 亿美元,占比分别为 8.2％、6.9％和 1.2％。(图 3-10、图 3-11)

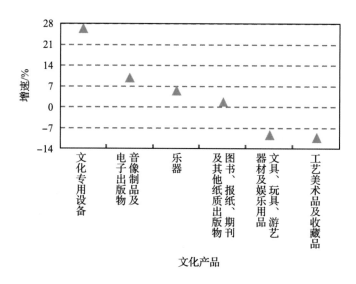

图 3-9　2018 年中国对沿线国家文化产品出口额增速

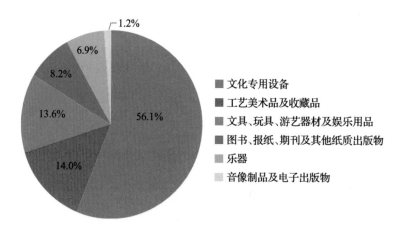

图 3-10　2018 年中国自沿线国家进口文化产品结构

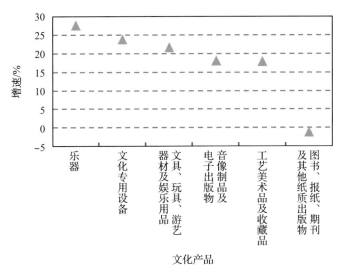

图 3-11　2018 年中国自沿线国家文化产品进口额增速

(四)中国与沿线国家文化产品贸易方式

1. 出口贸易方式

从出口来看,中国对沿线国家文化产品出口贸易方式以一般贸易为主。2018 年,中国对沿线国家文化产品一般贸易出口额为 89.6 亿美元,较 2017 年下降 4.3%,占中国对沿线国家文化产品出口额的比重为 57.7%;中国对沿线国家进料加工贸易、边境小额贸易出口额分别为 11.0 亿美元、10.4 亿美元,分别较 2017 年增长 36.3%、4.2%,占比分别为 7.1%、6.7%;中国对沿线国家来料加工装配贸易出口额为 5.5 亿美元,较 2017 年下降 7.3%,占比为 3.5%;中国对沿线国家其他贸易出口额为 38.8 亿美元,较 2017 年下降 14.2%,占比为 25.0%。(图 3-12)

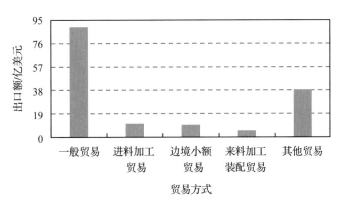

图 3-12　2018 年中国对沿线国家文化产品出口贸易方式

2. 进口贸易方式

从进口来看,中国自沿线国家文化产品进口贸易方式以一般贸易为主。2018 年中国自沿线国家文化产品一般贸易进口额为 9.9 亿美元,较 2017 年增长 27.2%,占中国自沿线国家文化产品进口额的比重为 44.4%;其次是进料加工贸易,进口额为 8.1 亿美元,较2017 年增长 39.1%,占比为 36.3%;中国自沿线国家来料加工装配贸易、边境小额贸易进口额分别为 0.4 亿美元、0.04 亿美元,分别较 2017 年增长 6.5%、20.9%,占比分别为1.8%、0.2%;中国自沿线国家其他贸易进口额为 3.8 亿美元,较 2017 年下降 55.4%,占比为 17.3%。(图 3-13)

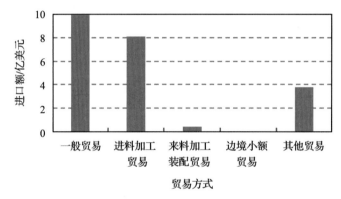

图 3-13 2018 年中国自沿线国家文化产品进口贸易方式

(注:因边境小额贸易数据较小,故无法在图中显示)

(五)中国与沿线国家文化产品贸易主体

1. 出口贸易主体

从出口来看,在中国对沿线国家文化产品出口贸易中,民营企业一枝独秀。2018 年中国民营企业对沿线国家出口文化产品 127.5 亿美元,较 2017 年下降 3.7%,占中国对沿线国家文化产品出口额的比重为 82.1%;外资企业对沿线国家出口额为 21.5 亿美元,较2017 年略微增长 0.8%,占比为 13.8%;国有企业对沿线国家出口额为 6.1 亿美元,较2017 年下降 8.5%,占比为 3.9%,其他企业对沿线国家出口额较小。(图 3-14)

2. 进口贸易主体

从进口来看,外资企业在中国自沿线国家文化产品进口贸易中表现突出。2018 年,外资企业自沿线国家进口额为 16.0 亿美元,较 2017 年增长 18.6%,占中国自沿线国家文化商品进口额的比重为 71.7%;民营企业自沿线国家进口额为 4.5 亿美元,较 2017 年增长32.4%,占比为 20.2%;国有企业自沿线国家进口额为 1.7 亿美元,较 2017 年增长8.7%,占比为 7.6%;其他企业自沿线国家进口额较小。(图 3-15)

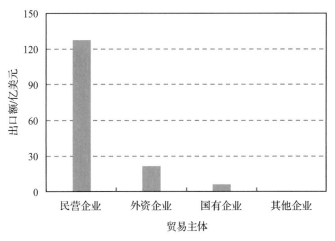

图 3-14　2018 年中国对沿线国家文化产品出口贸易主体

（注：因其他企业文化产品出口额数据较小，故无法在图中显示）

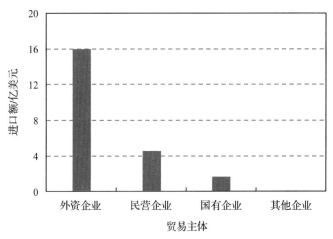

图 3-15　2018 年中国自沿线国家文化产品进口贸易主体

（注：因其他企业文化产品进口额数据较小，故无法在图中显示）

三、中国与沿线地区文化产品贸易合作

（一）东北亚

1.中国与东北亚地区文化产品贸易总体情况

（1）中国与东北亚地区文化产品贸易额略微下降

中国与东北亚地区文化产品贸易额在 2014 年达到高峰，为 14.4 亿美元，2018 年贸易额为 12.7 亿美元，与 2017 年相比基本持平，占中国与沿线国家文化产品贸易额的比重为 7.2%，其中中国对东北亚地区出口额为 12.5 亿美元，中国自东北亚地区进口额为 0.2 亿美元。（图 3-16）

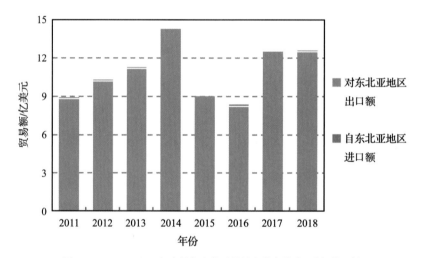

图 3-16　2011—2018 年中国与东北亚地区文化产品出口额、进口额

（2）俄罗斯占据绝对优势，是中国在东北亚地区的主要合作国

2018 年，中国与俄罗斯文化产品贸易额为 12.6 亿美元，与 2017 年相比基本保持不变，占中国与东北亚地区文化产品贸易额的 99.2%；中国与蒙古文化产品贸易额仅为 0.1 亿美元。（图 3-17）

2.中国与东北亚地区文化产品贸易结构

（1）文具、玩具、游艺器材及娱乐用品出口额小幅下降

2018 年，中国对东北亚地区出口额最高的文化产品是文具、玩具、游艺器材及娱乐用品，出口额为 7.3 亿美元，较 2017 年下降 6.1%，占中国对东北亚地区文化产品出口额的比重为 57.8%；其次是文化专用设备、工艺美术品及收藏品，出口额分别为 2.6 亿美元、

2.2 亿美元,分别较 2017 年增长 30.2%、—9.3%,占比分别为 21.1%、17.2%;图书、报纸、期刊及其他纸质出版物,乐器,音像制品及电子出版物的出口额均不足 1 亿美元。(图 3-18)

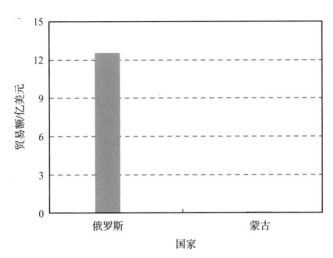

图 3-17　2018 年中国与东北亚地区主要合作国文化产品贸易额

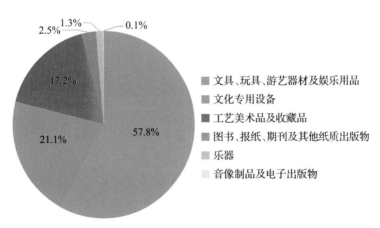

图 3-18　2018 年中国对东北亚地区文化产品出口结构

(2)工艺美术品及收藏品进口额占比超五成,且增速显著

2018 年,中国自东北亚地区进口工艺美术品及收藏品的贸易额继 2016 年之后再次反超图书、报纸、期刊及其他纸质出版物,成为进口额最多的文化产品,进口额为 801.9 万美元,较 2017 年增长 1.8 倍,占中国自东北亚地区文化产品进口额的比重为 51.6%;图书、报纸、期刊及其他纸质出版物进口额居其次,为 595.0 万美元,较 2017 年增长 9.2%,

占比为 38.2％；其他文化产品进口额均低于 100 万美元，其中文具、玩具、游艺器材及娱乐用品较 2017 年出现超过 3 倍的增长。（图 3-19）

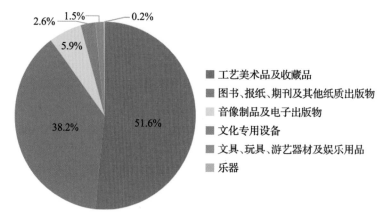

图 3-19　2018 年中国自东北亚地区文化产品进口结构

3. 中国与东北亚地区文化产品贸易方式

(1) 文化产品出口以一般贸易为主

2018 年，中国对东北亚地区文化产品一般贸易出口额为 9.7 亿美元，较 2017 年增长 1.7％，占中国对东北亚地区文化产品出口额的比重为 77.5％；其次是进料加工贸易，出口额为 1.2 亿美元，较 2017 年增长 23.4％，占比为 9.5％；边境小额贸易和来料加工装配贸易出口额分别为 0.5 亿美元和 0.2 亿美元，较 2017 年均出现下降，占比分别为 3.7％和 1.3％；其他贸易出口额为 1.0 亿美元，较 2017 年下降 23.3％，占比为 8.0％。（图 3-20、图 3-21）

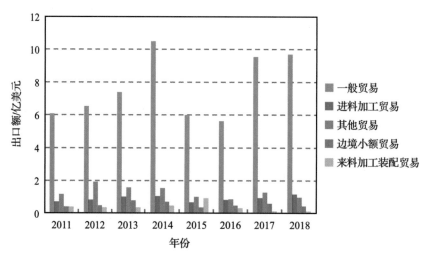

图 3-20　2011—2018 年中国对东北亚地区文化产品出口贸易方式

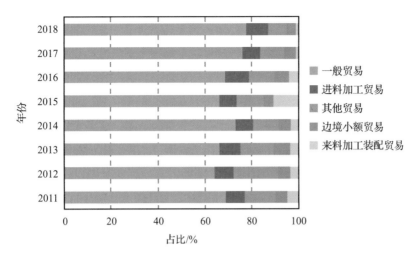

图 3-21　2011—2018 年中国对东北亚地区文化产品出口贸易方式占比

（2）文化产品进口贸易方式中一般贸易独大

2011—2018 年，中国自东北亚地区文化产品进口贸易方式中，一般贸易独大。2018 年，中国自东北亚地区文化产品一般贸易进口额为 1 475.5 万美元，较 2017 年增长 67.6％，占中国自东北亚地区文化产品进口额的比重为 94.8％，占比达到 2011 年以来的最高值；来料加工装配贸易、边境小额贸易、进料加工贸易的进口额较小，均低于 2 万美元；其他贸易进口额为 78.0 万美元，较 2017 年下降 51.9％，占比为 5.0％。（图 3-22、图 3-23）

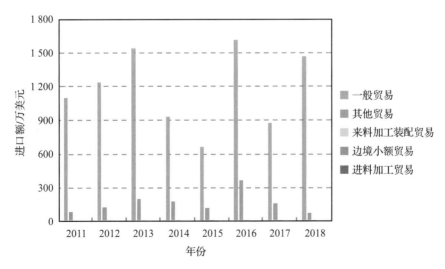

图 3-22　2011—2018 年中国自东北亚地区文化产品进口贸易方式

（注：因来料加工装配贸易、边境小额贸易、进料加工贸易数据较小，故无法在图中显示）

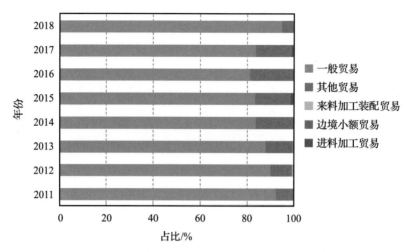

图 3-23　2011—2018 年中国自东北亚地区文化产品进口贸易方式占比

(注:因来料加工装配贸易、边境小额贸易、进料加工贸易数据较小,故无法在图中显示)

4. 中国与东北亚地区文化产品贸易主体

(1)民营企业是主要的出口贸易主体,出口额小幅下降

从出口来看,中国对东北亚地区文化产品出口贸易主体主要集中在民营企业。2018 年,中国对东北亚地区出口的文化产品中,民营企业出口额为 9.9 亿美元,较2017 年下降 3.0%,占中国对东北亚地区文化产品出口额的比重为 78.7%;外资企业出口额为 2.1 亿美元,较 2017 年增长 10.9%,占比为 16.8%;国有企业出口额为 0.5 亿美元,较 2017 年增长 8.3%,占比为 4.4%;其他企业出口额较小。(图 3-24、图 3-25)

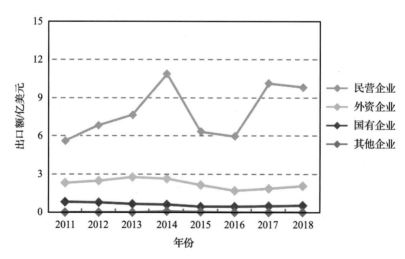

图 3-24　2011—2018 年中国对东北亚地区文化产品出口贸易主体

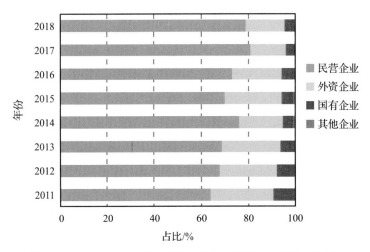

图 3-25　2011—2018 年中国对东北亚地区文化产品出口贸易主体占比

（注：因其他企业文化产品出口额数据较小，故无法在图中显示）

（2）民营企业进口额大幅上升

从进口来看，近两年，民营企业进口额波动较大，2018 年，民营企业进口额超过国有企业进口额，成为中国自东北亚地区文化产品进口额最高的贸易主体，其进口额为849.6 万美元，较 2017 年增长 1.3 倍，占中国自东北亚地区文化产品进口额的比重为54.6％；国有企业进口额为 639.5 万美元，较 2017 年下降 6.6％，占比为 41.1％；外资企业进口额为 57.2 万美元，占比为 3.7％；其他企业进口额较小。（图 3-26、图 3-27）

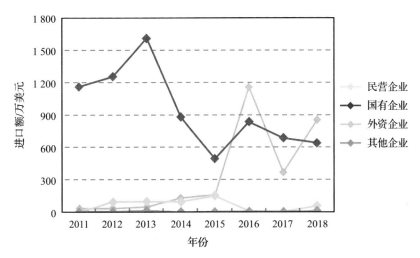

图 3-26　2011—2018 年中国自东北亚地区文化产品进口贸易主体

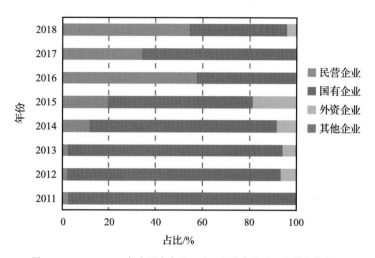

图 3-27 2011—2018 年中国自东北亚地区文化产品进口贸易主体占比

(二)中亚

1.中国与中亚地区文化产品贸易总体情况

(1)2018 年中国与中亚地区文化产品贸易额继续上升

2018 年中国与中亚地区文化产品贸易额达到 8.6 亿美元,较 2017 年增长 6.9%,占中国与沿线国家文化产品贸易额的比重为 4.8%,其中,中国对中亚地区出口额近 8.6 亿美元,中国自中亚地区进口额为 0.009 亿美元。(图 3-28)

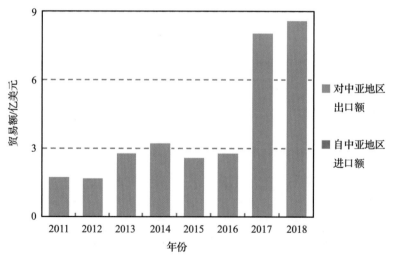

图 3-28 2011—2018 年中国与中亚地区文化产品出口额、进口额

(注:因中国自中亚地区进口额数据较小,故无法在图中显示)

(2)哈萨克斯坦是中国在中亚地区最大的文化产品贸易伙伴

哈萨克斯坦是中国在中亚地区最大的文化产品贸易伙伴,占据绝对优势。2018 年,

中国与哈萨克斯坦文化产品贸易额达到 7.3 亿美元,较 2017 年增长 4.3%,占中国与中亚地区文化产品贸易额的比重为 84.7%;中国与吉尔吉斯斯坦、乌兹别克斯坦、塔吉克斯坦、土库曼斯坦文化产品贸易额均较低,分别为 0.7 亿美元、0.5 亿美元、0.2 亿美元、0.02 亿美元,较 2017 年分别增长 42.9%、24.9%、-3.7%、60.5%。从出口来看,哈萨克斯坦是中国在中亚地区最大的文化产品出口市场,然后是吉尔吉斯斯坦、乌兹别克斯坦、塔吉克斯坦、土库曼斯坦;从进口来看,乌兹别克斯坦是中国在中亚地区最大的文化产品进口市场,然后是塔吉克斯坦、哈萨克斯坦、吉尔吉斯斯坦、土库曼斯坦。(图 3-29)

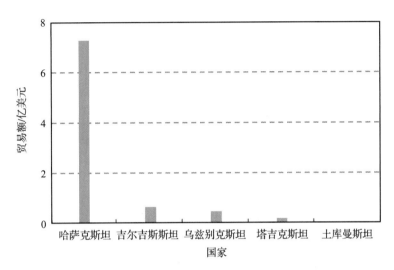

图 3-29　2018 年中国与中亚地区各国文化产品贸易额

(注:因土库曼斯坦文化产品贸易额数据较小,故无法在图中显示)

2. 中国与中亚地区文化产品贸易结构

(1)出口文化产品以文具、玩具、游艺器材及娱乐用品为主

从出口来看,2018 年,中国对中亚地区出口额最高的文化产品是文具、玩具、游艺器材及娱乐用品,出口额为 6.9 亿美元,较 2017 年增长 14.5%,占中国对中亚地区文化产品出口额的比重为 80.09%;工艺美术品及收藏品出口额为 1.1 亿美元,较 2017 年下降25.5%,占比为 12.70%;文化专用设备,图书、报纸、期刊及其他纸质出版物,乐器,音像制品及电子出版物的出口额均不足 1 亿美元。(图 3-30)

(2)进口文化产品集中在工艺美术品及收藏品

从进口来看,2018 年,中国自中亚地区文化产品进口结构较单一,绝大部分为工艺美术品及收藏品,进口额为 89.5 万美元,较 2017 年增长超 2 倍,占中国自中亚地区文化产品进口额的比重为 99.7%;中国自中亚地区进口图书、报纸、期刊及其他纸质出版物仅0.3 万美元,较 2017 年下降 76.7%。(图 3-31)

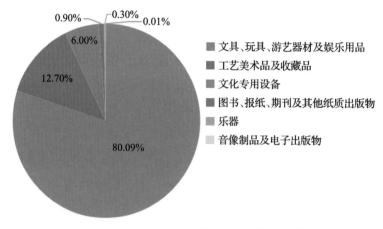

图 3-30　2018 年中国对中亚地区文化产品出口结构

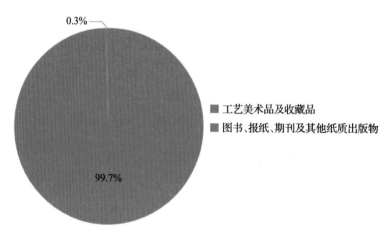

图 3-31　2018 年中国自中亚地区文化产品进口结构

3. 中国与中亚地区文化产品贸易方式

(1)文化产品出口以边境小额贸易为主,占比近八成

从出口来看,2018 年,中国对中亚地区文化产品出口以边境小额贸易为主,出口额为 6.7 亿美元,较 2017 年增长 1.7%,占中国对中亚地区文化产品出口额的比重为 78.3%;一般贸易出口额为 1.6 亿美元,较 2017 年增长 38.7%,占比为 19.1%;进料加工贸易、来料加工装配贸易出口额均较小,均不足 1 亿美元;其他贸易出口额为 0.2 亿美元,较 2017 年下降 9.2%,占比为 2.5%。(图 3-32、图 3-33)

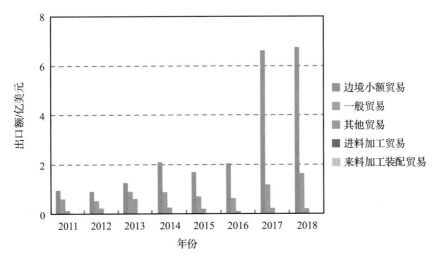

图 3-32　2011—2018 年中国对中亚地区文化产品出口贸易方式

（注：因进料加工贸易、来料加工装配贸易数据较小，故无法在图中显示）

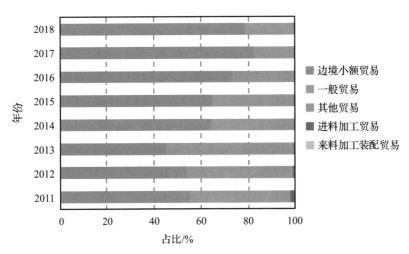

图 3-33　2011—2018 年中国对中亚地区文化产品出口贸易方式占比

（注：因来料加工装配贸易数据较小，故无法在图中显示）

（2）文化产品进口中一般贸易占比超九成，且增幅显著

从进口来看，中国自中亚地区文化产品一般贸易进口额止降回升，2018 年进口额回升至 85.7 万美元，为 2011 年以来的最高峰，较 2017 年增长近 4 倍，占中国自中亚地区文化产品进口额的比重为 95.4%；边境小额贸易进口额出现了明显的下降；其他贸易进口额为 4.1 万美元，较 2017 年增长近 2 倍，占比近 4.6%。（图 3-34、图 3-35）

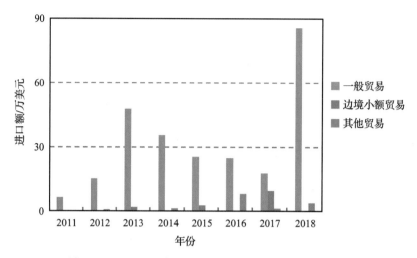

图 3-34 2011—2018 年中国自中亚地区文化产品进口贸易方式

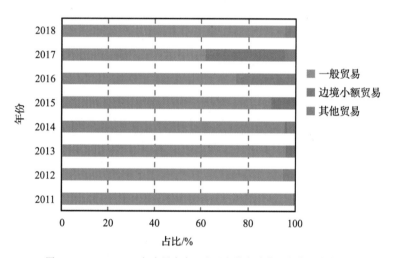

图 3-35 2011—2018 年中国自中亚地区文化产品进口贸易方式占比

4. 中国与中亚地区文化产品贸易主体

(1)民营企业是出口的主力军,且出口额小幅增长

从出口来看,中国对中亚地区文化产品出口以民营企业为主,2018 年民营企业出口额为 8.4 亿美元,较 2017 年增长 6.6％,占中国对中亚地区文化产品出口额的比重为 97.7％;国有企业、外资企业出口额均为 0.1 亿美元,分别较 2017 年增长－10.0％、129.3％;其他企业出口额较小。(图 3-36、图 3-37)

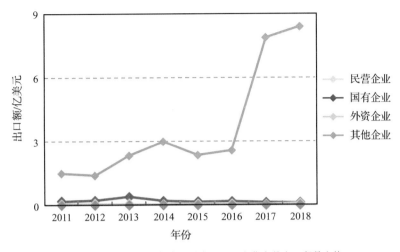

图 3-36　2011—2018 年中国对中亚地区文化产品出口贸易主体

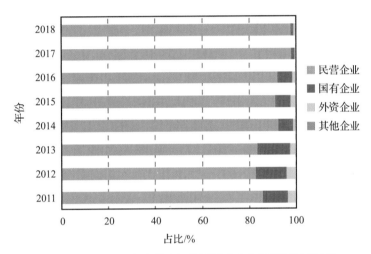

图 3-37　2011—2018 年中国对中亚地区文化产品出口贸易主体占比

(注:因其他企业数据较小,故无法在图中显示)

(2)文化产品进口民营企业独大

　　从进口来看,近两年,中国自中亚地区文化产品进口以民营企业为主,2018 年进口额为 86.3 万美元,较 2017 年增长超 2 倍,占中国自沿线国家文化产品进口额的比重为 96.1%;外资企业进口额为 2.9 万美元;国有企业进口额为 0.5 万美元;其他企业进口额较小。(图 3-38、图 3-39)

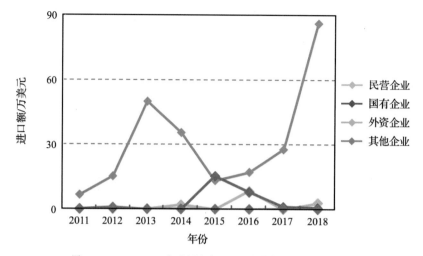

图 3-38　2011—2018 年中国自中亚地区文化产品进口贸易主体

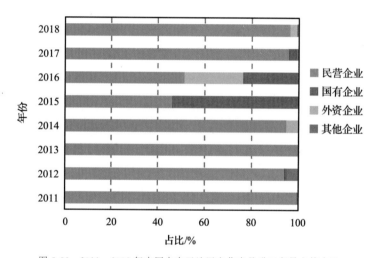

图 3-39　2011—2018 年中国自中亚地区文化产品进口贸易主体占比

(三)东南亚

1. 中国与东南亚地区文化产品贸易总体情况

(1)东南亚地区是中国最大的文化产品贸易市场

　　2015 年以来,中国与东南亚地区文化产品贸易额呈逐年下降的趋势,2018 年降至 65.8 亿美元,较 2017 年下降 2.7%,占中国与沿线国家文化产品贸易额的比重为 37.0%,其中中国对东南亚地区文化产品出口额为 47.8 亿美元,中国自东南亚地区文化产品进口额为 18.0 亿美元。(图 3-40)

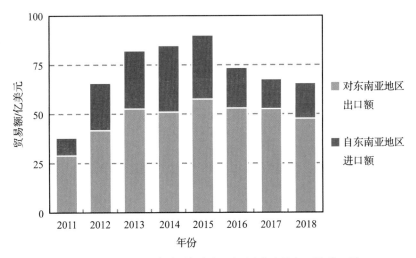

图 3-40　2011—2018 年中国与东南亚地区文化产品出口额、进口额

（2）中国与越南文化产品贸易额最高

2018 年中国与越南文化产品贸易额最高，为 17.0 亿美元，较 2017 年增长 11.7%，占中国与东南亚地区文化产品贸易额的比重为 15.0%；其次是新加坡，贸易额为 12.5 亿美元，较 2017 年下降 15.7%，占比为 11.0%。从出口来看，2018 年，新加坡是中国在东南亚地区最大的文化产品出口市场，出口额为 10.4 亿美元；然后是马来西亚，出口额为 8.9 亿美元。从进口来看，2018 年，越南是中国在东南亚地区最大的文化产品进口市场，进口额为 8.6 亿美元；然后是泰国，进口额为 3.1 亿美元。（图 3-41）

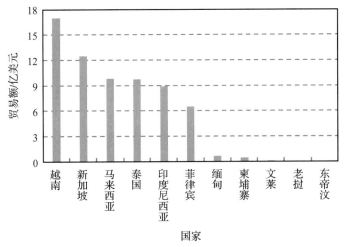

图 3-41　2018 年中国与东南亚地区各国文化产品贸易额

（注：因老挝、东帝汶文化产品贸易额数据较小，故无法在图中显示）

2. 中国与东南亚地区文化产品贸易结构

（1）文具、玩具、游艺器材及娱乐用品的出口额占比近五成

从出口来看，2018 年，中国对东南亚地区出口额最高的文化产品是文具、玩具、游艺

器材及娱乐用品,出口额为 21.4 亿美元,较 2017 年下降 22.4%,占中国对东南亚地区文化产品出口额的比重为 44.9%;工艺美术品及收藏品、文化专用设备出口额分别为 13.3 亿美元、10.1 亿美元,分别较 2017 年增长 1.2%、12.6%,占比分别为 27.8%、21.1%;乐器,图书、报纸、期刊及其他纸质出版物的出口额分别为 1.6 亿美元、1.3 亿美元,分别较 2017 年增长 9.3%、7.5%,占比分别为 3.3%、2.8%;音像制品及电子出版物出口额不足 1 亿美元。(图 3-42)

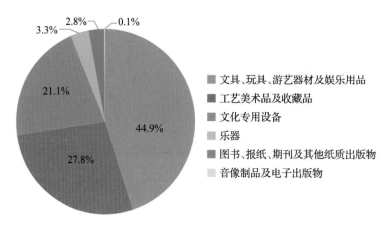

图 3-42 2018 年中国对东南亚地区文化产品出口结构

(2)文化产品进口以文化专用设备为主

从进口来看,2018 年中国自沿线国家进口额最高的文化产品是文化专用设备,进口额为 10.7 亿美元,较 2017 年增长 21.7%,占中国自东南亚地区文化产品进口额的比重为 59.5%;工艺美术品及收藏品,图书、报纸、期刊及其他纸质出版物进口额分别为 2.5 亿美元、1.7 亿美元,占比分别为 13.7%、9.2%;文具、玩具、游艺器材及娱乐用品,乐器进口额均接近 1.5 亿美元;音像制品及电子出版物的进口额不足 1 亿美元。(图 3-43)

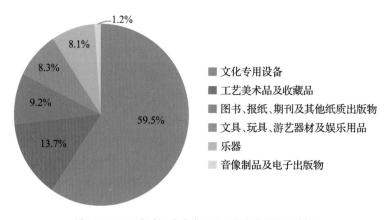

图 3-43 2018 年中国自东南亚地区文化产品进口结构

3. 中国与东南亚地区文化产品贸易方式

(1)文化产品一般贸易出口额占比近六成,但下降明显

从出口来看,中国对东南亚地区文化产品出口以一般贸易为主,但一般贸易出口占比近几年呈下降的趋势。2018年,一般贸易出口额为28.0亿美元,较2017年下降18.5%,占中国对东南亚地区文化产品出口额的比重为58.6%;边境小额贸易出口额为3.1亿美元,较2017年增长18.0%,占比为6.5%;进料加工贸易、来料加工装配贸易出口额分别为2.5亿美元、1.2亿美元,分别较2017年增长16.1%、6.3%;其他贸易出口额为13.0亿美元,较2017年增长6.5%,占比为27.1%。(图3-44、图3-45)

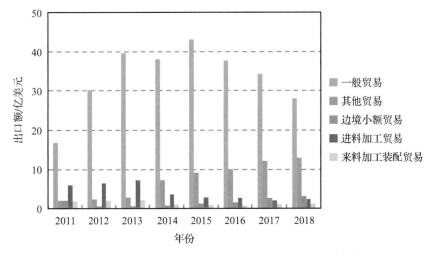

图 3-44 2011—2018 年中国对东南亚地区文化产品出口贸易方式

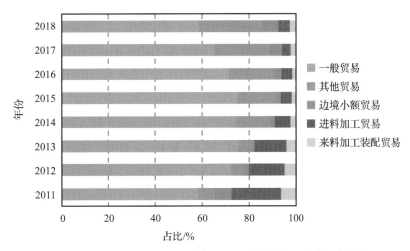

图 3-45 2011—2018 年中国对东南亚地区文化产品出口贸易方式占比

(2)进料加工贸易进口额最高,且增长显著

从进口来看,近几年中国自东南亚地区文化产品进口结构波动性较大。2018年中国自东南亚地区文化产品进料加工贸易进口额最高,为8.0亿美元,较2017年增长64.0%,

占中国自东南亚地区文化产品进口额的比重为44.5%；一般贸易进口额为6.5亿美元，较2017年增长38.2%，占比为36.4%；来料加工装配贸易、边境小额贸易进口额均不足1亿美元；其他贸易进口额为3.2亿美元，较2017年下降40.1%，占比为17.6%。（图3-46、图3-47）

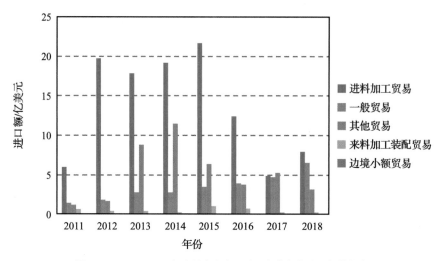

图3-46　2011—2018年中国自东南亚地区文化产品进口贸易方式

（注：因边境小额贸易数据较小，故无法在图中显示）

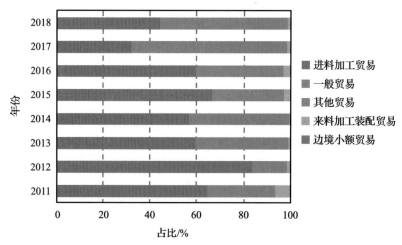

图3-47　2011—2018年中国自东南亚地区文化产品进口贸易方式占比

（注：因边境小额贸易数据较小，故无法在图中显示）

4. 中国与东南亚地区文化产品贸易主体

（1）民营企业是文化产品出口的主力军

从出口来看，中国自沿线国家文化产品出口以民营企业为主，占比整体呈上升的趋势。2018年民营企业出口额为40.3亿美元，较2017年下降10.7%，占中国对东南亚地区文化产品出口额的比重为84.5%；外资企业出口额为4.7亿美元，较2017年增长

1.6％,占比为 11.9％;国有企业出口额为 1.7 亿美元,较 2017 年下降 38.6％,占比为 3.6％;其他企业出口额较小。(图 3-48、图 3-49)

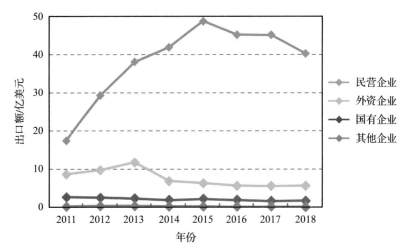

图 3-48　2011—2018 年中国对东南亚地区文化产品出口贸易主体

(注:因其他企业文化产品出口额数据较小,故无法在图中显示)

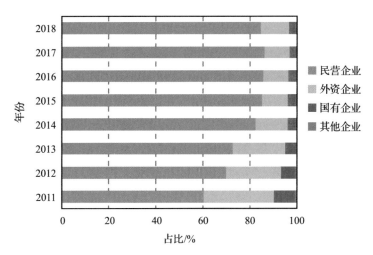

图 3-49　2011—2018 年中国对东南亚地区文化产品出口贸易主体占比

(注:因其他企业文化产品出口额数据较小,故无法在图中显示)

(2)文化产品进口以外资企业为主

从进口来看,中国自东南亚地区进口以外资企业为主,2018 年外资企业进口额出现回升,为 13.6 亿美元,较 2017 年增长 16.5％,占中国自沿线国家文化产品进口额的比重为 75.4％;民营企业进口额为 3.3 亿美元,较 2017 年增长 30.1％,占比为 18.4％;国有企业进口额为 1.1 亿美元,较 2017 年增长 9.9％,占比为 6.1％;其他企业进口额较小。(图 3-50、图 3-51)

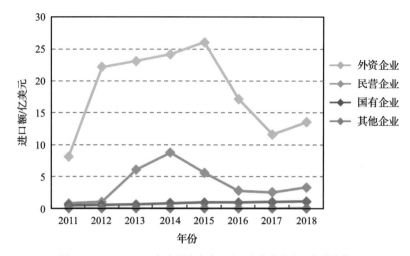

图 3-50　2011—2018 年中国自东南亚地区文化产品进口贸易主体

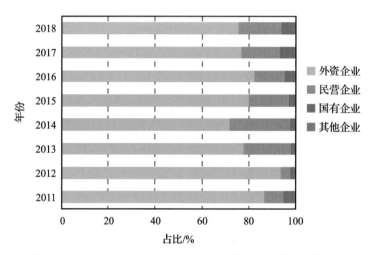

图 3-51　2011—2018 年中国自东南亚地区文化产品进口贸易主体占比

（注：因其他企业数据较小，故无法在图中显示）

（四）南亚

1. 中国与南亚地区文化产品贸易总体情况

（1）中国与南亚地区文化产品贸易额持续增长

中国与南亚地区文化产品贸易额呈上升趋势，2018 年贸易额为 27.9 亿美元，较 2017 年增长 12.6％，占中国与沿线地区文化产品贸易额的 15.7％。其中，中国对南亚地区文化产品出口额为 27.5 亿美元，自南亚地区文化产品进口额为 0.4 亿美元。（图 3-52）

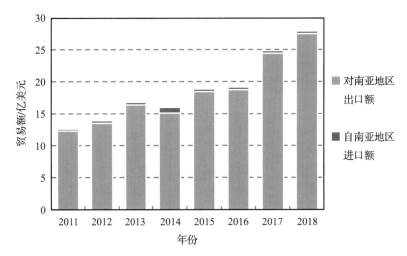

图 3-52　2011—2018 年中国与南亚地区文化产品出口额、进口额

（2）印度与中国文化产品贸易额遥遥领先

在南亚地区,印度与中国文化产品贸易额遥遥领先,2018 年贸易额为 22.4 亿美元,较 2017 年增长 24.0%,占中国与南亚地区文化产品贸易额的比重为 80.1%。印度既是中国在南亚地区最大的出口市场,又是中国在南亚地区最大的进口市场;巴基斯坦、孟加拉国、斯里兰卡贸易额分别为 3.0 亿美元、1.2 亿美元、1.0 亿美元,占比分别为 10.8%、4.5%、3.6%。(图 3-53)

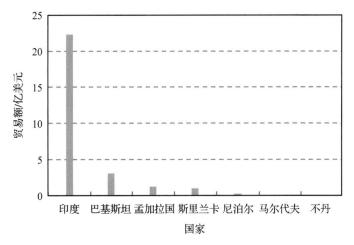

图 3-53　2018 年中国与南亚地区各国文化产品贸易额

(注:因马尔代夫、不丹文化产品贸易额数据较小,故无法在图中显示)

2. 中国与南亚地区文化产品贸易结构

（1）文化专用设备出口额增长显著

从出口来看,2018 年,中国对南亚地区出口最多的文化产品是文化专用设备,出口额为 10.1 亿美元,较 2017 年增长 73.5%,占中国对南亚地区文化产品出口额的比重为

36.6%；工艺美术品及收藏品和文具、玩具、游艺器材及娱乐用品的出口额分别为 8.4 亿美元、8.3 亿美元,分别较 2017 年增长 -21.4%、15.1%,占比分别为 30.5%、30.0%；乐器,图书、报纸、期刊及其他纸质出版物,音像制品及电子出版物的出口额较小,均不足 1 亿美元。(图 3-54)

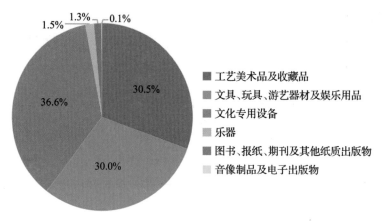

图 3-54　2018 年中国对南亚地区文化产品出口结构

(2)文化产品进口以工艺美术品及收藏品为主

从进口来看,2018 年,中国自南亚地区进口额最多的文化产品是工艺美术品及收藏品,进口额为 3 283.1 万美元,较 2017 年增长 14.1%,占中国自南亚地区文化产品进口额的比重为 78.3%；文具、玩具、游艺器材及娱乐用品进口额为 737.0 万美元,较 2017 年下降 80.3%,占比为 17.6%；图书、报纸、期刊及其他纸质出版物,文化专用设备,乐器,音像制品及电子出版物的进口额均不足 100 万美元。(图 3-55)

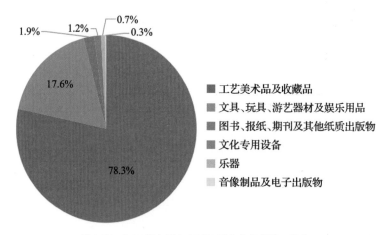

图 3-55　2018 年中国自南亚地区文化产品进口结构

3. 中国与南亚地区文化产品贸易方式

(1) 出口以一般贸易为主,且贸易额增长明显

从出口来看,中国对南亚地区文化产品出口以一般贸易为主,近两年出口额呈上升趋势。2018 年中国对南亚地区文化产品一般贸易出口额为 19.5 亿美元,较 2017 年增长23.7%,占中国对南亚地区文化产品出口额的 71.0%;进料加工贸易、边境小额贸易、来料加工装配贸易,出口额均不足 1 亿美元,占比分别为 2.7%、0.2%、0.1%;其他贸易出口额为 7.2 亿美元,较 2017 年下降 9.2%,占比为 26.0%。(图 3-56、图 3-57)

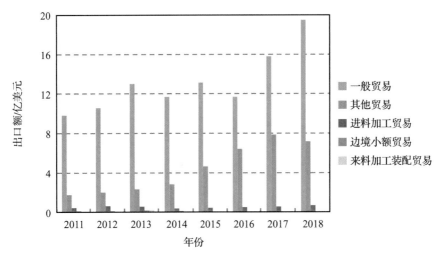

图 3-56 2011—2018 年中国对南亚地区文化产品出口贸易方式

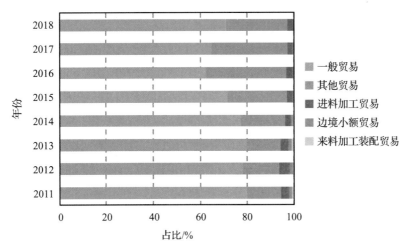

图 3-57 2011—2018 年中国对南亚地区文化产品出口贸易方式占比

(2) 一般贸易进口额占据半壁江山

从进口来看,近两年,中国自南亚地区文化产品进口贸易方式结构趋于稳定。2018 年,中国自南亚地区文化产品一般贸易进口额最高,为 2 124.5 万美元,较 2017 年增长

2.6%,占中国自南亚地区文化产品进口额的比重为50.7%;边境小额贸易进口额为315.7万美元,较2017年增长32.2%,占比为7.5%;进料加工贸易、来料加工装配贸易进口额均较小,分别为62.6万美元、20.4万美元,分别较2017年增长−20.4%、58.5%;其他贸易进口额为1 665.4万美元,较2017年增长6.6%,占比为39.8%。(图3-58、图3-59)

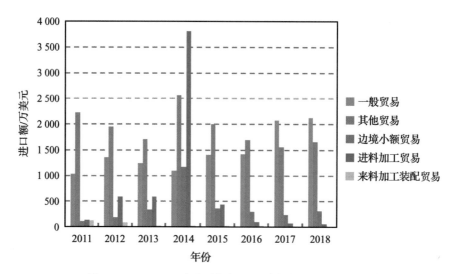

图3-58　2011—2018年中国自南亚地区文化产品进口贸易方式

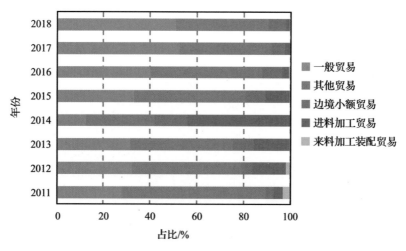

图3-59　2011—2018年中国自南亚地区文化产品进口贸易方式占比

4.中国与南亚地区文化产品贸易主体

(1)民营企业出口额占比近九成

从出口来看,中国对南亚地区文化产品出口以民营企业为主,民营企业出口额持续增长。2018年,民营企业出口额为24.2亿美元,较2017年增长16.8%,占中国对南亚地区文化产品出口额的比重为 88.2％；外资企业和国有企业出口额均在 1.6 亿美元左右,分别较 2017 年增长 3.5％、－21.7％；其他企业出口额较小。(图 3-60、图 3-61)

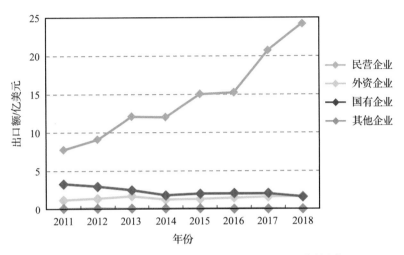

图 3-60　2011—2018 年中国对南亚地区文化产品出口贸易主体

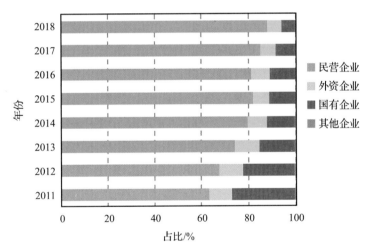

图 3-61　2011—2018 年中国对南亚地区文化产品出口贸易主体占比

(2)民营企业进口额增长显著,外资企业进口额下降明显

从进口来看,2018 年,中国自南亚地区文化产品进口以民营企业为主,进口额为 2 272.5 万美元,较 2017 年增长 49.9％,占中国自南亚国家文化产品进口额的比重为 54.3％;外资企业进口额为 1 602.8 万美元,较 2017 年下降 27.8％,占比为 38.3％;国有企业进口额为 303.2 万美元,较 2017 年增长 34.5％,占比为 7.2％;其他企业进口额较小。(图 3-62、图 3-63)

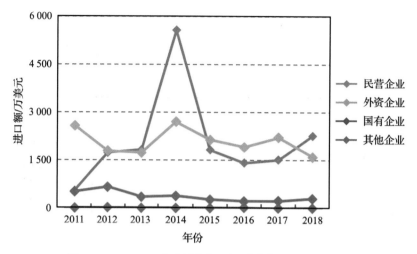

图 3-62 2011—2018 年中国自南亚地区文化产品进口贸易主体

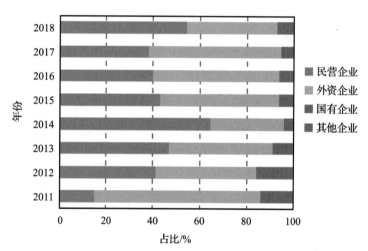

图 3-63 2011—2018 年中国自南亚地区文化产品进口贸易主体占比

（注：因其他企业文化产品进口额数据较小，故无法在图中显示）

（五）西亚北非

1. 中国与西亚北非地区文化产品贸易总体情况

（1）中国与西亚北非地区文化产品贸易额下降明显

近两年，中国与西亚北非地区文化产品贸易额波动较大。2018 年，中国与西亚北非地区文化产品贸易额为 36.7 亿美元，较 2017 年下降 14.1%，占中国与沿线国家文化产品贸易额的比重为 20.7%。其中中国对西亚北非地区文化产品出口额为 36.0 亿美元，自西亚北非地区文化产品进口额为 0.7 亿美元。（图 3-64）

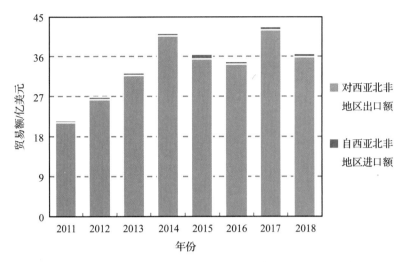

图 3-64 2011—2018 年中国与西亚北非地区文化产品出口额、进口额

（2）以色列是中国在西亚北非地区最大的进口市场，占据八成的份额

阿联酋是中国在西亚北非地区最大的文化产品贸易伙伴。2018 年，中国与阿联酋文化产品贸易额为 10.2 亿美元，较 2017 年下降 16.9%，占中国与西亚北非地区文化产品贸易额的 27.8%；中国与沙特阿拉伯和土耳其文化产品贸易额分别为 5.8 亿美元、5.1 亿美元，分别较 2017 年增长 −27.8%、1.8%，占比分别为 13.5%、12.0%。从出口来看，阿联酋是中国在西亚北非地区最大的文化产品出口市场，其次是沙特阿拉伯、土耳其；从进口来看，以色列是中国在西亚北非地区最大的文化产品进口市场，具有绝对优势，占据了近八成的份额。（图 3-65）

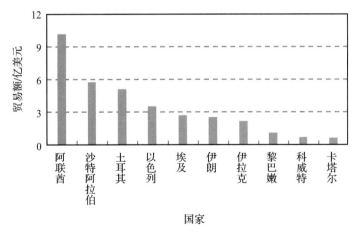

图 3-65 2018 年中国与西亚北非地区部分国家文化产品贸易额

2. 中国与西亚北非地区文化产品贸易结构

（1）出口以文具、玩具、游艺器材及娱乐用品，工艺美术品及收藏品为主

从出口来看，2018 年，中国对西亚北非地区文具、玩具、游艺器材及娱乐用品出口额

最高,为16.1亿美元,较2017年下降15.2%,占中国对西亚北非地区文化产品出口额的比重为44.89%;工艺美术品及收藏品出口额为13.4亿美元,较2017年下降18.2%,占比为37.30%;文化专用设备出口额为5.4亿美元,较2017年增长1.0%,占比为14.90%;图书、报纸、期刊及其他纸质出版物,乐器,音像制品及电子出版物出口额均不足1亿美元。(图3-66)

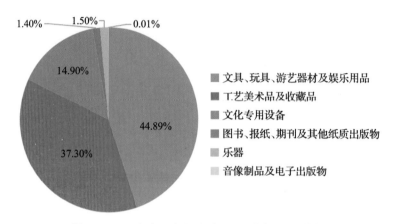

图3-66　2018年中国对西亚北非地区文化产品出口结构

(2)文化专用设备进口额突出

从进口来看,2018年,中国自西亚北非地区进口最多的文化产品是文化专用设备,具有显著优势,进口额为5 199.8万美元,较2017年增长7.4%,占中国自西亚北非地区文化产品进口额的比重为73.3%;工艺美术品及收藏品进口额为1 062.0万美元,较2017年下降19.2%,占比为15.0%;其余文化产品的进口额均低于300万美元。(图3-67)

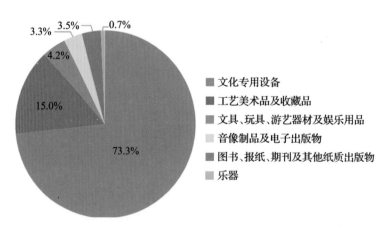

图3-67　2018年中国自西亚北非地区文化产品进口结构

3. 中国与西亚北非地区文化产品贸易方式

(1)一般贸易出口占比呈下降的趋势

从出口来看,中国对西亚北非地区文化产品出口以一般贸易为主,但一般贸易占比却呈下降的趋势。2018 年,中国对西亚北非地区文化产品一般贸易出口额为 17.2 亿美元,较 2017 年下降 16.0%,占中国对西亚北非地区文化产品出口额的比重为 47.9%;进料加工贸易和来料加工装配贸易出口额分别为 3.1 亿美元、2.2 亿美元,分别较 2017 年增长 143.3%、28.7%,占比分别为 8.6%、6.1%;其他贸易出口额为 13.5 亿美元,较 2017 年下降 27.1%,占比为 37.4%。(图 3-68、图 3-69)

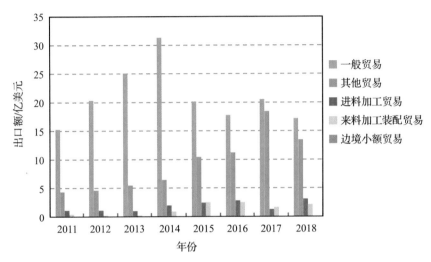

图 3-68　2011—2018 年中国对西亚北非地区文化产品出口贸易方式

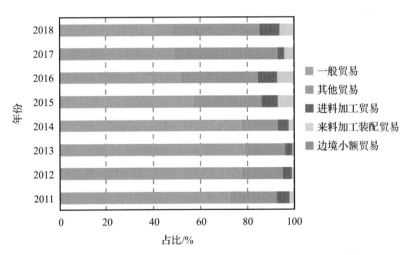

图 3-69　2011—2018 年中国对西亚北非地区文化产品出口贸易方式占比

(注:因边境小额贸易数据较小,故无法在图中显示)

(2)一般贸易进口占比稳步回升

从进口来看,中国自西亚北非地区文化产品进口以一般贸易为主,进口额占比稳步回升。2018 年,一般贸易进口额为 5 862.3 万美元,较 2017 年下降 10.8%,占中国自西亚北非地区文化产品进口额的比重为 82.7％；进料加工贸易和来料加工装配贸易进口额均不足 100 万美元；其他贸易进口额为 1 126.1 万美元，较 2017 年下降 20.4％，占比为 15.9％。（图 3-70、图 3-71）

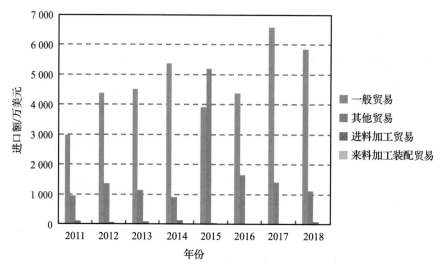

图 3-70　2011—2018 年中国自西亚北非地区文化产品进口贸易方式

（注：因来料加工装配贸易进口额数据较小，故无法在图中显示）

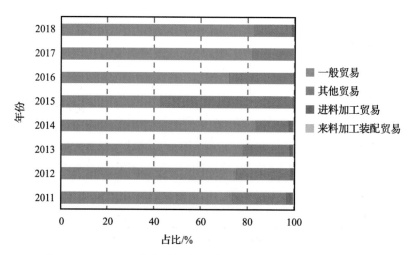

图 3-71　2011—2018 年中国自西亚北非地区文化产品进口贸易方式占比

（注：因来料加工装配贸易进口额数据较小，故无法在图中显示）

4. 中国与西亚北非地区文化产品贸易主体

（1）文化产品出口主体八成为民营企业

从出口来看，民营企业是中国对西亚北非地区文化产品出口的主力军，2018 年出口额为 29.1 亿美元，较 2017 年下降 17.4％，占中国自西亚北非地区文化产品出口额的比重为 80.9%;外资企业出口额为 5.7 亿美元,较 2017 年增长 8.6%,占比为 15.8%;国有企业出口额为 1.2 亿美元,较 2017 年下降 19.4%,占比为 3.2%;其他企业出口额较小。(图 3-72、图 3-73)

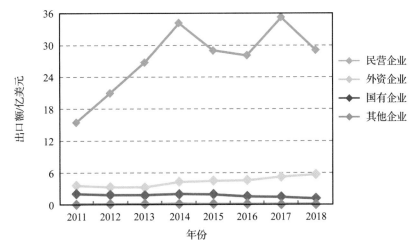

图 3-72　2011—2018 年中国对西亚北非地区文化产品出口贸易主体

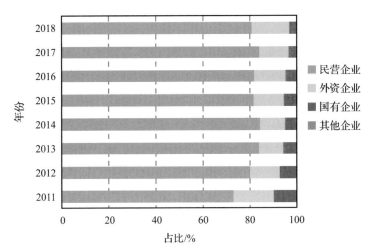

图 3-73　2011—2018 年中国对西亚北非地区文化产品出口贸易主体占比

(注:因其他企业出口额数据较小,故无法在图中显示)

(2)民营企业进口额增长明显,国有企业进口额下降明显

从进口来看,中国自西亚北非地区文化产品进口主体结构波动性较大。2018 年,民营企业进口额最高,为 4 471.1 万美元,较 2017 年增长 25.2%,占中国自西亚北非地区文化产品进口额的比重为 63.0%;外资企业进口额为 1 776.3 万美元,较 2017 年增长 3.0%,占比为 25.0%;国有企业进口额下降明显,为 836.7 万美元,较 2017 年下降 69.2%,占比为 11.8%;其他企业进口额较小。(图 3-74、图 3-75)

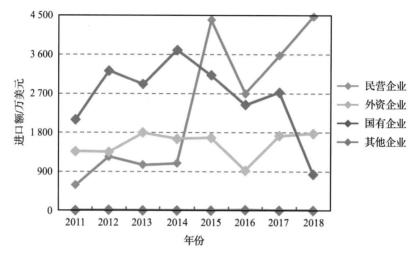

图 3-74 2011—2018 年中国自西亚北非地区文化产品进口贸易主体

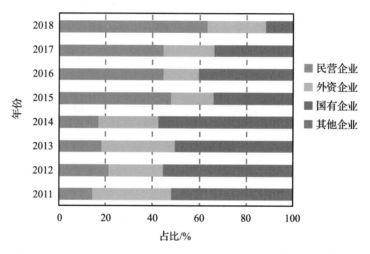

图 3-75 2011—2018 年中国自西亚北非地区文化产品进口贸易主体占比

(注:因其他企业进口额数据较小,故无法在图中显示)

(六)中东欧

1.中国与中东欧地区文化产品贸易总体情况

(1)中国与中东欧地区文化产品贸易额持续增长

2018 年,中国与中东欧地区文化产品贸易额持续增长,达到 25.9 亿美元,较 2017 年增长 11.5%,占中国与沿线国家文化产品贸易额的比重为 14.6%。其中,中国对中东欧地区文化产品出口额为 22.9 亿美元;中国自中东欧地区文化产品进口额为 3.0 亿美元。(图 3-76)

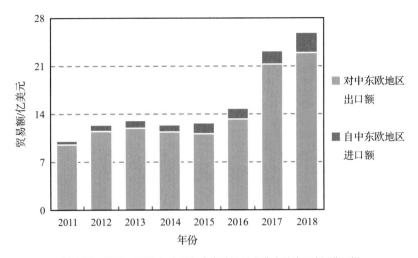

图 3-76　2011—2018 年中国与中东欧地区文化产品出口额、进口额

（2）波兰是最大的出口市场，捷克是最大的进口市场

波兰是中国在中东欧地区最大的文化产品贸易伙伴，2018 年贸易额为 10.4 亿美元，较 2017 年下降 2.3%，占中国与中东欧地区文化产品贸易额的比重为 40.2%；中国与捷克、乌克兰和罗马尼亚的贸易额分别为 3.5 亿美元、2.5 亿美元、2.2 亿美元，分别较 2017 年增长 18.2%、36.2%、30.6%，占比分别为 13.4%、9.7%、8.5%。从出口来看，波兰是中国在中东欧地区最大的文化产品出口市场，然后是乌克兰、捷克；从进口来看，捷克是中国在中东欧地区最大的文化产品进口市场，然后是匈牙利、波兰。（图 3-77）

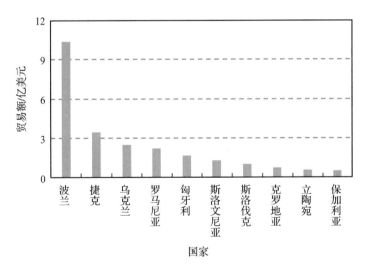

图 3-77　2018 年中国与中东欧地区部分国家文化产品贸易额

2. 中国与中东欧地区文化产品贸易结构

（1）文具、玩具、游艺器材及娱乐用品出口额占比近六成

从出口来看，中国对中东欧地区文具、玩具、游艺器材及娱乐用品出口额最高，2018 年

出口额为 13.0 亿美元，较 2017 年增长 1.5％，占中国对中东欧地区文化产品出口额的比重为 57.07％；工艺美术品及收藏品和文化专用设备出口额分别为 5.5 亿美元、3.8 亿美元，较 2017 年分别增长 16.7％、20.5％，占比分别为 24.20％、16.60％；乐器，图书、报纸、期刊及其他纸质出版物，音像制品及电子出版物的出口额均不足 1 亿美元。（图 3-78）

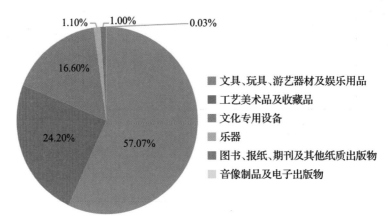

图 3-78　2018 年中国对中东欧地区文化产品出口结构

（2）各类文化产品进口额均出现超过 30％的增长

2018 年中国自中东欧地区各文化产品进口额均出现超过 30％的增长。文具、玩具、游艺器材及娱乐用品是中国自中东欧地区进口最多的文化产品。2018 年进口额为 1.4 亿美元，较 2017 年增长 43.9％，占中国自中东欧地区文化产品进口额的比重为 47.9％；文化专用设备进口额为 1.2 亿美元，较 2017 年增长 61.9％，占比为 41.9％；其余文化产品进口额相对较低。（图 3-79）

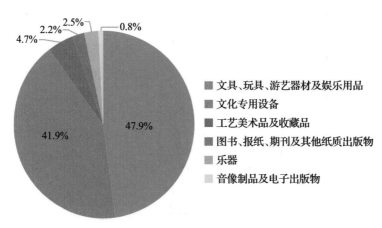

图 3-79　2018 年中国自中东欧地区文化产品进口结构

3. 中国与中东欧地区文化产品贸易方式

（1）进料加工贸易出口额增幅显著

从出口来看，中国对中东欧地区文化产品出口以一般贸易为主。2018 年一般贸易出口额为 13.5 亿美元,较 2017 年增长 11.5%,占中国对中东欧地区文化产品出口额的比重为 59.1%;进料加工贸易出口额为 3.5 亿美元,较 2017 年增长 71.6%,占比为 15.5%;来料加工装配贸易出口额为 1.8 亿美元,较 2017 年下降 34.3%,占比为 8.0%;其他贸易出口额为 4.0 亿美元,较 2017 年下降 5.8%,占比为 17.4%。(图 3-80、图 3-81)

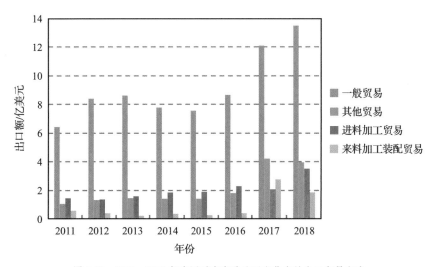

图 3-80　2011—2018 年中国对中东欧地区文化产品出口贸易方式

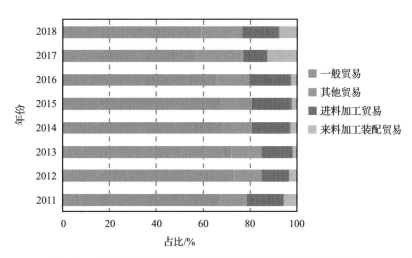

图 3-81　2011—2018 年中国对中东欧地区文化产品出口贸易方式占比

(2)一般贸易进口额非常突出,且增长显著

从进口来看,近两年,中国自中东欧国家文化产品一般贸易进口表现突出。2018 年一般贸易进口额为 2.4 亿美元,较 2017 年增长 57.9%,占中国自中东欧地区文化产品进口额的比重为 79.9%;来料加工装配贸易进口额为 1 619.0 万美元,较 2017 年增长 31.7%,占比为 5.4%;进料加工贸易进口额为 892.7 万美元,较 2017 年增长 86.7%,占比为 11.7%。(图 3-82、图 3-83)

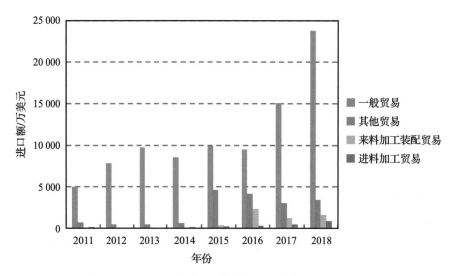

图 3-82　2011—2018 年中国自中东欧地区文化产品进口贸易方式

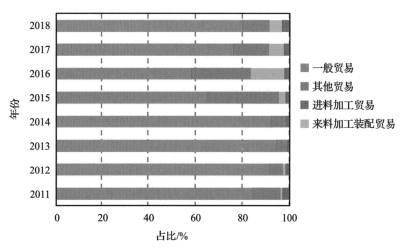

图 3-83　2011—2018 年中国自中东欧地区文化产品进口贸易方式占比

4. 中国与中东欧地区文化产品贸易主体

(1)民营企业、外资企业出口额均增长明显

从出口来看,近两年,中国民营企业对中东欧地区文化产品出口额增长较快,2018 年出口额达到 15.5 亿美元,较 2017 年增长 17.5％,占中国对中东欧地区文化产品出口额的比重为 67.9％;外资企业出口额为 6.3 亿美元,较 2017 年增长超 5 倍,占比为 27.5％;国有企业出口额为 1.0 亿美元,较 2017 年下降 85.6％,占比为 4.4％;其他企业出口额较小。(图 3-84、图 3-85)

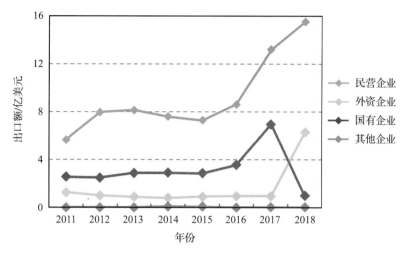

图 3-84　2011—2018 年中国对中东欧地区文化产品出口贸易主体

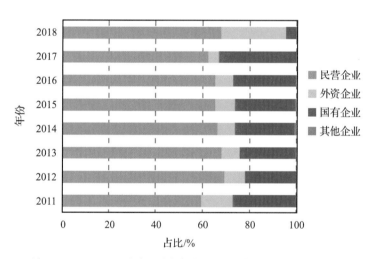

图 3-85　2011—2018 年中国对中东欧地区文化产品出口贸易主体占比

(2)文化产品进口贸易主体中,外资企业优势明显

中国自中东欧地区文化产品进口贸易主体中,外资企业进口额增长较快。2018 年,中国外资企业自中东欧地区文化产品进口额为 2.1 亿美元,较 2017 年增长 43.8%,占中国自中东欧地区文化产品进口额的比重为 70.2%;民营企业和国有企业进口额分别为4 809.8 万美元、4 009.0 万美元,较 2017 年分别增长 37.4%、123.0%,占比分别为16.2%、13.5%;其他企业进口额较小。(图 3-86、图 3-87)

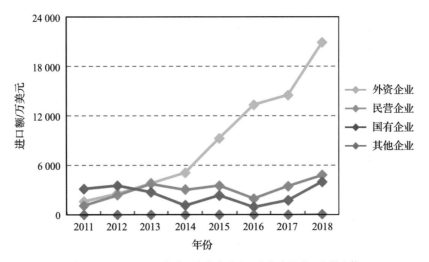

图 3-86　2011—2018 年中国自中东欧地区文化产品进口贸易主体

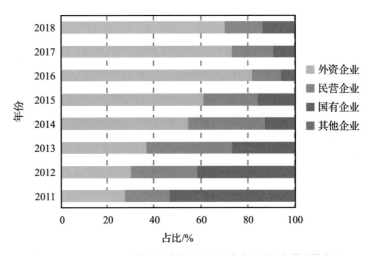

图 3-87　2011—2018 年中国自中东欧地区文化产品进口贸易主体占比

（注：因其他企业进口额数据较小，故无法在图中显示）

四、经典案例①

（一）境外经贸合作区奏响"一带一路"共赢之歌

境外经贸合作区是推进"一带一路"建设和国际产能合作的重要载体。在"一带一路"框架下，境外经贸合作区成为中国企业国际化布局的组织平台。以境外园区为载体，把支持对外投资和促进国内装备、服务、技术和标准"走出去"有机结合起来，以投资带动贸易发展、产业发展，推动区域协调发展，成为推动中国企业"走出去"的重要抓手。

当前，境外经贸合作区建设稳步推进，取得了一定成果，并初步形成了一批具有集聚和辐射效应的产业园区。中国商务部国际贸易经济合作研究院和联合国开发计划署驻华代表处联合发布的《中国"一带一路"境外经贸合作区助力可持续发展报告》显示，截至2018年9月，中国企业在46个国家在建初具规模的境外经贸合作区113家，累计投资366.3亿美元，入区企业4663家，总产值1117.1亿美元，上缴东道国税费30.8亿美元。中国与沿线国家共建的经贸合作区中，经过国家确认考核的有17个，分布于俄罗斯、泰国、柬埔寨、越南、巴基斯坦、埃及、匈牙利、吉尔吉斯斯坦、老挝、乌兹别克斯坦、印度尼西亚等国家。境外经贸合作区积累了不少成功范例和可复制的经验，发展良好的境外经贸合作区正日益成为中国与世界开放融通、合作共赢的亮丽名片。

1. 越南龙江工业园

越南龙江工业园是中国浙江前江投资管理有限公司开发的综合性工业园，是越南第一个中国独资建成的工业园，也是浙江省"一带一路"建设重点项目。该园区为综合产业园区，主要产业包括电子、机械、电气类产品，轻工业，纺织业，建材和包装等。龙江工业园积极推进"一带一路"建设，不仅推动了当地的产业发展，也为企业实现国外产业布局，规避欧美国家贸易壁垒，减少贸易摩擦，充分利用当地原材料资源，根据市场形势带动国内出口，降低经营成本创造了条件，实现了多赢。

浙江诸暨的海亮铜业公司的高级铜管加工项目，属于机械加工类产业。作为龙江工业园首批入驻企业，海亮铜业公司在越南的投产，完成了产能国际合并，成功地突破了欧美国家针对中国的反倾销贸易壁垒。该项目已经投产多年，产品出口欧美并产生了良好经济效益，推进了我国出口加工产品原产地化。

浙江丽水的方正电机公司、凯达塑业公司投资的电机马达及相关产品属于缝纫机配套产品，在国内做成半成品再到龙江工业区做成成品，出口到欧美市场，规避关税，带动国内出口。

四川重庆的禾康公司的产品属于水产加工业。该公司投资越南是为了利用湄公河流

① 本节资料根据人民网、新华网、中国国际贸易促进委员会网站相关信息及《中国境外经贸合作区投资指南（2018）》整理而成。

域的巴沙鱼进行加工,大量使用越南巴沙鱼原材料,带动了当地的巴沙鱼养殖产业链的发展,加工成鱼油并将食用油及高级食用明胶产品出口回中国,也促进了双方的贸易往来。

2. 匈牙利中欧商贸物流合作园区

中欧商贸物流合作园区建设地位于匈牙利布达佩斯市,合作领域涉及金融、航空、物流、家电、工业制造、旅游等多个行业。中欧商贸物流合作园区通过一个商贸中心和两个物流园的服务,集商品展示、运输、仓储、集散、配送、信息处理、流通加工等功能为一体,初步形成了覆盖欧洲和中国主要城市的快捷、便利、畅通的配送体系,并逐步建立起以现代物流配送中心和高效信息管理体系为支撑的商贸物流型园区雏形。

园区设立齐鲁文化贸易海外中心,举办(中东欧)孔子家乡文化贸易展览会,促进了中匈文化、教育、出版和旅游等方面交流和政府、商会间文化贸易的合作,增进了中匈友谊。

中欧商贸物流合作园区自建立以来,通过举办中国商品展销会、贸易洽谈订货会、中国产品招商代理推介会,设立中国商品常年展示厅等营销活动,并为入区企业提供货物进出口、报关商检、物流配送、仓储、金融等"一站式"服务,为中国企业寻找商机和扩大贸易额,形成产业集聚效应和规模经济,使中国企业从分散、无序、盲目地"走出去"变为集中、有序、理性地走出去,降低国际化运作成本和风险成本,发挥了重要载体和平台作用。

3. 乌兹别克斯坦鹏盛工业园

鹏盛工业园位于乌兹别克斯坦锡尔河州,占地 1.02 平方千米,是首个中国民营企业在乌投资并被两国政府认可、批准的项目,对推动中乌产能合作及共建丝绸之路经济带具有很强的示范作用。鹏盛工业园以瓷砖、制革、制鞋、手机、水龙头、宠物食品和肠衣制品为主导产业,进一步拓展建筑材料、真皮制品、灯具和五金制品、电机电器、农用机械、轻纺织机纺织品等行业。

工业园区充分利用当地的优势资源,结合中国成熟的技术和装备进行生产。其中瓷砖、水龙头、卫浴、宠物食品等产品都替代了部分的进口产品,填补了本地乃至中亚地区制造业的空白,使得产品市场价格大幅度降低,创造了良好的经济效益和社会效益,为促进当地经济发展、改善民生、稳定社会做出了较大贡献。

自建园以来,其建设、生产所用的物资绝大部分进口自中国浙江,累计带动中国出口超过 2 亿美元。部分当地优势资源产品,如皮革、铜制品、宠物食品、肠衣等出口到中国,瓷砖、水龙头等出口到周边国家和地区,累计出口额近两亿美元,促进了两国的经贸发展。

(二)速卖通:网上丝绸之路开启外贸新时代

近年来,中国制造、跨境电商等关键词持续成为社会各界关注的焦点。与此同时,鉴于跨境电商在国际经济贸易中的突出作用,围绕"一带一路"跨境电商平台的双边、多边合作的范围也在不断扩大。跨境电商已经成为"一带一路"建设中一支不可忽视的先锋力量。通过这条"网上丝绸之路",各国之间资金流、人流、信息流和物流更流畅,商贸往来更便捷,人民的交往更密切。

阿里巴巴全球速卖通(以下简称速卖通)创立于 2010 年,是为全球消费者设立的跨境

电商零售平台。其目前覆盖全部沿线国家的跨境出口 B2C 零售平台,用户遍及全球
220 多个国家和地区,全球海外买家数累计突破 1.5 亿,沿线国家的用户占比达到一半。
受惠于"一带一路"建设,很多速卖通进入国的政府出台了大量的利好政策,尤其是在投资
和物流体系上给予了很多方便和帮助,这也推动了跨境电商的快速发展。

1. "一带一路"上的电商经济

作为中国唯一覆盖全部沿线国家的跨境出口 B2C 新外贸零售平台,速卖通利用大数
据对"一带一路"上的电商经济进行了解读。

数据显示,"一带一路"国家中,25~34 岁的消费者已经成为通过零售平台购物的主
力军,约占"一带一路"国家消费者总数的 61%;其次是 18~24 岁的消费者,占比约为
20%;35~44 岁的消费者占比约为 17%。

在数以亿计的海量中国品牌商品中,美妆、家具分别成为不同国家的"心头好"。美妆
产品在俄罗斯、乌克兰、波兰、白俄罗斯、以色列等国家非常受欢迎;家具产品在新加坡、以
色列、俄罗斯等国家关注度很高。

2. 速卖通促进俄罗斯物流、支付等基础设施建设实现飞跃式发展

俄罗斯是速卖通最大的海外市场。速卖通在 2012 年进入俄罗斯市场,到 2014 年
9 月,已经成为俄罗斯排名前列的电子商务网站。速卖通深受俄罗斯人民喜爱,买家数已
达 2 200 万,即每 7 个俄罗斯人里就有 1 个在使用速卖通。俄罗斯人最爱从速卖通网购的
中国商品是手机、女装、汽车电子设备、男装、时尚饰品。速卖通发布的"2018 年最受俄罗
斯人关注的中国手机排行榜"显示,俄罗斯消费者对中国手机的关注度已全面超越三星、
LG 等跨国品牌,中国成为俄罗斯手机市场的第一集团军。小米连续两年蝉联俄罗斯"网
红"手机第一名,华为晋升第二。

不仅如此,速卖通还倒逼了当地物流、支付等基础设施建设实现了飞跃式发展。
2018 年 5 月,速卖通联合菜鸟投入超过 5 亿卢布在莫斯科地区开设了全新的"海外仓",面
积超过 2 万平方米,每天最多可处理约 10 万个订单。2018 年 6 月,速卖通同全球知名物
流服务商 DPD 合作,在俄罗斯 100 座城市和哈萨克斯坦、白俄罗斯等其他关税同盟国新
增 2 000 个自取提货网点。平均交货时间缩短至 8~15 天,包裹配送速度是过去的 2 倍。
消费者选择提货点自取的配送方式,比起其他配送方式平均节省 20% 的成本。在开始阶
段,自助取件箱内可以收取 300 多万件最流行的电子产品和服饰类商品。基于"海外仓",
2018 年 7 月,速卖通联合菜鸟在俄罗斯正式推出"当日达"服务,为莫斯科消费者提供免
费当日达配送。

2018 年 9 月 11 日,在符拉迪沃斯托克市举行的第四届东方经济论坛上,阿里巴巴集
团与俄罗斯直接投资基金(RDIF)、Mail.Ru 集团、MegaFon 宣布建立新的战略合作伙伴
关系,共同成立合资公司 AliExpress Russia,帮助俄罗斯零售价值链实现数字化和转型,
为消费者提供无缝创新体验,并为俄罗斯企业家和中小企业在本土市场发展创造重要机
遇。此举是速卖通深耕俄罗斯本地市场里程碑式的举措。

2019 年 3 月 5 日,速卖通在俄罗斯首开先河,正式推出在线售车服务,为当地消费者

开启线上线下打通的全新购车体验。这是速卖通首次将阿里巴巴在国内成功实践的新零售购车模式复制海外,俄罗斯消费者可以直接在速卖通上一键下单,支付预付款,随后到指定线下门店支付尾款即可提车。中国自主品牌车企奇瑞是该新项目的首个合作伙伴。据了解,以奇瑞、力帆等为代表的中国自主汽车品牌在俄罗斯深受欢迎,长期位列俄罗斯最畅销的中国汽车排行榜。

3. 速卖通助力土耳其商品走向全球

速卖通积极和土耳其邮政合作,帮助土耳其邮政系统把跨境 B2C 出口的包裹处理能力从日处理 20 单提升到 1 000 单。2019 年 1 月 29 日,速卖通上的土耳其商店 Trendyol 正式开业,24 小时内便迎来全球 58 个国家的消费者争相采购,3 天内商品卖往 90 多个国家,最远卖到新西兰和智利。

速卖通上的土耳其货品备受全球各地人民的青睐,买家遍布除南极洲以外的各大陆。美国西雅图一位女性卖家对速卖通表示,自己曾试图购买 Trendyol 上的土耳其商品,但因物流配送和支付等问题未能如愿,后得知速卖通上可以买到土耳其商品,一口气买了好几件。速卖通总经理王明强表示:"通过授权土耳其中小企业在我们的平台上销售商品,可以帮助速卖通提升商品的多元化和丰富度,同时推动当地经济的发展和创造新的就业机会。"

另外,速卖通已与土耳其领先的金融支付平台 Iyzico 达成合作,在当地使用 Iyzico 提供的支付解决方案,为速卖通用户提供更好的购物及支付体验。本次合作意味着土耳其的消费者可以不再被汇率所困扰,直接使用当地货币土耳其里拉或是信用卡(包括万事达信用卡、美国运通信用卡,以及土耳其国内的信用卡)在速卖通上购物,结算更方便快捷。并且随着双方合作的进一步深入,土耳其消费者还将能在速卖通上以分期付款的形式购买到自己心仪的商品。

五、文化产品贸易合作的问题及建议

(一)现状及问题

1. 文化产品进口趋势向好

近两年,中国对沿线国家文化产品出口额存在波动性,出口额在 2017 年呈现了较大幅度的增长,2018 年出现收缩,较 2017 年小幅下降 3.3%。从进口来看,2018 年,中国自沿线国家文化产品进口额止降回升,较 2017 年增长 20.5%,出现向好的趋势。从进出口市场来看,文化产品贸易主要集中在东南亚地区,且过度依赖个别几个国家,尤其表现在进口方面,中国自沿线国家进口文化产品前十大贸易伙伴占据了 93.8%的市场份额。

2. 中国与沿线国家文化产品贸易长期呈现顺差

中国与沿线国家文化产品贸易进出口严重不平衡,2018 年中国对沿线国家文化产品出口额约为中国自沿线国家文化产品进口额的 7 倍。中国与沿线国家文化产品贸易长期呈现顺差,且顺差额在波动中呈上升的趋势,由 2011 年的 71.7 亿美元上升至 2018 年的 133.0 亿美元,增幅约为 85.5%。

3. 文化产品贸易结构失衡

中国与沿线国家文化产品贸易结构失衡,尤其表现在出口结构方面。在文化产品出口结构方面,文具、玩具、游艺器材及娱乐用品独占鳌头,占比高达 46.9%;其次是工艺美术品及收藏品,占比为 28.2%;文化专用设备占比为 20.9%,居第三位;三者占比合计为 96%。图书、报纸、期刊及其他纸质出版物,音像制品及电子出版物占比非常之小,合计占比还未超过 4%,而此类文化产品具有可复制性强、成本较低、附加值高等特点。文具、玩具、游艺器材及娱乐用品与音像制品及电子出版物占比差距达到 46.3%,可以看出中国对沿线国家文化产品出口结构失衡较为严重。

(二)对策及建议

1. 加强与沿线国家文化交流,增强文化理解与认同

增强文化认同,化解文化分歧是促进中国与沿线国家文化产品贸易发展的关键。面对中国与沿线国家明显的文化差异,未来中国应从如下几方面加强同沿线国家的文化交流。一是加强中国与沿线国家人文交流机制建设。加强顶层设计,探索构建中国与沿线国家高级别人文交流对话机制,打造多层次、宽领域的文化交流合作平台,集聚双方优质文化资源,推动中国与沿线国家文化务实合作。二是制定差异化的文化交流合作策略。由于沿线各国拥有不同的文化特点,中国坚持在平等、尊重、互信原则基础上,结合各国文化特点,制定差异化的文化交流与合作策略,推动与沿线国家的文化交流与合作。三是发

挥民间优势力量,推动民间人文交流。充分调动民间力量,充分发挥民间文化组织、机构和团体在人文交流中的独特作用,通过举办民间文化交流论坛、打造民间文化智库等形式,推动中国与沿线国家的文化交流与合作,实现文明互鉴与民心相通。

2. 深化文化贸易合作,大力拓展文化贸易渠道

随着共建"一带一路"倡议的实施,中国与沿线国家交流也更加便捷,"一带一路"将中国与沿线国家更好地连接在一起。要想推动中国与沿线国家的文化贸易发展,应拓宽文化贸易渠道。支持文化企业通过自办和参加境内外重要国际性文化展会、艺术节等节庆会展活动开拓海外市场;鼓励企业通过新设、收购、合作等方式,在境外拓展出版发行、演出经纪、艺术品经营、游戏研发等商业存在;支持文化企业借助电子商务等新兴交易模式,将本土文化产品和服务逐步拓展至沿线市场。另外,加强与沿线国家的沟通与协调,优化通关环境,为发展文化贸易提供便利条件。完善文化贸易服务,积极打造发展文化贸易直通车,进而推动中国与沿线国家文化贸易更好发展。

3. 企业进行对外文化贸易时,应遵行市场规律

企业进行对外文化贸易时,应遵行市场规律。要根据不同国家的文化距离来安排出口优先次序。大部分文化产品首先以东南亚等文化距离较小的国家和地区为首要目标市场。对于其他国家和地区,应努力降低文化折扣。减少文化折扣的关键在于文化创新,创新是文化传播的重要支点,通过文化创新可以寻找到本民族文化与世界其他民族文化的价值共通点,避免文化产品、文化服务与消费人群价值观之间发生疏离和冲突,以寻求国际化的文化内容表达方式,减少文化产品传播过程中产生的文化折扣。还可以进行本地化的宣传,提供当地语言翻译等,另外,应根据进口国收入和需求水平确定差异化的出口价格,甚至采取"搭售"等多种方法,培育当地对中国文化产品的需求。

附　录

附表 1　　　　　　文化商品海关 HS8 位编码及具体商品描述对照表

类别	HS 8 位编码	商品描述
	39264000	塑料制小雕塑品及其他装饰品
	44201011	木刻
	44201012	竹刻
	44201020	木扇
	44201090	其他木制小雕像及装饰品
	70189000	玻璃眼;灯工方法制作的玻璃塑像等装饰品
	96011000	已加工兽牙及其制品
	96019000	已加工其他动物质雕刻材料及其制品
	97030000	各种材料制的雕塑品原件
	83062100	镀贵金属的雕塑像及其他装饰品
	83062910	景泰蓝的雕塑像及其他装饰品
	67029090	未列名材料制人造花、叶等及其零件和制品
	44140010	辐射松制的画框、相框、镜框及类似品
	44140090	其他木制的画框、相框、镜框及类似品
	67021000	塑料制人造花、叶、果实及其零件和制品
	67029010	羽毛制人造花、叶、果实及其零件和制品
工艺美术品及收藏品	67029020	丝及绢丝制人造花、叶、果实及其零件和制品
	67029030	化纤制人造花、叶、果实及其零件和制品
	83062990	未列名贱金属雕塑像及其他装饰品
	97011011	唐卡原件
	97011019	其他油画、粉画及其他手绘画的原件
	97011020	手绘油画、粉画及其他画复制件
	97019000	拼贴画及类似装饰板
	97020000	雕版画、印制画、石印画的原本
	62141000	丝及绢丝制披巾、头巾、围巾、披纱、面纱等
	59070020	用其他材料浸渍、涂布或包覆的已绘制画布
	46021100	竹制篮筐及其他编结品
	46021200	藤制篮筐及其他编结品
	46021910	草制篮筐及其他编结品
	46021920	玉米皮制篮筐及其他编结品
	46021930	柳条制篮筐及其他编结品
	46021990	其他植物材料制篮筐等编结品;丝瓜络制品
	58101000	不见底布的刺绣品
	58109100	其他棉制刺绣品
	58109200	其他化纤制刺绣品
	58109900	其他纺织材料制见底布刺绣品
	62132010	棉制刺绣手帕
	62139020	其他纺织材料制刺绣手帕
	63023110	棉制刺绣的床上用织物制品

（续表）

类别	HS 8 位编码	商品描述
工艺美术品及收藏品	63023210	化纤制刺绣的床上用织物制品
	63023921	麻制刺绣的床上用织物制品
	63023991	未列名纺织材料制刺绣的床上用织物制品
	63025110	棉制刺绣的餐桌用织物制品
	63025310	化纤制刺绣的餐桌用织物制品
	63025911	亚麻制刺绣的餐桌用织物制品
	63041921	棉或麻制刺绣床罩
	63041931	化纤制刺绣床罩
	63041991	其他纺织材料制刺绣床罩
	63049210	棉制刺绣的其他装饰用织物制品
	63049310	合成纤维制刺绣的其他装饰用织物制品
	63049921	麻制刺绣的其他装饰用织物制品
	57021000	"开来姆""苏麦克""卡拉马尼"及类似的手织地毯
	58050010	手工针绣嵌花装饰毯
	58050090	"哥白林""弗朗德""奥步生""波威"及类似式样的手织装饰毯
	71131110	镶嵌钻石的银首饰及其零件
	71131190	其他银首饰及其零件
	71131911	镶嵌钻石的黄金制首饰及其零件
	71131919	其他黄金制首饰及其零件
	71132010	镶嵌钻石以贱金属为底包贵金属首饰及其零件
	71131929	其他铂制首饰及其零件
	71131991	镶嵌钻石的其他贵金属制首饰及其零件
	71131999	其他贵金属制首饰及其零件
	71131921	镶嵌钻石的铂制首饰及其零件
	71132090	其他以贱金属为底的包贵金属制首饰及其零件
	71161000	天然或养殖珍珠制品
	71162000	宝石或半宝石(天然、合成或再造)制品
	71179000	未列名仿首饰
	69131000	瓷制塑像及其他装饰品
	69139000	陶制塑像及其他装饰品
	50020011	未加捻的桑蚕厂丝
	50020012	未加捻的桑蚕土丝
	50020013	未加捻的桑蚕双宫丝
	50020019	未加捻的其他桑蚕丝
	50040000	丝纱线(绢纺纱线除外),非供零售用
	50050010	丝纱线,非供零售用
	50050090	其他绢纺纱线,非供零售用
	50060000	丝纱线及绢纺纱线,供零售用;蚕胶丝
	50071010	未漂白或漂白绸丝机织物

（续表）

类别	HS 8 位编码	商品描述
	50071090	其他䌷丝机织物
	50072011	未漂白或漂白桑蚕丝机织物,含丝≥85％
	50072019	其他桑蚕丝机织物,丝≥85％
	50072031	未漂白或漂白绢丝机织物,含丝≥85％
	50072039	其他绢丝机织物,丝≥85％
	50072090	未列名丝机织物,丝≥85％
	58019010	丝及绢丝制起绒及绳绒织物
	58022010	丝及绢丝制毛巾织物及类似毛圈机织物
	58023010	丝及绢丝制簇绒织物
	58030020	丝及绢丝制纱罗
	58041010	丝及绢丝制网眼薄纱及其他网眼织物
	58042910	丝及绢丝制机制花边
	58063910	丝及绢丝制未列名狭幅机织物
	58110010	丝及绢丝纺织材料与胎料组合制被褥状纺织品
	60024020	丝针织钩编物,宽≤30cm,弹性线≥5％,不含橡胶线
	60029020	丝针织钩编物,宽≤30cm,弹性或胶线≥5％
工艺美术品及收藏品	60041020	丝针织或钩编物,宽＞30cm,弹性线≥5％,无胶线
	60049020	其他丝针织钩编物,宽＞30cm,弹性或胶线≥5％
	61071910	丝及绢丝制针织或钩编的男内裤
	61072910	丝及绢丝制针织或钩编男长睡衣及睡衣裤
	61081920	丝及绢丝制针织或钩编的女衬裙
	61082910	丝及绢丝制针织或钩编女三角裤及短衬裤
	61083910	丝及绢丝制针织或钩编的女睡衣及睡衣裤
	62041910	丝及绢丝制女式西服套装
	62042910	丝及绢丝制女式便服套装
	62043910	丝及绢丝制女式上衣
	62044910	丝及绢丝制女式连衣裙
	62045910	丝及绢丝制女式裙子及裙裤
	62059010	丝及绢丝制男衬衫
	62061000	丝及绢丝制女衬衫
	62071910	丝及绢丝制男内裤
	62072910	丝及绢丝制男睡衣及睡衣裤
	62079910	丝及绢丝制其他男内衣、浴衣、晨衣及类似品
	62081910	丝及绢丝制女衬裙
	62082910	丝及绢丝制女睡衣及睡衣裤
	62089910	丝及绢丝其他女内衣、短衬裤、浴衣、晨衣等
	62113910	丝及绢丝制其他男式服装
	62114910	丝及绢丝制其他女式服装
	48239030	纸扇

（续表）

类别	HS 8 位编码	商品描述
工艺美术品及收藏品	62151000	丝及绢丝制领带及领结
	63022190	棉制未列名印花床上用织物制品
	63023910	丝及绢丝制非针织或钩编的床上用织物制品
	63041910	丝及绢丝制非针织或钩编的床罩
	63049910	丝及绢丝制非针织或钩编的其他装饰织物制品
	97040010	使用过或未使用过的邮票
	97040090	使用过或未使用过印花税票、首日封及类似品
	97050000	动植物、矿物、解剖、历史、考古学等意义收藏品
	97060000	超过一百年的古物
	61099010	丝及绢丝制针织或钩编 T 恤衫、汗衫、背心
	61109010	丝及绢丝针织钩编套头衫开襟衫及外穿背心等
	62031910	丝及绢丝制男式西服套装
	62032910	丝及绢丝制男式便服套装
	62033910	丝及绢丝制男式上衣
乐器	92011000	竖式钢琴,包括自动钢琴
	92012000	大钢琴,包括自动钢琴
	92019000	拨弦古钢琴及其他键盘弦乐器
	92021000	弓弦乐器
	92029000	其他弦乐器
	92051000	铜管乐器
	92059030	口琴
	92059020	手风琴及类似乐器
	92059010	键盘管风琴;簧风琴等游离金属簧片键盘乐器
	92099910	节拍器、音叉及定音管
	92060000	打击乐器
	92071000	通过电产生或扩大声音的键盘乐器
	92079000	其他通过电产生或扩大声音的乐器
	92081000	百音盒
	92089000	其他乐器;各种媒诱音响器、哨子、号角等
	92093000	乐器用弦
	92099100	钢琴的零件、附件
	92099200	品目 9202 所列乐器的零件、附件
	92099400	品目 9207 所列乐器的零件、附件
	92059090	其他管乐器,但游艺场风琴及手摇风琴除外
	92099920	百音盒的机械装置
	92099990	其他乐器的零件、附件
	85232928	重放声音或图像信息的磁带
	85234910	已录制仅用于重放声音信息的光学媒体
	85234990	已录制其他光学媒体
	85238011	已录制唱片

（续表）

类别	HS 8 位编码	商品描述
音像制品及电子出版物	37040010	已曝光未冲洗的电影胶片
	37040090	其他已曝光未冲洗的摄影硬片、软片、纸等
	37051000	已冲洗供复制胶版用摄影硬、软片（电影胶片除外）
	37059010	已冲洗的教学专用幻灯片
	37059021	书籍、报刊用的已曝光已冲洗的缩微胶片
	37059029	已曝光已冲洗的其他缩微胶片
	37059090	已冲洗的其他摄影硬、软片
	37061090	其他已曝光已冲洗的电影胶片，宽≥35mm
	37061010	教学专用已曝光已冲洗的电影胶片，宽≥35mm
	37069010	教学专用已曝光已冲洗的电影胶片，宽＜35mm
	37069090	其他已曝光已冲洗的电影胶片，宽＜35mm
	85232919	已录制磁盘
	85235120	已录制固态非易失性存储器件（闪速存储器）
	85235920	已录制半导体媒体
	85238029	其他 8471 目录制信息用媒体，已录制
	85238099	未列名录制声音或其他信息用的媒体，已录制
文具、玩具、游艺器材及娱乐用品	96033010	画笔
	96033020	毛笔
	96083010	墨汁画笔
	48021010	宣纸
	48021090	其他手工制纸及纸板
	95030010	三轮车、踏板车和类似的带轮玩具；玩偶车
	95030021	动物玩具
	95030029	玩偶
	95030031	电动火车
	95030039	其他缩小（按比例缩小）的全套模型组件
	95030040	其他建筑套件及建筑玩具
	95030050	玩具乐器
	95043010	用硬币、钞票、银行卡、代币或任何其他支付方式使其工作的电子游戏机
	95030081	其他玩具，组装成套或全套的
	95089000	其他旋转木马、秋千等娱乐设备；流动剧团
	95030089	其他玩具
	95030090	品目 9503 所列货品的零件、附件
	95030082	其他带动力装置的玩具及模型
	95030060	智力玩具
	95043090	其他用硬币、钞票、银行卡、代币或任何其他支付方式使其工作的游戏用品，但保龄球自动球道设备除外
	95049010	其他电子游戏机
	95045019	与电视接收机配套使用的视频游戏控制器及设备

（续表）

类别	HS 8 位编码	商品描述
文具、玩具、游艺器材及娱乐用品	95045091	其他视频游戏控制器及设备的零件及附件
	95045099	其他视频游戏控制器及设备
	95045011	与电视接收机配套使用的视频游戏控制器及设备的零件及附件
	95044000	扑克牌
	95049030	中国象棋、国际象棋、跳棋等棋类用品
	95049040	麻将及类似桌上游戏用品
	95049090	未列名游艺场所、桌上或室内游戏用品
	95051000	圣诞节用品
	95059000	其他节日或娱乐用品,包括魔术道具等
	36041000	烟花、爆竹
文化专用设备	84431100	卷取进料式胶印机
	84431311	平张纸进料式单色胶印机
	84431312	平张纸进料式双色胶印机
	84431313	平张纸进料式四色胶印机
	84431319	其他平张纸进料式胶印机
	84431390	未列名胶印机
	85256010	卫星地面站设备
	85256090	其他装有接收装置的发送设备
	84431600	苯胺印刷机
	84431700	凹版印刷机
	84431921	圆网印刷机
	84431922	平网印刷机
	84431929	其他网式印刷机
	84431980	未列名印刷机
	84433221	数字式喷墨印刷机,可连接
	85258012	非特种用途的广播级电视摄像机
	84433229	其他数字式印刷设备,可连接
	85258013	非特种用途的其他类型电视摄像机
	84439119	其他印刷用辅助机器
	85255000	无线电广播、电视发送设备
	84431400	卷取进料式凸版印刷机,不包括苯胺印刷机
	84431500	非卷取进料式的凸版印刷机,不包括苯胺印刷机
	85258011	特种用途的电视摄像机
	84433222	数字式静电照相印刷机(激光印刷机),可连接
	84433290	其他单一功能印刷、复印及传真机,可连接
	85258031	特种用途的视频摄录一体机
	85258032	非特种用途的广播级视频摄录一体机
	85258039	非特种用途的其他视频摄录一体机
	85182200	多喇叭音箱

类别	HS 8 位编码	商品描述
文化专用设备	85394100	弧光灯
	90071010	电影高速摄影机
	90071090	其他电影摄影机
	90072010	数字式电影放映机
	90072090	其他电影放映机
	90079100	电影摄影机的零件、附件
	90079200	电影放映机的零件、附件
	90101010	电影胶卷的自动洗印设备
	90105021	电影洗印用其他装置和设备
	90106000	银幕及其他投影屏幕
	90109010	电影洗印用装置和设备的零件、附件
	84433931	数字式喷墨印刷机
	84433932	数字式静电照相印刷机(激光印刷机)
	84433939	其他数字式印刷设备
	84433990	其他印刷(打印)机、复印机及传真机
图书、报纸、期刊及其他纸质出版物	49011000	单张的散页印刷品及类似印刷品
	49019100	字典或百科全书及其连续出版的分册
	49019900	其他书籍、小册子及类似印刷品
	49030000	儿童图画书、绘画或涂色书
	49040000	乐谱原稿或印本,不论是否装订或印有插图
	49059100	成册的地图、水道图及类似图表
	49059900	其他地图、水道图及类似图表
	49021000	每周至少出版四次的报纸、杂志及期刊
	49111010	无商业价值的商业广告品、商品目录等印刷品
	49051000	地球仪、天体仪
	49060000	手绘的设计图纸原稿和手稿及其复制件
	49090010	印刷或有图画的明信片
	49090090	印有个人问候、祝贺、通告的卡片
	49100000	印刷的各种日历,包括日历芯
	49029000	其他报纸、杂志及期刊
	49111090	其他商业广告品、商品目录及类似印刷品
	49119100	印刷的图片、设计图样及照片
	49119910	纸质的其他印刷品
	49119990	其他印刷品

（数据来源:海关信息网）

附表 2 创新评价指标体系

创新评价指标	一级指标	二级指标
创新投入指标	制度	政治环境
		监管环境
		商业环境
	人力资本和研究	教育
		高等教育
		研发
	基础设施	信息和通信技术
		普通基础设施
		生态可持续性
	市场成熟度	信贷
		投资
		贸易、竞争和市场规模
	商业成熟度	知识型工人
		创新关联
		知识吸收
创新产出指标	知识和技术产出	知识的创造
		知识的影响
		知识的传播
	创意产出	无形资产
		创意产品和服务
		网络创意

(数据来源:《2019 全球创新指数报告》)

附表 3 　　　　　　　　　　　　　来华留学生奖学金详情表

名称	类别
国别双边项目	中国政府奖学金
中国高校自主招生项目	中国政府奖学金
中国-欧盟学生交流项目	中国政府奖学金
长城奖学金项目	中国政府奖学金
中国-AUN 项目	中国政府奖学金
太平洋岛国论坛项目	中国政府奖学金
世界气象组织项目	中国政府奖学金
中国政府海洋奖学金项目	中国政府奖学金
商务部发展中国家学历学位教育项目	中国政府奖学金
"一带一路"沿线国家工会干部汉语研修奖学金	中国政府奖学金
中国石油大学(北京)北京市外国留学生奖学金	地方政府奖学金
华东师范大学上海市政府奖学金	地方政府奖学金
南京农业大学江苏省政府茉莉花奖学金	地方政府奖学金
南京农业大学南京市政府外国留学生奖学金	地方政府奖学金
中国药科大学南京市政府奖学金	地方政府奖学金
厦门大学福建省政府外国留学生奖学金	地方政府奖学金
昆明医科大学云南省政府奖学金	地方政府奖学金
重庆大学重庆市人民政府外国留学生市长奖学金	地方政府奖学金
浙江师范大学浙江省政府来华留学生奖学金	地方政府奖学金
中国石油大学(华东)青岛市政府来华留学生新生奖学金	地方政府奖学金
大连海事大学大连市政府外国留学生奖学金	地方政府奖学金
大连海事大学辽宁省政府外国留学生奖学金	地方政府奖学金
郑州大学河南省政府奖学金	地方政府奖学金
北京工商大学北京市政府奖学金	地方政府奖学金
云南民族大学云南省政府奖学金	地方政府奖学金
重庆师范大学重庆市人民政府外国留学生市长奖学金	地方政府奖学金
浙江科技学院浙江省政府来华留学生奖学金	地方政府奖学金
重庆邮电大学重庆市人民政府外国留学生市长奖学金	地方政府奖学金
上海政法学院上海市政府奖学金	地方政府奖学金
宁波大学浙江省政府奖学金	地方政府奖学金
宁波大学宁波市政府奖学金	地方政府奖学金
南方医科大学广东省政府来粤留学生新生奖学金	地方政府奖学金
中国美术学院浙江省政府来华留学生奖学金	地方政府奖学金

（续表）

名称	类别
宁夏医科大学宁夏政府奖学金	地方政府奖学金
兰州理工大学甘肃省丝绸之路专项奖学金	地方政府奖学金
浙江理工大学浙江省政府来华留学生奖学金	地方政府奖学金
南京市政府-南理工联合奖学金	地方政府奖学金
贵州大学贵州省东南亚奖学金	地方政府奖学金
东南大学茉莉花留学江苏政府奖学金	地方政府奖学金
东南大学南京市政府奖学金	地方政府奖学金
武夷学院福建省政府外国留学生奖学金	地方政府奖学金
上海中医药大学上海市外国留学生政府奖学金	地方政府奖学金
哈尔滨师范大学黑龙江省政府奖学金	地方政府奖学金
中国石油大学(北京)孔子学院奖学金	孔子学院奖学金
华东师范大学孔子学院奖学金	孔子学院奖学金
山东大学孔子学院奖学金	孔子学院奖学金
重庆大学孔子学院奖学金	孔子学院奖学金
东北师范大学孔子学院奖学金	孔子学院奖学金
重庆师范大学孔子学院奖学金	孔子学院奖学金
浙江科技学院孔子学院奖学金	孔子学院奖学金
贵州大学孔子学院奖学金	孔子学院奖学金
哈尔滨师范大学孔子学院奖学金	孔子学院奖学金
北京大学外国留学生奖学金	学校奖学金
中国人民大学国际学生"一带一路"奖学金	学校奖学金
中国人民大学外国留学生奖学金	学校奖学金
北京师范大学留学生新生奖学金	学校奖学金
北京科技大学"一带一路"优秀本科生奖学金	学校奖学金
北京科技大学鼎新奖学金	学校奖学金
中国石油大学(北京)奖学金	学校奖学金
中国石油大学(北京)中国政府奖学金	学校奖学金
中央财经大学本科国际学生奖学金	学校奖学金
对外经济贸易大学来华留学校长奖学金	学校奖学金
南开大学奖学金	学校奖学金
天津大学外国留学生奖学金	学校奖学金
天津大学建筑工程学院留学生专项奖学金	学校奖学金
天津大学环境与能源领域学士学位国际生奖学金	学校奖学金

（续表）

名称	类别
天津大学化工学院留学生化工学院专项奖学金	学校奖学金
大连理工大学国际学生校长奖学金	学校奖学金
吉林大学"金豆"国际学生奖（助）学金	学校奖学金
东北师范大学优秀自费来华留学生年度奖学金	学校奖学金
东北林业大学优秀外国留学生校长奖学金	学校奖学金
华东理工大学外国留学生校长奖学金	学校奖学金
华东师范大学优秀本科新生奖学金	学校奖学金
华东师范大学优秀外国留学生单项奖学金	学校奖学金
华东师范大学优秀外国留学生学位奖学金	学校奖学金
华东师范大学中国政府奖学金	学校奖学金
上海外国语大学学校奖学金	学校奖学金
东南大学校长奖学金	学校奖学金
河海大学学校奖学金	学校奖学金
江南大学来华留学综合奖学金	学校奖学金
江南大学"太湖奖学金"	学校奖学金
江南大学校长奖学金	学校奖学金
南京农业大学外国留学生奖学金	学校奖学金
南京农业大学中国政府奖学金	学校奖学金
中国药科大学留学生"校长奖学金"	学校奖学金
浙江大学外国留学生奖学金-"两高"博士生项目	学校奖学金
浙江大学外国留学生奖学金-研究生项目	学校奖学金
厦门大学陈嘉庚奖学金	学校奖学金
厦门大学"国际学生新生奖学金"	学校奖学金
山东大学留学生新生奖学金	学校奖学金
山东大学济南市友城奖学金	学校奖学金
山东大学（威海）国际学生院校奖学金	学校奖学金
中国石油大学（华东）优秀新生奖学金	学校奖学金
华中科技大学校长奖学金	学校奖学金
武汉理工大学外国留学生友谊奖学金	学校奖学金
华中师范大学留学华师新生奖学金	学校奖学金
华中农业大学奖学金	学校奖学金
华南理工大学优秀外国留学生奖学金	学校奖学金
电子科技大学外国留学生新生奖学金	学校奖学金

（续表）

名称	类别
陕西师范大学国际学生奖学金	学校奖学金
西安电子科技大学华山奖学金	学校奖学金
长安大学中国政府奖学金	学校奖学金
长安大学优秀来华留学生奖学金	学校奖学金
长安大学陕西省三秦奖学金	学校奖学金
昆明医科大学中国政府奖学金	学校奖学金
大连工业大学来华留学生奖学金	学校奖学金
大理大学校级奖学金	学校奖学金
上海音乐学院来华留学生奖助学金	学校奖学金
中国科学院大学"中国科学院一带一路硕士生奖学金"	学校奖学金
中国科学院大学中国科学院与发展中国家科学院院长奖学金	学校奖学金
中国科学院大学国际学生奖学金	学校奖学金
哈尔滨工业大学中国政府奖学金	学校奖学金
重庆大学国际学生校长奖学金	学校奖学金
重庆大学中国-欧盟学生交流项目	学校奖学金
重庆大学中国-AUN奖学金	学校奖学金
中南财经政法大学来华留学生奖学金	学校奖学金
云南农业大学外国留学生奖学金	学校奖学金
西南大学校长奖学金	学校奖学金
西南大学外国留学生"新丝路"奖学金	学校奖学金
大连海事大学优秀新生奖学金	学校奖学金
大连海事大学优秀硕士生奖学金	学校奖学金
大连海事大学优秀汉培生奖学金	学校奖学金
大连海事大学优秀毕业生奖学金	学校奖学金
大连海事大学优秀本科生奖学金	学校奖学金
大连海事大学学习进步奖学金	学校奖学金
大连海事大学中国政府专项奖学金	学校奖学金
西南政法大学来华留学生校长奖学金	学校奖学金
宁夏大学来华留学奖学金	学校奖学金
东北师范大学中国政府奖学金	学校奖学金
上海交通大学奖学金	学校奖学金
浙江大学来华留学本科新生奖学金	学校奖学金
天津职业技术师范大学高校奖学金	学校奖学金

（续表）

名称	类别
哈尔滨工业大学优秀外国留学生新生奖学金	学校奖学金
哈尔滨工业大学外国留学生庆瑞奖学金	学校奖学金
郑州大学在校优秀留学生奖学金	学校奖学金
郑州大学校长奖学金	学校奖学金
北京航空航天大学外国留学生奖学金	学校奖学金
中国地质大学(武汉)丝绸之路精英奖学金	学校奖学金
中国地质大学(武汉)国际学生新生奖学金	学校奖学金
上海海事大学中国政府奖学金	学校奖学金
北京工商大学中国政府奖学金	学校奖学金
北京工商大学一带一路奖学金	学校奖学金
北京工商大学校长奖学金	学校奖学金
北京工商大学丝绸之路奖学金	学校奖学金
云南民族大学中国政府奖学金	学校奖学金
中国科学技术大学"中国科学院与发展中国家科学院院长奖学金计划"	学校奖学金
中国科学技术大学"中国科学院一带一路硕士奖学金"	学校奖学金
中国科学技术大学留学生奖学金	学校奖学金
南京航空航天大学优秀国际学生奖学金	学校奖学金
福建医科大学优秀自费来华留学生奖学金	学校奖学金
福建医科大学来华留学生优秀实习生奖学金	学校奖学金
福建医科大学来华留学生学业进步奖学金	学校奖学金
福建医科大学来华留学生汉语学习奖学金	学校奖学金
天津科技大学外国留学生奖学金	学校奖学金
重庆师范大学来华留学生丝路奖学金	学校奖学金
重庆师范大学中国政府专项奖学金	学校奖学金
南京信息工程大学南信大优秀新生奖学金	学校奖学金
北京电影学院中美人文交流项目奖学金	学校奖学金
北京电影学院中国政府奖学金-支持地方奖学金	学校奖学金
北京电影学院外国留学生奖学金	学校奖学金
北京电影学院外国留学生"一带一路"奖学金	学校奖学金
浙江科技学院中欧学分生专项奖学金	学校奖学金
浙江科技学院丝绸之路奖学金高校项目(定向)	学校奖学金
浙江科技学院中国政府奖学金	学校奖学金
浙江科技学院外国留学生优秀硕士学历生奖学金	学校奖学金

（续表）

名称	类别
浙江科技学院外国留学生优秀本科学历生奖学金	学校奖学金
浙江科技学院外国留学生优秀硕士新生奖学金	学校奖学金
浙江科技学院外国留学生优秀汉语言进修生奖学金	学校奖学金
浙江科技学院外国留学生单项奖学金	学校奖学金
浙江科技学院外国留学生优秀新生奖学金	学校奖学金
兰州交通大学校长奖学金	学校奖学金
云南大学校级奖学金	学校奖学金
福建师范大学校长奖学金	学校奖学金
中国农业科学院研究生院奖学金	学校奖学金
南京医科大学奖学金	学校奖学金
福州大学优秀外国留学生奖学金	学校奖学金
安徽大学外国留学生奖学金	学校奖学金
重庆邮电大学校长奖学金	学校奖学金
江西财经大学外国留学生"留学江财"奖学金	学校奖学金
福建农林大学来华留学奖学金	学校奖学金
燕山大学外国留学生博士奖学金	学校奖学金
燕山大学外国留学生硕士奖学金	学校奖学金
广西大学君武(外国留学生)博士研究生奖学金	学校奖学金
西北师范大学外国留学生校长奖学金	学校奖学金
扬州大学国际学生学历生奖学金	学校奖学金
上海政法学院"一带一路"奖学金	学校奖学金
上海政法学院中国政府奖学金	学校奖学金
上海体育学院校长奖学金	学校奖学金
天津外国语大学新生奖学金	学校奖学金
桂林电子科技大学校长奖学金	学校奖学金
南方医科大学外国留学生新生奖学金	学校奖学金
太原理工大学"一带一路"专项奖学金	学校奖学金
太原理工大学国际学生研究生专项奖学金	学校奖学金
中国美术学院来华留学生奖学金	学校奖学金
长春大学"丝绸之路"校长奖学金	学校奖学金
西安石油大学奖学金	学校奖学金
四川外国语大学国际学生校长奖学金	学校奖学金
三峡大学全额奖学金(缅甸籍学生)	学校奖学金

（续表）

名称	类别
三峡大学外国留学生奖学金	学校奖学金
浙江师范大学优秀留学生奖学金	学校奖学金
云南财经大学南亚东南亚"一带一路"国家高端国际商务人才硕士学位教育项目奖学金	学校奖学金
云南财经大学"一带一路"国际工商管理硕士研究生（MBA）奖学金	学校奖学金
南通大学外国留学生奖学金	学校奖学金
温州大学在读生学业优秀奖学金（Ⅲ类）	学校奖学金
温州大学汉语生入学奖学金（Ⅱ类）	学校奖学金
温州大学校长奖学金全奖（Ⅰ类）	学校奖学金
宁夏医科大学中国政府奖学金	学校奖学金
兰州理工大学校长奖学金	学校奖学金
济南大学校长奖学金	学校奖学金
东北财经大学新生奖学金	学校奖学金
锦州医科大学校级奖学金	学校奖学金
上海海洋大学校长奖学金	学校奖学金
西北大学外国留学生丝绸之路奖学金	学校奖学金
西北大学外国留学生奖学金	学校奖学金
浙江理工大学外国留学生奖学金	学校奖学金
浙江理工大学外国留学生校长奖学金	学校奖学金
浙江工商大学国际学生奖学金	学校奖学金
哈尔滨工程大学外国留学生奖学金	学校奖学金
青岛大学"校长奖学金"	学校奖学金
河北工业大学中国政府奖学金	学校奖学金
中国矿业大学奖学金	学校奖学金
贵州大学中国政府奖学金	学校奖学金
湘潭大学优秀国际学生奖学金	学校奖学金
湖南师范大学外国留学生奖学金	学校奖学金
江苏师范大学来华留学生奖学金	学校奖学金
武夷学院外国留学生奖学金	学校奖学金
贵州民族大学奖学金	学校奖学金
赣南师范大学"一带一路"奖学金	学校奖学金
上海中医药大学外籍自费研究生学习优胜奖学金	学校奖学金

（续表）

名称	类别
上海中医药大学外籍研究生学位助学金	学校奖学金
上海中医药大学外国留学生(全英语授课)专业奖学金	学校奖学金
上海中医药大学外国留学生学前奖学金	学校奖学金
上海中医药大学外国留学生生活助学金	学校奖学金
上海中医药大学外国留学生励志助学金	学校奖学金
上海中医药大学外国留学生好学生奖学金	学校奖学金
上海中医药大学金钥匙奖学金	学校奖学金
上海中医药大学"丝路"助学计划	学校奖学金
哈尔滨师范大学中国政府奖学金	学校奖学金
牡丹江师范学院校长奖学金	学校奖学金
山东大学中建八局奖学金	企业奖学金

（数据来源：国家留学基金管理委员会留学中国网）

附表 4   2018 年"一带一路"国家信息技术情况

国家	家庭电脑覆盖率/%	移动网络人口覆盖率/%	家庭互联网普及率/%
阿联酋	95.4	100.0	98.4
巴林	94.8	100.0	97.5
阿曼	93.4*	99.0	88.6*
新加坡	88.7	100.0	97.7
卡塔尔	87.6	100.0	94.0
爱沙尼亚	86.9*	100.0	90.5
沙特阿拉伯	86.2	98.1	94.5
科威特	84.0	100.0	100.0
波兰	82.7	100.0	84.2
斯洛伐克	81.8*	95.0	81.3*
黎巴嫩	79.7*	98.4	84.4*
文莱	79.6	95.9	54.0
斯洛文尼亚	79.5*	99.5	86.7
哈萨克斯坦	78.5	87.9	87.6
捷克	78.4	99.8	80.5
以色列	78.0*	99.0	74.1*
匈牙利	77.8*	99.2	83.3
拉脱维亚	77.4*	99.0*	81.6
克罗地亚	76.2	99.4	81.5
立陶宛	75.5	100.0	78.4
伊朗	74.0	96.5	79.6
马尔代夫	73.6*	100.0	60.3*
罗马尼亚	73.0*	100.0	80.9
俄罗斯	72.4	78.0	76.6
塞尔维亚	72.1	98.7	72.9
马来西亚	71.7	96.3	87.0
黑山	70.1*	98.0	72.2
白俄罗斯	70.0	99.9	72.4
北马其顿	67.3*	99.9	69.2*
亚美尼亚	64.6*	100.0*	64.7*
阿塞拜疆	64.1	96.9	78.2
波黑	63.8	96.0	69.2
保加利亚	63.0*	100.0	72.1
格鲁吉亚	62.1	100.0	69.5
乌克兰	62.0*	90.0*	60.3*

（续表）

国家	家庭电脑覆盖率/%	移动网络人口覆盖率/%	家庭互联网普及率/%
埃及	58.0	98.7	51.0
土耳其	57.2	98.3	83.8
约旦	55.8*	99.0	82.9*
中国	55.0*	99.4	59.6*
叙利亚	51.9*	85.0	45.0*
摩尔多瓦	51.1	100.0	50.5
巴勒斯坦	42.5*	94.5	51.1*
乌兹别克斯坦	38.5*	75.0*	79.9*
伊拉克	37.5*	92.2	58.8*
蒙古	36.5	78.0	23.0*
越南	32.9	99.6	47.1
斯里兰卡	27.2*	91.0	24.4*
不丹	23.6*	88.0	44.3*
菲律宾	23.3*	93.0*	42.7*
吉尔吉斯斯坦	23.3*	88.0	21.1*
阿尔巴尼亚	21.6*	99.2	30.2*
泰国	20.9	98.0	67.7
印度尼西亚	20.1	93.4	66.2
印度	16.6	94.0	25.4*
巴基斯坦	16.2*	74.0	22.14*
东帝汶	16.1*	95.5	18.7*
柬埔寨	15.0	85.1	40.0
塔吉克斯坦	14.8*	90.0*	11.9*
尼泊尔	14.0*	54.1*	17.9*
老挝	13.2*	78.0	24.5*
土库曼斯坦	10.7*	75.8*	11.1*
也门	7.5*	95.0*	6.3*
阿富汗	3.4*	55.0	5.7*
缅甸	3.4*	94.2	28.3*
孟加拉国	2.7*	95.2	6.8*

（数据来源：国际电信联盟）

注：由于部分国家数据尚未更新至2018年，故表中带"*"号的数据为2017年的数据。

附表 5 　　　　　　　　　　中国实施 72/144 小时过境免签政策口岸

72 小时过境免签政策		144 小时过境免签政策	
省市	适用口岸	省市	适用口岸
广州	广州白云国际机场	上海	上海港国际客运中心
成都	成都双流国际机场		吴淞口国际邮轮港
重庆	重庆江北国际机场		上海火车站
西安	西安咸阳国际机场		上海浦东国际机场
桂林	桂林两江国际机场		虹桥国际机场
昆明	昆明长水国际机场	南京	南京禄口国际机场
厦门	厦门高崎国际机场	杭州	杭州萧山国际机场
武汉	武汉天河国际机场	北京	北京首都国际机场
哈尔滨	哈尔滨太平国际机场		北京铁路西客站
青岛	青岛流亭国际机场	天津	天津滨海国际机场
长沙	长沙黄花国际机场		天津国际邮轮母港
		石家庄	石家庄正定国际机场
		秦皇岛	秦皇岛海港过境
		沈阳	沈阳桃仙国际机场
		大连	大连周水子国际机场

（数据来源：国家移民管理局）

附表6 　　　　　　　　　　中国高校开设"一带一路"语种专业情况

本科专业代码	"一带一路"外国语言文学类本科专业	开设高校总数	2018 年新增	2018 年撤销
050202	俄语	136	淮海工学院、中国传媒大学南广学院、青岛滨海学院、新乡学院、深圳北理莫斯科大学、甘肃民族师范学院	—
050206	阿拉伯语	45	南开大学、云南师范大学文理学院	—
050208	波斯语	11	—	中国传媒大学
050210	菲律宾语	4	—	中国传媒大学
050212	印度尼西亚语	20	北京语言大学、合肥工业大学	中国传媒大学
050213	印地语	12		
050214	柬埔寨语	8	广西大学	—
050215	老挝语	11		
050216	缅甸语	13		
050217	马来语	11		
050218	蒙古语	11		
050219	僧伽罗语	3		中国传媒大学
050220	泰语	50	海口经济学院、普洱学院	—
050221	乌尔都语	9		
050222	希伯来语	7	—	中国传媒大学
050223	越南语	26	钦州学院	中国传媒大学
050226	阿尔巴尼亚语	2		
050227	保加利亚语	3		
050228	波兰语	15	北京体育大学、吉林华桥外国语学院、浙江越秀外国语学院、浙江外国语学院、四川外国语大学	
050229	捷克语	13	北京体育大学、大连外国语大学、长春大学、吉林华桥外国语学院、四川外国语大学	
050230	斯洛伐克语	4		
050231	罗马尼亚语	6	北京语言大学	
050234	塞尔维亚语	6	上海外国语大学、北京体育大学	
050235	土耳其语	10	浙江越秀外国语学院	
050237	匈牙利语	9	北京体育大学	
050239	泰米尔语	3	—	—
050240	普什图语	4		
050242	孟加拉语	4	—	—

（续表）

本科专业代码	"一带一路"外国语言文学类本科专业	开设高校总数	2018 年新增	2018 年撤销
050243	尼泊尔语	5	—	—
050244	克罗地亚语	2	北京体育大学	—
050247	乌克兰语	7	—	—
050252	拉脱维亚语	2	—	—
050253	立陶宛语	2	—	—
050254	斯洛文尼亚语	2	—	—
050255	爱沙尼亚语	2	—	—
050257	哈萨克语	8	—	—
050258	乌兹别克语	4	—	—
050282T	白俄罗斯语	3	—	—
050286T	库尔德语	1	—	—
050288T	达里语	1	—	—
050289T	德顿语	1	—	—
050290T	迪维希语	1	—	—
050269T	亚美尼亚语	1	—	—
050271T	格鲁吉亚语	1	—	—
050274T	马其顿语	1	—	—
050275T	塔吉克语	1	—	—
050266T	土库曼语	2	—	—
0502102T	爪哇语	1	北京外国语大学	—
0502103T	旁遮普语	1	北京外国语大学	—

（数据来源：《"一带一路"沿线国家语言国情手册》、中国教育部官网，瀚闻资讯整理）

附表 7　　　　　　　2018 年中国与沿线国家文化商品贸易详情表　　　　（单位:万美元）

沿线国家	贸易额	出口额	进口额	沿线国家	贸易额	出口额	进口额
印度	223 652.9	221 502.8	2 150.1	约旦	5 720.5	5 716.0	4.5
越南	169 738.0	83 483.6	86 254.4	立陶宛	5 564.9	5 515.3	49.6
俄罗斯	125 892.2	124 340.2	1 552.0	保加利亚	5 265.1	4 776.4	488.7
新加坡	124 708.8	103 984.3	20 724.4	乌兹别克斯坦	4 679.0	4 603.8	75.2
波兰	104 039.1	98 474.4	5 564.6	柬埔寨	4 492.9	4 307.8	185.1
阿联酋	101 868.0	101 498.3	369.7	拉脱维亚	4 356.5	4 275.0	81.5
马来西亚	98 350.8	88 605.7	9 745.1	格鲁吉亚	3 721.6	3 714.1	7.5
泰国	97 263.7	66 581.2	30 682.6	也门	3 432.8	3 432.7	0.1
印度尼西亚	89 027.2	68 393.4	20 633.7	阿曼	2 753.7	2 753.5	0.2
哈萨克斯坦	72 942.5	72 938.1	4.4	白俄罗斯	2 611.4	2 539.5	71.9
菲律宾	64 902.0	53 805.5	11 096.5	叙利亚	2 425.8	2 425.6	0.2
沙特阿拉伯	57 788.7	57 782.7	6.0	阿尔巴尼亚	2 364.4	2 355.1	9.2
土耳其	51 074.0	50 224.9	849.2	爱沙尼亚	2 302.9	2 263.9	39.0
以色列	35 377.1	29 726.2	5 650.9	尼泊尔	2 259.5	1 339.5	919.5
捷克	34 696.6	23 971.3	10 725.3	巴林	2 126.7	2 111.4	15.3
巴基斯坦	30 372.4	29 671.9	700.5	塔吉克斯坦	1 844.7	1 834.8	10.0
埃及	26 941.0	26 900.2	40.8	塞尔维亚	1 555.4	1 530.5	24.9
伊朗	25 377.0	25 286.8	90.2	文莱	1 078.3	1 075.2	3.0
乌克兰	25 099.9	24 860.2	239.7	阿塞拜疆	1 005.7	985.9	19.8
罗马尼亚	22 059.3	19 273.5	2 785.8	蒙古	865.7	862.0	3.7
伊拉克	21 509.3	21 509.2	0.1	老挝	698.3	598.5	99.9
匈牙利	16 604.4	9 087.6	7 516.8	阿富汗	671.8	670.7	1.1
斯洛文尼亚	12 819.7	12 808.1	11.6	摩尔多瓦	488.4	466.2	22.2
孟加拉国	12 427.4	12 091.1	336.3	黑山	389.3	389.3	0.0
黎巴嫩	11 416.7	11 387.9	28.8	亚美尼亚	367.0	366.9	0.1
斯洛伐克	10 446.8	8 454.5	1 992.3	马尔代夫	364.9	364.6	0.3
斯里兰卡	10 103.9	10 022.4	81.5	波黑	344.2	313.4	30.8
克罗地亚	7 395.1	7 295.5	99.6	东帝汶	214.9	214.7	0.1
科威特	6 915.2	6 915.1	0.1	土库曼斯坦	153.0	153.0	0.0
缅甸	6 754.0	6 556.0	198.0	北马其顿	148.6	147.2	1.4
吉尔吉斯斯坦	6 517.9	6 517.7	0.2	巴勒斯坦	115.4	110.4	5.0
卡塔尔	6 303.3	6 301.4	1.9	不丹	33.5	33.2	0.3

(数据来源:大连瀚闻资讯全球贸易观察数据库)